国家社会科学基金项目
“我国广告传播研究的现状及趋势”结项成果
(项目批准号：07BXW021)

中国广告传播研究轨迹

丁俊杰　初广志　主编

中国传媒大学出版社

目　录

绪 论

1979 年 1 月 4 日,《天津日报》率先刊登了天津牙膏厂生产的蓝天牌牙膏广告,标志着中国广告业在改革开放的大背景下开始恢复。三十多年来,中国广告业一直保持着快速的发展势头。据统计,截至 2013 年年底,全国广告经营单位达到 45 万户,广告从业人员 200 多万人,广告经营额突破 5000 亿元人民币,广告业市场总体规模已跃居世界第二位。①

一

新时期的广告学术研究,是与中国广告业同步恢复和发展起来的。就在《天津日报》刊登"文革"后第一条商业广告十天之后,丁允朋在《文汇报》发表文章《为广告正名》,阐释了广告存在的意义。一年后,《人民日报》刊登张庶平的文章《要研究点广告学》,呼吁重视广告学术研究。1981 年《中国广告》杂志创刊,为广告业的经验交流和学术研究提供了一个平台。1982 年,第一次全国广告学术研讨会在太原召开,标志着我国广告学术研究开始起步。

学术史研究是学术研究的重要组成部分。当一个学科发展到一定的阶段,积累了大量的研究成果时,对这些成果进行整理和分析,去粗取精、去伪存真,不仅具有珍贵的史料价值,也可以为学术研究的可持续发展提供不可或缺的指导。"凡研究一个时代思潮, 必须把前头的时代略为认清, 才能知道那来龙去脉。"②

学术史研究在中国有着悠久的传统,甚至有的学者称"总结学术史的传统

① 李晶、韩陆晋:《第四十三届世界广告大会举行开幕晚会 总局领导出席组委会执行主任甘霖致辞》,《中国工商报》2014 年 5 月 12 日。

② 梁启超:《中国近三百年学术史》,东方出版社 1996 年版,第 2 页。

可以一直追溯到两千多年前的孔子"①,而对于真正意义上的学术史研究,学界一般认同梁启超的观点,即"中国有完善的学术史,自梨洲之著学案始"②。黄宗羲《明儒学案》以及他与全祖望合著的《宋元学案》对宋元明七百年儒学的源流与得失进行了梳理与述评。传统学案体主要是学术小传加资料汇集,而梁启超先生在任教于清华大学、南开大学等校时所编的讲义《中国近三百年学术史》则奠定了其作为"现代意义上学术史研究的开创者"③的地位。即使在史学研究中,也有《中国史学史》之类的论著。④

学术史研究并非易事。"学术史研究要能'入'能'出':不但要对研究对象的学术领域有透彻的了解,而且还要站在学术史的高度,冷静地观察、科学地分析、理性地判断,并为后来者指出向上一路。"⑤

1998年,门西和伊斯特曼(Muncy and Eastman)提出了六种极具参考价值的研究方式:第一个方式是"整体回顾"(comprehensive reviews),顾名思义,就是从不同面向搜集相关文献,经由分类、分析,进而归纳学门研究的历史脉络;第二个方式是"整合性分析"(meta analyses),亦即系统地搜集关于某一特定主题的各种研究,再从系列研究中整理历年来类似的研究成果;第三个方式是"方法研究"(methodological investigations),和前述的整合性分析一样,这个研究以相似的研究主题为取样标准,但是把探讨的重点放在研究方法上;第四个方式是"产出研究"(studies of publishing productivity),这类研究把重点放在作者和机构的学术生产力上,考察哪些作者和机构对特定学门最有贡献;第五个方式是"期刊研究"(studies of specific journals),这类研究针对一到数本期刊的内容进行深入分析,后者调查特定期刊的使用频率与学术威望;第六个方式是"援引分析"(citation analyses),这类研究统计相关研究中使用的参考书目和注解,以便计算哪些作者,或者哪些著作在特定学门中最常被引用且最具影响力。不过,不管使用上述哪一种方式,都离不开内容分析的范畴,因为"内容分析是对

---

① 李学勤、江林昌:《世纪之交与中国学术史研究》,《烟台大学学报》1999年第4期。

② 梁启超:《梁启超全集》,北京出版社1999年版,第4453页。

③ 宋学勤:《视点创新与学术进路———梁启超学术史研究的方法论意蕴》,《淮阴师范学院学报》(哲学社科版)2011年第4期。

④ 李宗侗:《中国史学史》,中华书局2010年版;金毓黻:《中国史学史》,商务印书馆2007年版;白寿彝:《中国史学史》第1册,上海人民出版社1986年版。

⑤ 吴承学:《二十世纪中国古代文论学术研究史》(序),载于蒋述卓、刘绍瑾、程国赋、魏中林:《二十世纪中国古代文论学术研究史》,北京大学出版社2005年版。

于一个明显的传播内容进行客观、由系统与量化描述的研究方法"①。

在广告学的发源地美国,对广告学术史的研究文章也并不多,比较有代表性的文章有以下成果。

赫尔金森、克鲁格、梅杰和泰勒(Helgeson, Kluge, Mager & Taylor,1984)对《广告杂志》(Journal of Advertising)、《广告研究》(Journal of Advertising Research)等10种期刊做了内容分析。该研究共收集了1950年到1981年间的1500篇文章,梳理并讨论了"消费者行为"主题的发展趋势②。耶鲁和吉利(Yale and Gilly,1988)对1976年至1985年间刊登在营销学术期刊上的246篇广告研究文章进行了分析,梳理出广告实践、广告效果、广告内容、广告与社会、广告构成要素等六个最常见的广告主题,统计了这些主题在各个杂志中出现的频次③;门西(Muncy ,1991)对《广告杂志》创刊20年来的所有论文进行分析,归纳出48个受杂志青睐的广告主题④;门西和伊斯特曼(Muncy and Eastman, 1998)又以1991年为分水岭进行了后续研究,结果显示排名前五位的主题与1991年一致,同样表现出研究主题过于集中的问题,于是他们提出了扩展选题范围的建议,并提倡用二阶模式(two steps model)取代传统的一阶模式(one step model),即学术期刊的发表成果通过广告教育者、广告从业者、广告顾问等专业人士传递给受众,从而影响广告实践和公共政策。⑤ 2008年,福特和莫查特(Ford and Merchant)对1997年至2006年间美国三大广告学术期刊(《广告杂志》《广告研究》《广告现行问题与研究》)发表的文章进行分析,同时对其他来源的广告研究成果进行梳理,并提出了自己的建议⑥。

在我国台湾,广告学术史研究的代表作是陈文玲2002年在《广告学研究》杂志上发表的《台湾广告学术研究面貌之初探》。⑦ 在文中,作者以两本学术期

---

① 转引自黄懿慧:《90年代台湾公共关系研究之探讨——版图发展、变化与趋势》,《新闻学研究》2001年总第67期,第51-86页。

② Helgeson James G, E Alan Kluge, John Mager, Cheri Taylor. "Trends in consumer behavior literature: A content analysis". *Journal of Advertising*,1984,10(4),pp.449-454.

③ Yale, Laura and Mary C. Gilly (1988). "Trends in Advertising Research: A Look at the Content of Marketing- Oriented Journals from 1976 to 1985", *Journal of Advertising*, 17 (1), pp.12-22.

④ Muncy, James A(1991). "The Journal of Advertising: A Twenty Years Appraisal". *Journal of Advertising*, 20 (4),pp. 1-12.

⑤ Muncy, James A and J.K.Eastman (1998). "The Journal of Advertising: Twenty- Five years and Beyond", *Journal of Advertising*, 27(4),pp.1-8.

⑥ John B. Ford and Altaf Merchant. "A ten-years retrospective of advertising research productivity, 1997-2006". *Journal of Advertising* ,vol.37,no.3(Fall 2008),pp. 69-94.

⑦ 陈文玲:《台湾广告学术研究面貌之初探》,《广告学研究》第19集,2002年版。

刊和一个电子资料库与国科会实施的专题研究计划为研究范围，对163篇广告学术研究论文的研究年份、研究者背景、研究主题、研究取向、方法典范、研究方法等方面进行了分析，并对未来的研究取向提供了建议。值得关注的是，林丽云在《台湾传播研究史——学院内的传播学知识生产》[①]中梳理了三百多篇中文文献，其中涉及广告研究领域的仅提到两篇论文，即陈文玲(2004)的《台湾广告学面貌之初探》[②]以及顾玉珍的(1991)《解读电视广告中的女人》。由此可以反映出广告学研究在传播学研究中的边缘状态[③]。

在我国内地，何佳讯，王智颖的《中国广告学研究20年主题分布与阶段演进》[④]是最早的对广告学术研究进行梳理的研究成果。其后，黄合水等人通过对《中国广告》杂志文章标题及关键词的分析，总结出中国广告界最为关注的问题按从高到低排序依次为：设计、创意、品牌、策略、市场、电视、广告业，此外还有一些短期的焦点话题，如心理与效果、策划、调查、CI、代理等[⑤]。胡晓云对《日经广告研究所报》卷头文章的标题和关键词语进行归类分析，探究现代日本广告研究的热点话题流变[⑥]。姚曦、李名亮的《中国大陆广告学论文研究现状定量分析》[⑦]，则从时空与著者分布、研究方法、取向、主题、论文刊载情况等方面进行分析。此外，还有一些对公益广告、国外公共广告和广告研究进行梳理或概述的论文。[⑧]

2008年中国广告协会学术委员会年度会议以“创新与开拓”为主题，对中国广告三十年的理论探索进行了研讨。其中，杨海军、于晓娟的《中国广告理论研究三十年回眸》，初广志、李杉的《新闻传播发表体系中广告学术研究的量化与质化分析》，以及许正林的《新时期广告学研究30年的历史与现状》，都有一

① 林丽云：《台湾传播研究史——学院内的传播学知识生产》，台北巨流图书公司2004年版。

② 陈文玲：《台湾广告学面貌之初探》，载于翁修琪主编：《台湾传播学的想象》，台北巨流出版社2004年版，第397-437页。

③ 顾玉珍：《解读电视广告中的女人》，台湾政治大学新闻研究所硕士论文1991年。

④ 何佳讯、王智颖：《中国广告学研究20年主题分布与阶段演进》，《中国广告》2001年第4期。

⑤ 黄合水、王保红、汪澜、袁冰：《20年来中国广告界探讨的热门话题》，《现代广告》2003年（学术特辑），第98-103页。

⑥ 胡晓云：《现代日本广告研究的热点话题流变》，《现代广告》2004年（学刊），第92-96页。

⑦ 姚曦、李名亮：《中国大陆广告学论文研究现状定量分析》，《新闻与传播评论》，武汉大学出版社2004年版。

⑧ 陈辉兴：《中国公益广告研究述评：1991-2006》，《广告大观》（理论版）2007年第6期；裴沙沙：《国外公共广告研究概述》，《广告大观》（理论版）2008年第2期；李丽丽：《国际上广告研究30多年来的发展状况及趋势研究》，厦门大学2006年硕士论文；彭子玄：《从研究主题的变化看西方广告理论研究的发展趋势—对1998到2006年九年间美国〈广告杂志〉杂志的内容分析》，《广告大观》（理论版）2008年第2期。

定的理论深度。①

但迄今为止,学界尚无系统的对我国广告传播研究进行梳理和分析的标志性学术成果。这部分是因为涉及范围的广泛性和研究的复杂性,非研究团队用一定时间进行研究不可。

二

广告,虽为促销工具中的一种,但其本质上是一种传播行为和活动。陈培爱教授曾在其《20 世纪中国广告学理论的发展》一文中这样总结道:“对于广告学研究的理论基础的认识,学术界长期以来有过不同的看法:一是认为其理论基础应是市场经济理论,因为广告是推销产品的手段,其应用范畴主要在市场经济领域。二是认为广告是一种信息传播活动,其本质特征是信息传播,市场只是广告发挥其作用功能的一个重要领域。”②1963 年,美国营销协会定义委员会(The Committee on Definitions of the American Marketing Association)对广告所下的定义是:“广告是由可确认的广告主,对其观念、商品或服务所做之任何方式的非人员性的陈述与推广。”③20 世纪末以来,美国教授威廉·阿伦斯(William Arens)对广告的定义被广泛接受。他认为:“广告,是由可识别的出资人通过各种媒介进行的,有关商品(产品、服务和观念)的,通常是有偿的、有组织的、综合的和劝服性的非人员信息传播活动。”④

如果说,美国营销协会所下的定义把广告归为“非人员性的陈述与推广”已经间接地指出广告要通过一定的媒介传播的话,阿伦斯的定义则明确地指出广告是“通过各种媒介进行的”“信息传播活动”。也就是说,虽然营销领域把广告作为促销(Promotion)的工具之一,但广告的本质属性就是传播。“广告业的实践运用问题,基本上都可以在传播学中找到相应的对位,如控制者研究、传播过程研究、受传者研究、传播效果研究,都促使广告学作为一个系统性强的学科对象进行科学定位。”⑤推而广之,从广告活动的三大主体——广告主、广告代理公司、广告媒介的关系来看,广告主是传播者和信息提供者,广告代理公司则为

---

① 陈培爱主编:《中国广告理论探索三十年》,厦门大学出版社 2009 年版。

② 陈培爱:《20 世纪中国广告学理论的发展》,《厦门大学学报》(哲学社会科学版)1999 年第 4 期。

③ 转引自丁俊杰、康瑾:《现代广告通论》(第 2 版),中国传媒大学出版社 2007 年版,第 5 页。

④ 〔美〕威廉·阿伦斯:《当代广告学》(第八版),人民邮电出版社 2005 年版,第 7 页。

⑤ 杨海军:《中国广告理论研究三十年回眸》,载于陈培爱主编:《中国广告理论探索三十年》,厦门大学出版社 2009 年版。

编码者,广告媒介则为传播渠道。从这个意义上说,广告传播体现了广告活动的核心价值之所在。

正因为如此,一些学者提出了"广告传播学"的概念,并为将其发展为一门学科进行了有益的探索。1991年,刘志明、倪宁为北京广播电视大学学员编著的《广告传播学》教材第一次系统地对广告传播学涵盖的领域进行了细分。在这本教材中,广告传播学包括广告传播的发展过程、广告的特性与作用、广告组织、广告传播计划、广告媒介、广告媒介战略、广告表现战略、广告文稿撰写等内容。该书的局限在于并未对广告传播的内涵与外延给予界定,也未对广告传播学的学科属性进行研究。① 1997年,丁长有在其编著的《广告传播学》教材中第一次提出"广告传播是一个独立的学科",把广告传播界定为"个人或组织通过适当的符号形式向其他个人或组织机构传递广告主诉求的信息,及其接受反馈活动的总称",其研究对象包括广告传播原理、广告传播功能、广告传播过程、广告传播模式与理论、广告传播媒介、广告传播效果以及国际广告传播。但作为一本教材,这本书同样没有对广告传播进行较为深入的探讨。②

在台湾,萧湘文的《广告传播》一书根据广告传播的五大要素,把广告传播分为广告产业、讯息、媒体、消费者与效果几大部分,认为广告传播的特性主要包括广告操作面向、广告目的面向和广告价值面向。③

2006年,张金海提出:"以往广告传播研究所产生的诸多理论形态和理论成果,太多工具性分析性质,整个广告学科体系的建构,太多实用主义和实证主义的考量,较少自觉地理论导入,以致影响到广告传播理论的建立。"④为此,"必须强化学理的分析与研究,即引入诸如社会学、心理学、市场学、传播学、文化学等多种学术理论为指引"⑤。基于这种研究取向,他从市场学、传播学、社会文化学等几个方面,在对20世纪广告传播理论的发展历史进行回顾的基础上,对几大理论问题进行了检讨和分析,并就广告理论的未来发展进行了探讨。但由于该书的重点在于广告批评而非理论建构,因而对广告传播学理论体系的建构也未给予充分的关注。

2006年,舒咏平在《广告传播学》这本教材中,认为广告传播学的研究对象包括广告传播史、广告传播要素、广告传播符号、广告传播过程和广告传播管

① 刘志明、倪宁:《广告传播学》,中国人民大学出版社1991年版。
② 丁长有:《广告传播学》,中国建筑工业出版社1997年版。
③ 萧湘文:《广告传播》,中国台北威仕曼文化公司2005年版。
④ 张金海:《20世纪广告传播理论研究》,武汉大学出版社2006年版,第4-5页。
⑤ 张金海:《20世纪广告传播理论研究》,武汉大学出版社2006年版,第4-5页。

理,突出了企业作为广告传播活动主体的地位,并提出了"媒体载具"、"广告创意中的广义灵感方法"等创新性观点。[①]

2007年,李名亮在《广告传播学引论》中再次提到建立广告传播学这门重要的学科理论分支的必要性。他认为:"广告传播学属于广告学研究的传播学范畴。它是关于广告信息传播的科学总结,它的研究思路遵循大众传播学的基本框架,只是它深入到广告这一特定传播活动的内部,寻找它独有的原则与规律。"[②]区别于之前的有关广告传播的著作,作者把符号与广告传播、广告传播文化批评研究各自单独列为一编,并对传播主体、受众进行了较为深入的分析,但在框架方面仍缺乏系统性的建构。

2009年,在国家社科基金项目"广告传播学研究"的基础上,陈培爱撰写了《广告传播学》一书。在书中,作者从广告传播理论发展的几个阶段、广告传播的主要理论形态与理论成果、我国广告传播理论的研究现状等几个方面,对20世纪的广告传播理论发展进行了回顾,并把广告营销传播、新媒体与广告传播、广告跨文化传播、广告传播的未来等作为独立的一章,丰富了广告传播研究的内容。他认为,广告传播研究的未来趋势是:广告传播与意识形态、广告传播与体验经济、广告传播与快乐传播、广告传播与口碑传播、广告传播与色彩传播。[③]

以上论著对我国的广告传播研究提供了宝贵的成果,为广告传播学理论体系的构建打下了比较坚实的基础。但也存在一个明显的缺憾,就是大多以教材的形式完成,缺乏系统而深入的学理性研究与探讨。我们认为,其中一个重要原因是,广告学界对之前的广告传播学术研究成果梳理方面明显薄弱。为此,本书希望在这方面做出积极的探索。

〔本章作者:初广志〕

---

① 舒咏平:《广告传播学》,武汉大学出版社2007年版。

② 李名亮:《广告传播学引论》,上海财经大学出版社2007年版,第80页。

③ 陈培爱:《广告传播学》,厦门大学出版社2009年版,第382-516页。

第一章　新闻传播期刊中的广告传播研究

很长时间以来,我国广告学的学术论文发表都会遇到这样的尴尬——可供发表论文的期刊在学术性和专门性上无法统一,理论性较强的文章往往很难找到专门刊发广告学专业论文的对口期刊,而广告期刊大多是行业资讯类型的非学术期刊。这就造成广告学论文发表的尴尬局面:一方面暂时"寄居"在非本专业的期刊中,无法产生有效的影响力并引发学术话题;另一方面由于行业杂志定位与受众阅读旨趣的限制,广告专业对口的行业杂志基本不予刊发学理性很强、阅读难度很大的学术论文。鉴于广告学在教育部的学科目录中归属新闻传播学科,因此,学术性较强的广告论文大多发表在新闻传播类的学术期刊上。

第一节　研究背景与研究设计

本章通过对 1979—2008 年《新闻与传播研究》《现代传播》《新闻大学》《国际新闻界》《中国广播电视学刊》5 种新闻传播类代表性期刊①中全部论文的采集和对其中广告类论文的分析,提出并试图回答以下几个问题:(1)基于新闻传播发表体系之中的广告学术研究在 30 年的时间里呈现出怎样的状态?(2)已经发表于新闻传播类学术性期刊中的广告论文取得了哪些学术进展?(3)这些广告学术论文关注哪些主题,表现出怎样的阶段性特征?主导每个阶段的广告主题是什么?(4)如何透过研究中的问题,反思、规范并推动广告学术研究的进程?

---

① 《新闻传播研究》《现代传播》《新闻大学》《国际新闻界》是新闻传播专业公认的四大权威期刊,《中国广播电视学刊》由中国广播电视学会(现为中国广播电视协会)主办,因此,5 种期刊均可以成为新闻传播类代表性期刊,这里的代表性不是统计抽样的代表性,而是学术前沿和整体学术发展趋势的代表性。

一、文献综述

通过文献整理和分析,我们发现此前的相关研究主要包括以下内容:

1.梳理广告学术发展轨迹

这些研究以定量研究手法进行历时分析,旨在描绘广告学术研究文章在数量与分布、研究主题、论文著者、原载刊物及其他方面所体现出的特点,并对中国广告学术研究发展的现状和面临的问题加以阐释,以期揭示出我国广告事业的阶段性发展历程。例如,何佳讯、王智颖分析了《中国广告学研究 20 年主题分布与阶段演进》;[①]姚曦、李名亮选取了 1979—2002 年《全国报刊索引》收录的共计 2375 篇广告学文献,统计了广告学论文的发表时间、著者、研究方法、研究取向、研究主题及刊载情况,对中国大陆广告学论文研究现状做了详细的评析;[②]于静对广告学期刊论文的数量及主题分布、著者及机构、期刊类别及核心期刊进行了定量分析;[③]郑欢在分类界定的基础上,分析了中国广告三大学术期刊在 2008 年所发表的学术研究文章的研究方法。[④]

2.对广告学术研究的反思和规范

李彪通过对 1995—2007 年我国 4 种主要新闻传播学术期刊的考察,发现大量的文章以定性研究方法为主,尤其是思辨论证法,而定量方法很少运用[⑤];丁俊杰等对 1979—2008 年我国 5 种主要新闻传播学术期刊进行了梳理,指出广告学术论文存在研究方法简单陈旧、论证深度不强、缺乏实质性理论突破等问题[⑥];杨柳基于中国人民大学复印报刊资料《新闻与传播》的统计和分析,认为我国广告业存在"重术轻学"、研究领域不平衡、广告专业学术期刊缺失等

---

① 何佳讯、王智颖:《中国广告学研究 20 年主题分布与阶段演进》,《中国广告》2001 年第 4 期。

② 姚曦、李名亮:《中国大陆广告学论文研究现状定量分析》,《新闻与传播评论》,武汉大学出版社 2004 年版。

③ 于静:《中国广告学术发展研究——1989-2003 年广告期刊、论文统计分析》,东北师范大学 2004 年硕士论文。

④ 郑欢、包雷晶、李垒垒、张小卫:《善事与利器——2008 中国广告学术研究方法批评》,《广告大观》(理论版)2009 年第 2 期。

⑤ 李彪:《新闻传播学研究方法的构造——对 1995—2007 年我国四种主要学术期刊的考察》,《国际新闻界》2008 年第 1 期。

⑥ 丁俊杰、初广志、李杉:《新闻传播期刊中广告学术研究成果再研究》,《现代传播》2009 年第 6 期。

问题①。

此外,彭子玄基于对1998—2006年9年间美国《广告杂志》的内容分析,从研究主题的变化预测了西方广告理论研究的发展②;郑欢等则基于对传播类博士论文选题的实证研究,对传播学"5W"领域的研究进行了评述③。

二、研究设计

从广告学学术研究的视角看广告传播类相关期刊的发表现状,我们可以非常直观地把可供发表广告文章的期刊划分为四个群组:

第一群组是广告行业杂志,如《国际广告》《中国广告》《现代广告》等。这类杂志的文章选题带有明显的行业倾向性,致力于广告行业发展的现状描述、热点追踪、名人访谈和问题研究,它们纸质优良、图片光鲜,更关注广告行业动态和广告实践操作。因此,该类杂志在行业内部知名度较高,但是刊发的广告学术论文较少,篇幅有限,体例也欠规范,不适合发表篇幅稍长、学理性强、严格意义上的学术论文。

第二群组是广告学术专业期刊群组,如《广告研究》《现代广告·学刊》《广告大观》(理论版)等。这类期刊是以广告学术研究为主体的广告学专业期刊,创刊时间集中在2005年、2006年前后。由于起步较晚,影响力有限。但是这类期刊刊发的论文具备较强的学术性,适合发表学理性很强的理论文章,在广告学术领域已经有了一定的知名度。

第三群组是新闻传播类学术期刊,如《新闻与传播研究》《现代传播》《国际新闻界》《新闻大学》等。这类期刊以发表新闻传播类的学术论文为主,同时也发表少量的广告学术论文,它们创刊的年限一般是改革开放初期,发表的论文学理性较强,是新闻传播类学术论文发表的聚集地,其中刊发的广告论文数量相对较少,但学术性较强。

第四群组是中文社科综合类学术期刊,如各高校的文科学报、《中国社会科学》《学术月刊》《社会科学战线》等。这类期刊是综合性的中文社科期刊,发表

---

① 杨柳:《我国广告学研究在新闻传播领域中的发展轨迹——基于中国人民大学复印报刊资料〈新闻与传播〉的统计和考察》,《广告大观》(理论版)2010年2月号中旬刊。

② 彭子玄:《从研究主题的变化看西方广告理论研究的发展趋势——对1998到2006年九年间美国〈广告杂志〉杂志的内容分析》,《广告大观》(理论版) 2008年第2期。

③ 郑欢、李垒垒、张小卫:《传播学"5W"领域研究述评——基于传播类博士论文选题的实证研究》,《广告大观》(理论版)2010年2月号中旬刊。

文史哲、政经法、管理与艺术等学科的学术论文,其中也包含数量很少的新闻传播类论文以及数量极少的广告论文。因这些刊物比较分散,发表广告论文的时间和栏目也不规律,全部集中做内容分析有相当的难度。

为了探求中国广告恢复30年来广告学术研究的成果和路径,并为其发展提出反思和规范,笔者认为本次研究选择的群组必须具备学术性较强、创刊年限较长的特征,同时范围集中,有利于执行。因此,只有第三群组新闻传播类学术期刊具备发表论文学术性较强、专业领域内影响力较大、广告学学术论文相对容易集中、创刊时间基本与广告恢复的30年历程同步的特征,具备统计学的价值,可以进行内容分析。

具体到执行层面,本研究采用了以下三种方法:

1.历史研究

1979年是中国现代广告的元年,至今已经30个年头,笔者收录了5种新闻传播类代表性期刊30年来发表的全部论文20968篇,其中1979年以后创刊的期刊按其创刊时间开始收录,具体如表1.1:

表1.1 5种新闻传播类代表性期刊1979—2008年发表文章数量统计

刊名	发表文章总数(篇)	创刊时间(年)	本研究数据收录时间范围(年)	出版单位	占文章总数百分比(%)
《新闻与传播研究》①	880	1994	1994—2008	中国社会科学院新闻与传播研究所	4.20
《现代传播》②	4896	1979	1979—2008	中国传媒大学	23.35
《新闻大学》	3048	1981	1981—2008	复旦大学	14.54
《国际新闻界》③	3664	1961	1979—2008	中国人民大学	17.48
《中国广播电视学刊》	8480	1987	1987—2008	中国广播电视学会(现中国广播电视协会)	40.45
合计	20968				100.00

① 《新闻传播研究》1994年之前的前身为《新闻研究资料》(创刊于1979年),1994年之前的《新闻研究资料》本研究未收录。

② 《现代传播》期刊1979年为《北京广播学院学报》,1994年改为《北京广播学院学报——人文社会科学版》,后于1994年8月再次更名为《现代传播——北京广播学院学报》,2005年改为《现代传播——中国传媒大学学报》。

③ 《国际新闻界》1994年第6期期刊缺失,笔者多方查找未果。

2.比较研究

本研究选择的5种新闻传播类期刊均为新闻传播类的核心期刊，在学界的影响力有目共睹，故对此本文不再论述。研究数据显示，5种期刊在发表论文的数量上存在着较大的差异（如表1.1），我们找到了这种差异的来源：一是定位差异，5种期刊虽然同为学术期刊，但在论文的选择、篇幅、风格、格式上却不尽相同①；二是创刊时间的差异；三是出版频率的差异，5种期刊的出版频率各有变化（如表1.2）。

表1.2　5种新闻传播类代表性期刊出版频率变化表

<table>
<tr><th rowspan="2">出版频率
刊名</th><th colspan="30">年份</th></tr>
<tr><th>79</th><th>80</th><th>81</th><th>82</th><th>83</th><th>84</th><th>85</th><th>86</th><th>87</th><th>88</th><th>89</th><th>90</th><th>91</th><th>92</th><th>93</th><th>94</th><th>95</th><th>96</th><th>97</th><th>98</th><th>99</th><th>00</th><th>01</th><th>02</th><th>03</th><th>04</th><th>05</th><th>06</th><th>07</th><th>08</th></tr>
<tr><td>《新闻与传播研究》</td><td colspan="15">无</td><td colspan="15">季刊</td></tr>
<tr><td>《现代传播》</td><td colspan="13">季刊②双月刊</td><td colspan="17"></td></tr>
<tr><td>《新闻大学》</td><td colspan="2">无</td><td colspan="7">共出版14期③</td><td colspan="21">季刊</td></tr>
<tr><td>《国际新闻界》</td><td colspan="12">季刊④</td><td colspan="15">双月刊⑤</td><td colspan="3">月刊</td></tr>
<tr><td>《中国广播电视学刊》</td><td colspan="8">无</td><td colspan="8">双月刊⑥</td><td colspan="14">月刊</td></tr>
</table>

3.实证研究

本研究采用实证分析的方法，试图科学地描述30年的历程中，在新闻传播学的发表体系中广告类文章扮演了怎样的角色。因此，笔者对5种新闻传播学代表性期刊的全部文章共20968篇进行了统计分析，并对其中的449篇广告论文⑦进行了精确的分析和数据验算，对各个变量的相关关系进行了考察和检验。

① 80年代末、90年代初的《国际新闻界》风格与学术期刊不符，类似于新闻稿件和大众娱乐消息的短文较多，如“巩俐与……”或“日本皇妃的……”。但是为了保持分析的连贯性，本研究并未去除这一阶段的文章，仍然将其计入文章总数，但并未影响其中广告学术论文的数据与分析。

② 《现代传播》1979年仅出版2期。

③ 《新闻大学》1981年出版1期，1982年出版4期，1983年出版1期，1984年出版2期，1985年出版3期，1986年出版2期，1987年出版1期。

④ 《国际新闻界》1979年出版3期，1980–1988年每年出版4期，1989年出版3期，1990年出版4期

⑤ 《国际新闻界》1995年仅出版3期。

⑥ 《中国广播电视学刊》1987年仅出版3期。

⑦ 广告论文是指以广告学科为核心，围绕广告传播的各个过程的全局和要素而展开的研究文章，文章的重心和关键词必须是广告学科之中的。

第二节　新闻传播期刊中广告传播研究成果的内容分析

一、新闻传播发表体系中广告论文发表的历史与表象

1.广告论文发表的数量分析

1979 年至 2008 年间,5 种新闻传播学代表性期刊共发表论文 20968 篇,其中广告论文 449 篇,占总数的 2.1%。30 年来,广告论文的发表数量总体上呈现出波动性上升的状态(见图 1.1)。2007 年、2008 年 5 种期刊发表文章数量最多(均为 1441 篇),1979 年数量最少(103 篇)。其中,发表广告论文数量最多的年份为 2000 年和 2007 年(均为 34 篇),1989 年没有广告论文刊发(0 篇)。每年发表广告论文占全部文章数量的百分比(除 1989 年之外)在 0.22%(1988 年)与 3.25%(2004 年)之间。

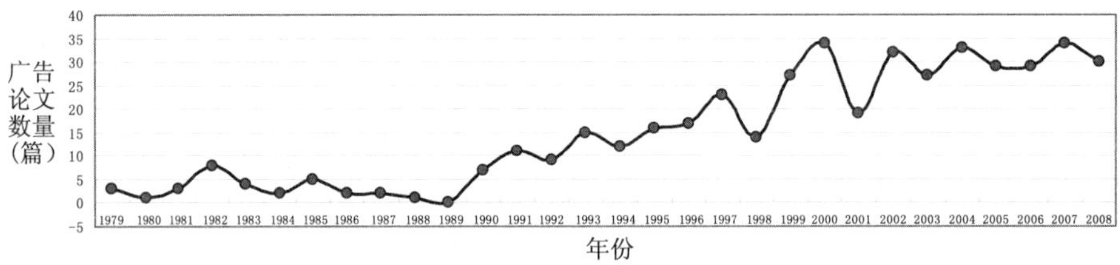

图 1.1　1979—2008 年 5 种新闻传播类代表性杂志广告论文发表数量走势

5 种期刊中,按照发表广告论文数量排序,数量最多的为《现代传播》(121 篇),之后依次为《新闻大学》(107 篇)、《中国广播电视学刊》(98 篇)、《国际新闻界》(91 篇)、《新闻与传播研究》(32 篇)。由于 5 种期刊每期发表的文章总数有较大差异,创刊时间先后不一,定位也不尽相同。因此,按照各个期刊发表广告论文数量占发表文章总数的百分比排序,百分比最大的期刊为《新闻与传播研究》(3.64%),之后依次为《新闻大学》(3.51%)、《国际新闻界》(2.48%)、《现代传播》(2.41%)、《中国广播电视学刊》(1.15%)。

2. 广告论文发表的主题分析

笔者对 1979—2008 年 5 种期刊发表的 449 篇广告论文进行主题分析,采取人工编码的方法,分类统计结果表明(见图 1.2),广告论文主题出现频率最高的是广告媒体研究(131 篇),其次是广告文化与批判研究(59 篇),再次是广告传播信息研究(58 篇)、外国广告研究(53 篇)和广告管理研究(49 篇)。关注度

最低的广告主题是广告传播的方法论研究（5 篇），其余较少的是广告教育研究（7 篇）、广告传播客体研究（8 篇）。

可以看出，广告研究者关注的主题呈现出鲜明的三大阵营的特征：广告传播媒体研究已经成为最受广告学者关注的主题，是第一阵营；广告文化与批判研究、广告传播信息研究、外国广告研究、广告管理主题组成了第二阵营，也受到相当程度的关注；第三阵营是其余的 6 类主题，这 6 类主题被关注的程度较弱。

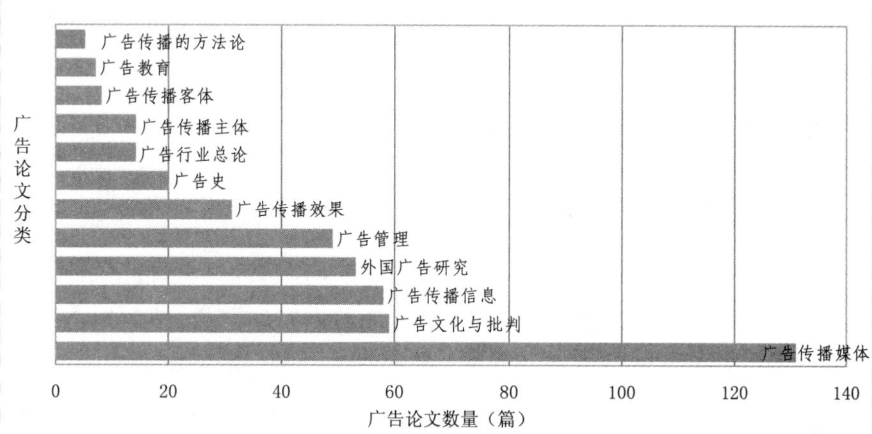

图 1.2　1979—2008 年 5 种新闻传播学代表性杂志发表广告论文主题分类

3.广告论文的作者分析

笔者分析了 449 篇广告论文的作者情况，经统计，除 24 篇论文作者姓名缺失之外，共涉及作者 449 人。发表数量最多的作者（1 人）发表了 9 篇文章，其次为 8 篇（2 人）、7 篇（4 人）、6 篇（1 人）、5 篇（1 人）、4 篇（4 人）、3 篇（8 人），另外，仅发表 2 篇论文和 1 篇论文的人数分别是 35 人和 354 人。其中 83. 29%的作者只发表了 1 篇论文，发表 3 篇论文以上的学者只占总数的 4. 71%。

外国作者的论文有 12 篇，单人独立完成的文章有 332 篇，由两人合作完成的论文有 75 篇，由三人合作完成的文章有 16 篇，三人以上 2 篇。独立作者占作者总人数的 73. 94%。目前可查明作者具体工作单位的有 354 篇，作者单位来源之中高校科研单位占据主流（260 人），占总数的 73. 45%，其次是媒体人员（73 人），占总数的 20. 62%。

笔者继续将 4 种由高校出版的期刊分为“与期刊出版社同校”和“与期刊出版社异校”两类。统计结果显示，作者单位来源与期刊出版社同校比例最少的期刊是《新闻与传播研究》，占其科研单位来源文章的 7. 41%，最多的期刊是《国际新闻界》，同比占 61. 22%（见表 1. 3）。

表 1.3　4 种期刊发表与期刊出版社同校广告文章数量统计

刊名	分类(篇)		合计(篇)
	与期刊出版社同校	与期刊出版社异校	
《国际新闻界》	30	19	49
《新闻与传播研究》	2	25	27
《现代传播》	47	50	97
《新闻大学》	32	36	68
合计	111	130	241

二、广告学术论文发表的阶段与逻辑

1. 广告论文发表的历史阶段划分

对 30 年数据进行阶段划分时遵循的基本原则是由数据本身的特征来自动聚类和分组。对此笔者采用了先分析数据，使数据自动聚类，然后根据聚类结果进行假设并最终检验的方法。首先，笔者为阶段划分做了初步的假设，即在同一阶段之内部，每年广告论文数量增长的速率应该相等或相近。其次，笔者认为阶段划分的结果必须满足以下两个条件：一是增长速率相同的年份必须具有连续性，才能划分为同一阶段；二是不同阶段的回归方程必须具备结构性的差异。因此，笔者先采用了“移动平均法”实现时间序列的平滑，修正数据中的奇异值，然后以 5 年为一个回归单位，依次进行重复交叉性的回归方程推演，并对生成的一组回归方程的参数进行聚类分析。参照聚类分析的结果，笔者对广告论文发表数量的时间序列进行了以下阶段划分的假设：第一阶段 1979—1989 年、第二阶段 1990—1999 年，第三阶段 2000—2008 年。针对这三个阶段的划分假设，拟出三个回归方程式并进行检验：

(1)第一阶段：1979—1989 年

表 1.4　回归方程式参数列表 A

模式		未标准化回归系数		标准化回归系数贝塔值	T 值	显著水平
		回归系数	标准误差			
1	常数项	4.400	1.397	3.150	.012	
	年份	-.264	.206	-.392	-1.280	.233
2	常数项	2.818	.672		4.195	.002

因变量：论文总数

由检验结果可知，回归方程式的参数中无法拒绝斜率为0的原假设，在一元线性方程中，x的系数为0；而截距是2.818，则可以通过检验。因此，在99.8%的置信水平下，1979—1989年发表的广告文章数量随着时间变化而拟定的回归方程式如下：

y=2.818（本方程为常数方程，在坐标轴中对应一条平行x轴的直线）

即从统计学意义上看，可以认为1979—1989年间广告论文的发表趋势没有明显的上升或者下降，基本保持水平性的浮动。

（2）第二阶段：1990—1999年

表1.5　回归方程式参数列表B

模式		未标准化回归系数		标准化回归系数贝塔值	T值	显著水平
		回归系数	标准误差			
1	常数项	-13.000	6.507		-1.998	.081
	年份	1.703	.389	.840	4.383	.002

因变量：论文总数

由检验结果可知，回归方程式的参数中，斜率是1.703，可以通过检验，而截距的情况要看研究者对于置信水平的要求。若置信水平设置在90%，则可以拒绝原假设；若置信水平设置在95%，则无法拒绝原假设。由于本文的样本量较少，笔者选择前者，即回归方程式为：

$$y=1.703x-13.000$$

即从统计学意义上看，广告论文在1990-1999年间的发表情况整体上呈上升趋势，以每年增加1.703篇论文的平均速度增长，进入了一个快速发展的阶段。

（3）第三阶段：2000—2008年

表1.6　回归方程式参数列表C

模式		未标准化回归系数		标准化回归系数贝塔值	T值	显著水平
		回归系数	标准误差			
1	常数项	15.357	20.574		.746	.484
	年份	.560	.804	.273	.696	.512
2	常数项	29.625	1.772		16.717	.000

因变量：论文总数

由检验结果可知，回归方程式的参数中，由于显著水平计算结果过大，无法拒绝斜率为0的原假设，不能通过检验；而截距是29.625，则可以通过检验。因

此,在接近100%的置信水平下,1979—1989年发表的广告文章数量随着时间变化而拟定的回归方程式如下:

y=29.625(本方程亦为常数方程,在坐标轴中对应一条平行x轴的直线)

即从统计学意义上看,可以认为在2000—2008年间广告论文的发表趋势基本保持水平性的浮动,进入了一个稳定发展的新阶段。

总体来说,我们可以清晰地观察到30年来5种新闻传播学代表性期刊中广告论文发表的数量表现出整体波动性上扬的走势。具体来说,又可以将广告论文的发表分为三个阶段:第一个阶段是1979—1989年,这一阶段广告论文发表数量较少,平均每年3篇文章,没有明显的波动趋势;到20世纪90年代,即1990—1999年,广告论文的数量有了明显的上升,总体表现为迅速上升的趋势;进入新世纪之后,广告论文的数量达到了之前20年的最高值(2000年34篇),随后其数量进入稳定期,每年保持在30篇左右(如图1.3)。

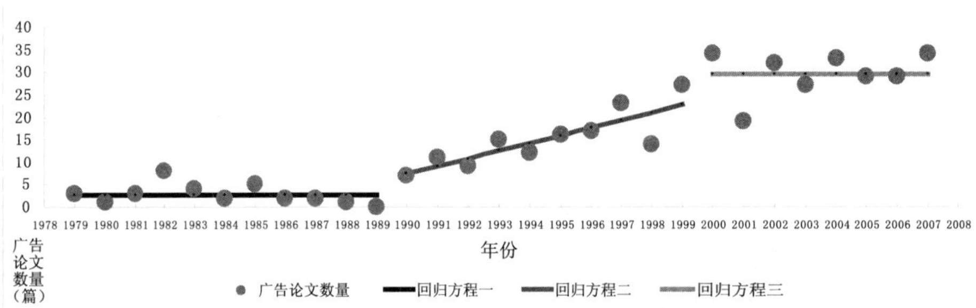

图1.3 广告论文数量及其三阶段回归方程拟合

2.广告研究发展的主题性驱动力分析

在将广告研究的发展划分为三个阶段之后,本文将继续探讨在12类广告文章的主题之中,哪些主题是驱动广告论文数量增长的主导因素,也就是说,在广告论文数量总体呈上升趋势的同时,哪些主题得到了更多的关注,进而主导了该阶段广告论文发表数量的走向。对此,笔者将引入增长弹性[①](增长弹性=广告论文发表数量增长率[②]÷某一主题论文数量增长率)来解决这一疑问,在同一阶段之内,主题的增长弹性越大,其对广告论文数量的驱动作用就越大。为了计算增长弹性,笔者将取数据的自然对数,然后进行回归分析。

① 胡鞍钢、张晓群:《中国传媒普及率追赶的实证分析》,《新闻与传播研究》2004年第4期。

② 发表论文数量为0的年份,取自然对数时按0.0001计算。

（1）1979—1989 年——国外广告模式引进和研究的 11 年

表 1.7　增长弹性回归系数表 A

	未标准化回归系数		准化回归系数贝塔值	T 值	显著水平
	回归系数	标准误差			
常数项	.919	.894		1.028	.331
外国广告研究	.410	.184	.597	2.233	.052

在多元回归计算 12 个广告主题和增长弹性时，计算结果显示只有外国广告研究主题的增长弹性是统计上显著的，其他主题统计上不显著。这说明国外广告的引进和研究是推动这一阶段广告论文数量上升的主导因素，其弹性为 0.410，相关系数是 0.597。在我国广告行业刚刚兴起的头十年，我国广告论文无论是数量上还是质量上都与广告业发达的国家存在较大的差距，在"摸着石头过河"的行业发展中，广告学术领域对国外广告模式的引进和研究占据了广告研究的主要部分。

（2）1990—1999 年——聚焦广告作品信息的 10 年

表 1.8　增长弹性回归系数表 B

	未标准化回归系数		准化回归系数贝塔值	T 值	显著水平
	回归系数	标准误差			
常数项	3.083	.069		44.904	.000
信息	.257	.030	.386	8.577	.013
媒体	-.212	.046	-1.743	-4.658	.043
效果	.097	.006	.956	15.044	.004
管理	.036	.004	.454	9.216	.012
广告史	.051	.005	.562	9.888	.010
文化批判	.209	.047	1.626	4.492	.046
行业总论	.041	.004	.510	9.954	.010

这 10 年的数据分析显示，增长弹性最大的主题是广告传播信息研究，弹性系数是 0.257，相关系数为 0.386。进入 20 世纪 90 年代，广告行业飞速发展，广告作品数量急剧上升，这导致对广告作品本身的研究成为这一阶段广告研究的主流。

在第二阶段，广告研究的各类主题均有增长，广告信息的研究增长较为显著，因此笔者将其定义为"聚焦广告作品信息的 10 年"。形成这种状态的原因有两个：一是因为这时广告研究队伍初步形成，此时的广告科研队伍都是由各高校其他专业的教师调整过来的，热情很高，但专业性不强。这种情况在全国各大高校都有体现。而这些研究人员对广告的研究也处在慢慢探索的过程中,基于其他学科背景进行广告文本研究相对比较容易切入,将文学、语言学、社会学等学科的原有理论引入,得出不同研究视角下的结果,并作为论文发表。二是由于中国大陆广告快速发展,出现了大量的本土广告作品和案例,国外的创意理论和创意大师纷纷被引入中国,因此这类研究的数量大幅增多。

(3)2000—2008 年——广告媒体研究蓬勃发展的 9 年

表 1.9　增长弹性回归系数表 C

	未标准化回归系数		准化回归系数贝塔值	T 值	显著水平
	回归系数	标准误差			
常数项	2.587	.051		51.051	.000
信息	.090	.013	.297	6.887	.006
媒体	.286	.021	.508	13.507	.001
效果	.025	.003	.463	10.131	.002
管理	.059	.009	.220	6.268	.008

对 2000 年以来的 9 年数据进行主题增长弹性分析可以看到,弹性最大的是广告媒体的论文增长,弹性系数是 0.286,相关系数为 0.508,具有显著性的其他三个弹性系数是:广告传播信息的增长弹性 0.090,广告管理的增长弹性 0.059,广告效果的增长弹性 0.025。这一阶段,对广告媒体的研究蓬勃发展,对传统四大媒体和网络以及数字新媒体等各种广告传播渠道的研究已经引起了越来越多的关注,同时随着广告行业的发展,广告的道德问题和管理问题也成为了众多研究人员关注的问题。

进入新世纪之后,广告研究的视野逐渐拓宽;更重要的是,越来越多的学者已经认识到在中国广告发展的国情之下,媒体一直处于强势地位,一次次新技术变革导致了传播环境的快速变化,这就要求广告行业对媒体和消费者的了解也要相应地迅速变化。因此,媒介研究成了这一阶段内共同关注的主题。

三、新闻传播期刊中广告传播研究的局限

研究广告论文的刊发历史,数量和质量是两个不同的评价维度。数量的考查是衡量广告学术 30 年来发展程度的最直观的表达,但是对于由数字得来的问题,则更依托于质的研究。将问题从表面深化到实质,即当我们承认广告研究在 30 年来突飞猛进的同时反思数量增长的背后,质量的变化又当如何呢?于是,笔者

通读了449篇广告文章，认为30年来广告论文在质量上显示了如下特征：

1.研究方法的简单和陈旧导致广告论文的整体质量提高缓慢

在30年刊发的449篇广告文章中，除了大多数专业论文之外，还有相当数量的其他文体的文章（如随笔、感想之类），其中广告专业论文376篇，占总数的83.7%，其余文章占总数的12.3%，具有论述性质和明显研究方法的文章402篇。主要研究方法为定性研究的为365篇，明显采用定量研究方法的为37篇，前者约是后者数量的10倍多。《新闻与传播研究》发表定量研究文章相对较多，定量研究与定性研究文章数之比为1∶3.8，《新闻大学》发表定量研究文章较少，二者之比为1∶42.5。

艾尔·巴比在《社会研究方法》中曾经把社会研究笼统地划分为四个层次：第一个层次是简单描述性的定性研究，第二个层次是带有简单数据分析的定量研究，第三个层次是复杂深入的定性研究，第四个层次是复杂的模型式定量研究。当然，是选择定性研究还是定量研究方法，应该视研究对象和目的而定，没有高低分别。但这里，艾尔·巴比讲的是一个研究者从进入社会研究开始，研究方法由浅入深、逐步精进的过程。30年来，我国广告学科的发展仍然处于十分初级和稚嫩的状态，绝大多数文章是简单的定性研究文章，大部分定量研究是在基础调研工作后进行简单的数字统计。尽管对于论文研究程度的简单或复杂很难用一个精确的数字来衡量，但是经过宏观的统计和分析，笔者仍然可以肯定，具有一定理论价值的复杂研究与表面化的简单研究的比例约为1∶3，而复杂的定量研究不超过全部文章数的二十分之一，复杂有深度的定性研究文章也不超过总数的五分之一。

论证性较强、研究方法专业、数据严谨的研究型论文大多出自于任职（或求学）于国外或中国香港、台湾高等学府的研究人员。这类文章有三个明显特征：一是论文最主导的研究方法是明显的实证性量化研究；二是大量地借鉴和援引国外之前的研究结果，然而进行后续或者对比研究，研究方法较为新颖和复杂；三是研究过程相对复杂，论证过程较为严谨，主要结论由数据统计分析计算得出，具备很强的说服力。这也说明发达国家和地区的广告学研究水平对于我国广告学术研究的起步具有相当大的帮助和指导意义。相对于这些研究型较强的论文，其余大部分论文略显稚嫩，表现为研究方法的单一和陈旧：单纯的文献研究和简单的调查是使用最为广泛的研究方法，论证深度不强，论文结论突破性较弱。这使得我们在纵观5种新闻传播学代表性期刊30年的广告研究时，发现广告论文的整体水平提高缓慢。

2.交叉学科的特征导致论文内容“标新”而非“创新”

广告论文表现出明显的交叉学科的特征，几乎大部分中文社会科学学科理论都可以在广告研究中找到“用武之地”，从“符号学”、“修辞学”、“营销学”到“社会学”、“心理学”、“经济学”，可以说广告学作为一门交叉学科，其基础理论的构建很大程度上受到了相关传统学科的影响。这种影响一方面为广告学学术理论的丰富提供了积极的参考价值和拓宽视野的可能性，另一方面则对广告学自身基础理论建设的创新性和独立性提出了更高的要求。因此，我们很容易发现广告学术论文中出现的另一明显特征——部分广告论文利用交叉学科理论套用广告研究而“标新”的现象。这些文章大多从不同学科出发，结合广告传播作为具体研究对象来打学术“擦边球”，比如“××广告的××学解读”性质的论文，实际上就是把广告当成一则特殊的“文本”、“符号”、“信息”或者“文化”，从而套用其他学科已经成熟的理论框架或者概念进行广告学的再次阐释。

笔者认为，广告学固然表现出边缘学科、交叉学科的特质，但这并不等于其他学科概念与理论的引入对于广告学本身都是有价值的，必要性和可行性的论证在论文中往往被忽视，或者带有明显的“自圆其说”痕迹。很多已经固定下来的说法却要用新的名词再次去套用和阐释，不仅不能让学术研究更进一步，反而有整体上“自娱自乐”的嫌疑。这种理论上“新瓶装旧酒”的方法，表面上开辟了广告研究的新领域，实际上恰恰显示了广告学科基础理论的薄弱。广告学术的创新更应该着力于研究方法的创新、理论独立性的创新，而非新鲜词汇、外来理论的“标新”。

3.长久的广告学术热点和难点并未获得实质性的理论突破

广告学是一个年轻的应用型学科，它的诞生离不开广告行业的起步和发展，而广告学术关注的热点和难点往往同时也是广告行业发展的难点和瓶颈。因此，自改革开放后中国广告恢复以来，广告行业的很多热点问题长期存在，也成了广告研究中的难点问题，如虚假广告问题、广告效果评估问题、消费主义批判问题、广告伦理问题。这些问题在20世纪80年代至90年代初就已经提出，如《广告新闻析论》(范炎，1985年)谈到了两类广告问题，《电视广告效果的测量及影响因素》(黄合水，1990年)提出了广告效果问题，《商业广告，消费文化与社会学宣传——关于广告理论的读书札记》(孙振斌，1993年)提到了消费社会的文化批判问题，《我国电视广告中女性形象的研究报告》(刘伯红、卜卫

1997 年)研究了广告中性别歧视问题等等。可以看出,当今热点和难点的广告问题早在二十多年以前就已有研究人员提出并开始着手研究,然而时至今日,理论界也未曾给出有分量的、代表性的、系统性的研究成果。

4.广告传播客体研究并未得到充分的重视

广告传播媒体的变化必然导致消费者接受习惯的变化。而通过研究,笔者发现,在 30 年的研究之中,广告传播客体的研究一直处于较为“冷清”的状态,研究人员和显著成果都较为有限。无论广告媒体如何变化、传播手段如何多样,广告信息的接收者都是广告传播行为成功与否的关键因素。无论是品牌形象论、定位理论,还是整合营销理论,最终的焦点还是应该回归到对消费者的研究和洞察。因此,我国广告理论的构建离不开对广告传播客体的全方位研究,应该予以高度的重视。

5.广告教育模式的探索欠缺

可以说,广告学科的形成和发展并非学术体系自身发展分裂的结果,而是来源于广告行业实践的需求,广告学术研究的指向一方面可以为广告行业实践提供更多的理论指导,另一方面在于为广告业培养专业的广告人才。因此,对于这样一个特殊的应用型专业,广告人才的培养应该是高等学校广告研究人员的重点关注对象,但目前对广告教育模式的探讨和尝试仍然处于初级阶段,各大高校之间广告教育的交流还不够频繁,合作也有待深入。因此,对广告教育模式的探索应该得到学科管理者的重视。

6.广告基础理论相对薄弱

如果说上述三个研究方向——广告媒体、广告传播客体、广告教育研究,是对广告学术研究在微观角度上规范的建议,那么广告学科基础理论体系构建的薄弱就更值得广告学界反思。在研究中笔者发现,广告传播的方法论研究几乎处于停滞状态,大多数研究是针对于广告现象、案例、调查、新问题的,关注广告本体的基础理论研究相对薄弱。一个学科的成熟与否,关键在于这个学科是否建立了完善的基础理论,这也是学科独特属性的表现,是这个学科之所以称为学科的重要评价指标。因此,怎样建立、健全广告学科的基础理论部分,是值得每一个广告研究人员反思和实践的重要方向。在世界范围来看,中国特色的广告学科体系远未形成,目前鲜有中国广告学者对广告学科有创新性贡献。

〔本章作者:丁俊杰　初广志　李　杉〕

第二章　广告行业期刊中的广告传播研究

广告学是一个应用价值很强、实践特色鲜明的学科，其研究主题来源于实践，其研究成果对实践具有一定的指导作用。相对于国外尤其是美国一百多年的广告发展历史，中国的现代广告业仅仅经历了三十多年的历程。鉴于缺乏专业的学术论文发表平台，大量的广告研究成果分散在行业期刊中。与此同时，业内人士也常常通过洞察与思考，撰写一些具有一定理论色彩的文章。因此，对广告行业期刊中的学术性文章和具有一定理论色彩的文章进行分析，是中国广告学术史研究不可忽视的一部分。

第一节　研究背景与研究设计

本章致力于分类与整合文本关键词，勾勒与描述中国广告业从整体到局部、从宏观到微观的发展变化，以期细致地描绘出中国广告业的发展历程和阶段特征，从而进一步了解我国广告业的发展现状，指出不足，总结经验，为未来的广告业和广告研究提出相应的建议。

一、文献综述

国内外对于广告和营销传播期刊的研究已积累了一定的成果。[①]。此外，范鲁斌所著的《中国广告 25 年》对中国广告业 25 年（1979—2003）的发展进行了详尽的梳理。作者将 25 年分为 4 个阶段，归纳总结出每一阶段的特点及走势。其中不仅有广告业自身的变化，还考虑到文化、政策、社会等大环境的影响，将

① 见第一章“文献综述”部分。

国家发布的有关广告发展的路线、方针、政策以及政府广告管理机构的举措等收纳其中，并附有25年广告业大事记及全国与各地区广告业发展情况的数据。国际广告杂志社、中国传媒大学广告学院合作出版的《中国广告猛进史：1979—2003》则是一部全景式的广告社会发展史，展示了中国广告业发展过程中呈现出的政治、经济、广告、企业、媒体、文化、时尚的互动，扫描了相应事物的横向关联和纵向承传。

这些研究角度各有不同，焦点也各有偏重。但是从总体来看，国内外学者对于广告行业期刊中具有一定理论色彩的文章尚缺乏应有的关注。鉴于广告学科自身所带有的鲜明实践特色，本研究期望在前人研究的基础上有所延伸和突破，以加强以往研究的薄弱之处。

二、研究设计

本研究以中国大陆广告界的《现代广告》《国际广告》《中国广告》《广告大观》和《广告导报》五大专业期刊中的广告学文本分析为依托，分析几个问题：中国广告传播研究所涉及的主要领域和范围，在不同阶段的发展状况，在不同领域和类别上的变化情况。

在研究中，以内容分析法和文本研究法为主；其中内容分析法以数据编码为基础进行内容编码，在定量分析的基础上进行定性分析和总结。

1.研究对象

本文选取的分析对象为中国大陆很有代表性的五大广告业期刊《国际广告》《中国广告》《现代广告》《广告大观》和《广告导报》1981—2008年（《中国广告》于1981年最先创刊）大致28年间的有理论色彩的文章。

首先，这5种广告期刊都是中国大陆较有权威性、发行量大、传播效果好、广告学界和业界参与度较高的行业内期刊，具有很强的代表性，这些也可以从杂志的出版时间、发行机构和主办单位中看出。

其次，广告学术期刊是当时广告行业以及学科发展成果的展示平台和重要阵地，也是了解学界和业界发展动向的最直接渠道。期刊的内容可以反映作者当时的所思所想，从而反映出当时广告从业人员、企业经营者以及广告研究者所探讨和研究的热点和焦点，再通过时间线索勾画出中国广告业近28年在研究重点、突出问题和发展方向的变化。同时，学术期刊对学科的建立和推动，以及对广告业界的发展,都起着重要的促进作用,在一定程度上也引领着学术研究的方向并能改变业界的关注重心。

2.资料来源

本文的资料来源分别是 CNKI 网上数据库系统和图书馆馆藏杂志,研究跨度为 1981—2008 年,共 28 年。研究通过收集和整理这些杂志的文本信息,包括文章标题、作者、论文发表时间、期刊号等,共获得了 24591 个样本,即包括这些信息在内的 24591 篇广告学文章。

3.研究内容

基于研究对象和研究领域的差异,本文将研究的内容分为 12 大类:广告研究方法论、传播主体、传播信息、传播客体、广告媒体、广告调查与效果评估、广告教育、广告管理、广告史、广告文化与评论、广告行业总论和外国广告研究。

4.编码依据

本研究以国内 5 种权威广告业代表性权威杂志为研究对象,从标题、年份、期数、作者、期刊来源等方面将其中所有的文章进行分析和归类,定量与定性相结合。

编码内容阐释:

(一)主要以文章内容为依据,将文章所研究的内容分为 12 大类,编码分别是:广告研究方法论 0、传播主体 1、传播信息 2、传播客体 3、广告媒体 4、广告调查与效果评估 5、广告教育 6、广告管理 7、广告史 8、广告文化与评论 9、广告行业总论 10 和外国广告研究 11。

(二)研究内容一共涉及 24591 篇文章:广告研究方法论(318 篇)、传播主体(3455 篇)、传播信息(6079 篇)、传播客体(574 篇)、广告媒体(5703 篇)、广告调查与效果评估(589 篇)、广告教育(378 篇)、广告管理(1156 篇)、广告史(166 篇)、广告文化与评论(3137 篇)、广告行业总论(2245 篇)和外国广告研究(791 篇)。这 12 大类中分别又包括了很多方面的内容:广告研究方法论包括营销传播观念、广告学方法研究;传播主体包括广告主、广告媒介公司;传播信息包括广告策划创意、广告语言文案以及广告设计制作与包装等传播符号研究;传播客体包括受众和消费者心理行为研究;广告媒体包括网络、影视、报刊、杂志、户外以及两个或两个以上多媒体的综合运用;广告调查与效果评估包括广告主、广告公司、媒介公司以及调查公司的调查统计与效果测定;广告教育包括国内高校或者广告公司对广告人才的培训以及认知方面的研究、广告管理包括对广告法规的触犯与维护；广告史包括对广告历史的描述与总结；广告文化与评论包括对广告文化的定义与描述以及广告批评与认知；广告行业总论包括对广告行业整体情况的动态和静态描述；外国广告研究包括对传播主体、传播信息、传播客体等国外广告行业的一系列分析与研究。

表 2.1　研究内容编码所用主要关键词

研究内容	主要关键词
广告研究方法论	广告学方法研究、营销传播观念、定性、定量、文献分析、内容分析、实验法、调查法、理论模式设计与制作
传播主体	广告主、广告公司、媒介公司、调查公司、媒介咨询公司
传播信息	品牌、策划创意、语言文案、设计制作与包装、广告传播符号
传播客体	广告受众、消费者的类型、心理、行为、态度
广告媒体	网络、影视、报刊、杂志、户外、其他、多媒体组合、媒体选择、媒体计划与排期
广告调查与效果评估	调查统计、效果测定
广告教育	人才的培训以及储备、对广告人才的认知
广告管理	广告法规、广告管理机构
广告史	广告历史描述与总结
广告文化与评论	广告文化的定义与描述、广告批评与认知
广告行业总论	广告行业整体情况的动态和静态描述、评论
外国广告研究	国外广告行业的分析与研究

5.统计分析

此次研究采用 SPSS16.0 专业统计软件进行内容编码的统计分析。

第二节　广告行业期刊中广告传播研究成果的内容分析

一、各研究领域及其年代变化趋势

在收集到的 24591 篇文章中，广告研究方法论有 318 篇、传播主体有 3455 篇、传播信息有 6079 篇、传播客体有 574 篇、广告媒体有 5703 篇、广告调查与效果评估有 589 篇、广告教育有 378 篇、广告管理有 1156 篇、广告史有 166 篇、广告文化与评论有 3137 篇、广告行业总论有 2245 篇和外国广告研究有 791 篇。

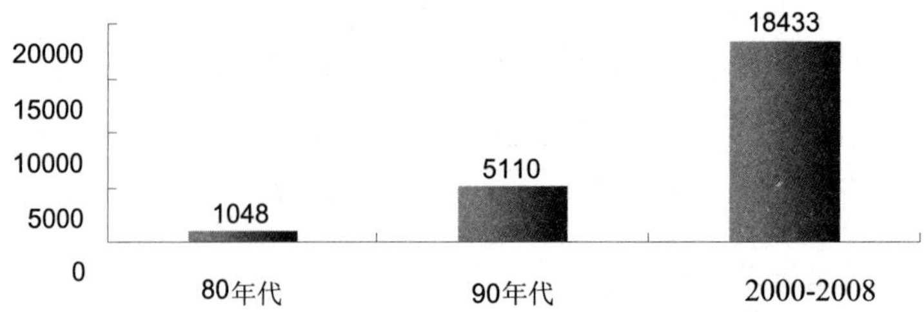

图 2.1　5 种广告期刊中广告文章数量变化

如图 2.1,20 世纪 80 年代的文章共有 1048 篇,90 年代的文章共有 5110 篇,21 世纪初至 2008 年共有 18433 篇,由此可见,对于广告业以及广告学的研究呈现出翻倍增长的态势:90 年代比 80 年代增长了近四倍,2000 年至 2008 年又比 90 年代增长了接近三倍,可见,广告期刊中广告文章的数量呈现出迅猛增长的趋势,也反映了我国广告业的迅猛发展。

根据统计分析结果,本研究中 28 年来中国广告研究涉及的领域按照文章数量由高到低排名依次为:传播信息(6079)、广告媒体(5703)、传播主体(3455)、广告文化与评论(3137)、广告行业总论(2245)、广告管理(1156)、外国广告研究(791)、广告调查与效果评估(589)、传播客体(574)、广告教育(378)、广告研究方法论(318)、广告史(166)。如图 2.2、图 2.3 以及图 2.4 所示,12 类中,广告媒体、传播信息、传播主题、广告文化与评论、广告行业总论的发展势头最为迅猛,表现最为突出,这也与名列前茅的文章类别总数相一致;传播信息、广告媒体和传播主体等类别的发展速度尤为突出,分别占总比重的 26%、22% 和 14%,在"量"上占有明显的优势,三者加起来超过了 60%。

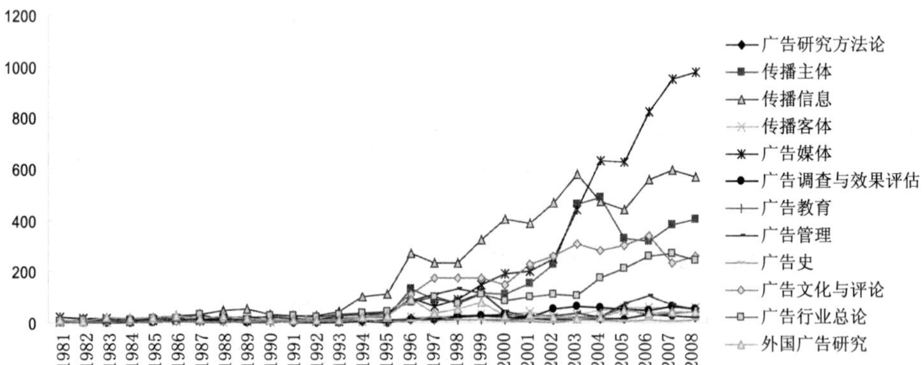

图 2.2　5 种广告期刊文章类别数量趋势汇总

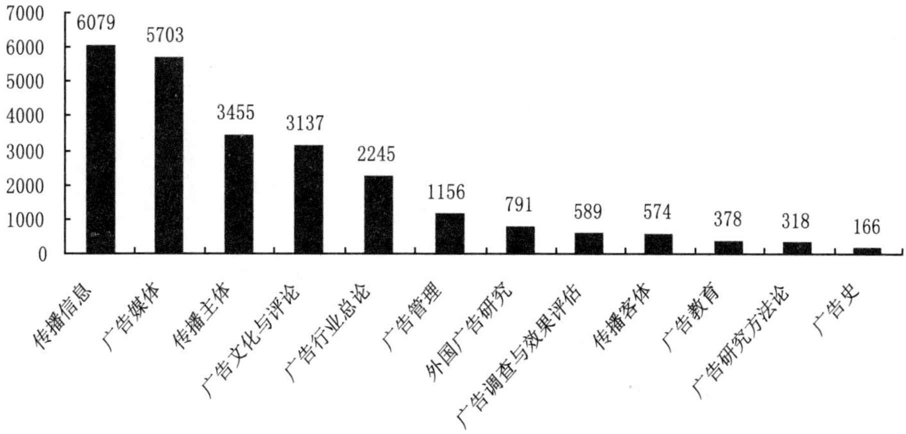

图 2.3　5 种期刊不同类别文章数量排序

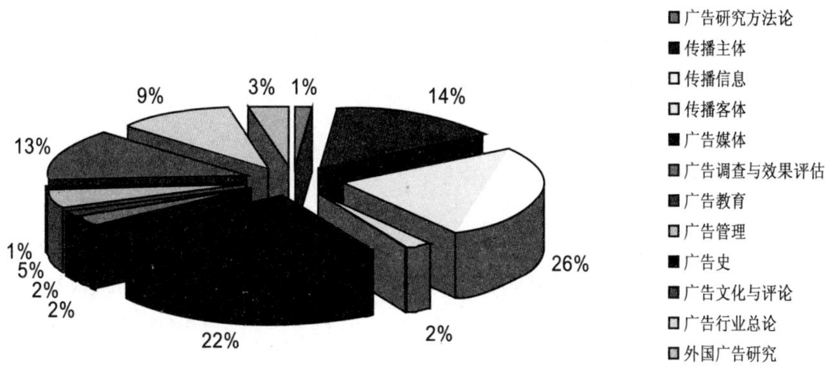

图 2.4　5 种期刊不同类别文章所占比重

二、主要研究领域

鉴于篇幅和研究领域具体内容的限制，在对研究领域的全局考量之外，本研究根据文章数量的分类排名，结合当前社会较为关注的焦点和热点，着重分析和讨论传播信息、广告媒体两个类别。

（一）传播信息

传播学认为，信息是由一组相互关联的有意义的符号组成的，能够表达某种完整意义，传播双方通过信息的有意义的交换而达到互动的目的。本研究将品牌、策划、创意、语言、文案以及设计制作与包装等传播符号研究归为传播信息领域。根据文本内容的数据统计分析，得到图 2.5。

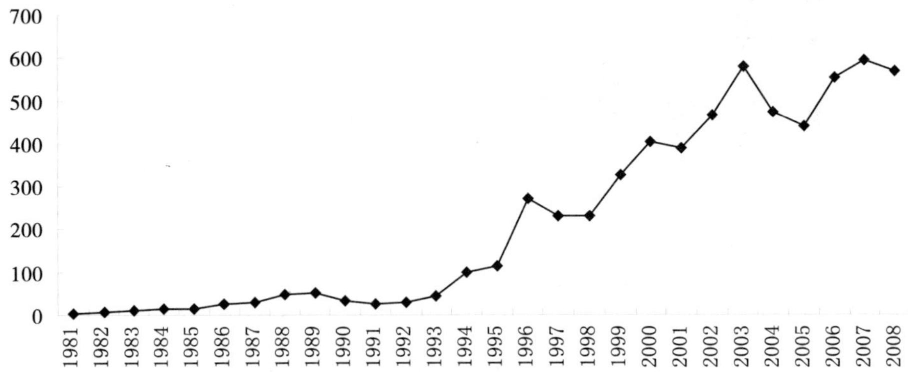

图 2.5 1981—2008 年传播信息类文章趋势

由图 2.5 可见，传播信息的研究在 28 年以来呈现出快速上升的趋势，由最初 1981 年的 5 篇上升到最多的 2007 年的 584 篇，并且在总比重中占 26%，稳坐第一的位子。

传播信息之所以能够占据最大的比重，有其必然性：

(1)品牌是广告研究中的一个重要参照点①，无论是在广告主还是广告公司的内部，品牌的开发、塑造与管理都是营销传播的重点，它承载着公司的品牌利益，并监督广告开发和营销规划。品牌可以帮助消费者识别产品来源，可以被当作质量的标志，也可以减少购买风险、降低搜寻成本等。品牌也是制造商的竞争优势之源，是其区分竞争对手、简化追踪识别的工具。② 如今，企业之间的竞争已经告别了产品质量差异竞争而跨入了品牌竞争的时代，成功品牌为企业带来的巨大利益与长远影响使企业越来越重视品牌的强大功能和作用，这也引起了研究学者们广泛和持久的关注。并且，由于品牌的内涵十分丰富，包括品牌资产、品牌名称、品牌选择、品牌忠诚、品牌管理、品牌形象、品牌价值等很多方面，因此有关品牌研究的总量也较大。

(2)策划、创意是广告运动过程中的必要步骤。任何一个广告运动的产生都离不开广告策划与创意这一关键环节，它是搭建广告运动的精髓所在。随着中国的广告主与广告公司不断发展进步，他们的广告策划与创意能力在市场历

① Rajeev Batra，John G Myers，David A Aaker.赵平、洪靖、潘越译：《广告管理(第五版)》，清华大学出版社 1999 年版。

② 黄合水：《品牌建设精要：打造名牌之不二法门》，厦门大学出版社 2004 年版，第 6—13 页。

练中也不断增强，从而成为广告传播研究的重要领域。

(3)语言、文案以及设计制作与包装等广告传播符号构成了广告的视听觉形象。由于消费者的注意力越来越难以捕捉，广告信息的传播主体只有不断通过在广告构成要素例如语言文字、声音、图片等上下功夫，才能得到消费者的关注。广告研究者当然不会忽略这一领域。

(二)广告媒体

从传播学的角度讲，媒体通常是指传达、增加、延长人类信息的物质形式，是信息传递的载体、渠道、工具、中介或技术手段，也可以指从事信息采集、加工制作和传播的社会组织。[①] 用来向消费者传递广告信息的媒体就是“广告媒体”，包含了两层意义：传播中介和传播组织。

本研究中的广告媒体包括网络、影视、报刊、杂志、户外以及两个或两个以上多媒体的综合运用，根据数据统计的分析可以得到图 2.6。

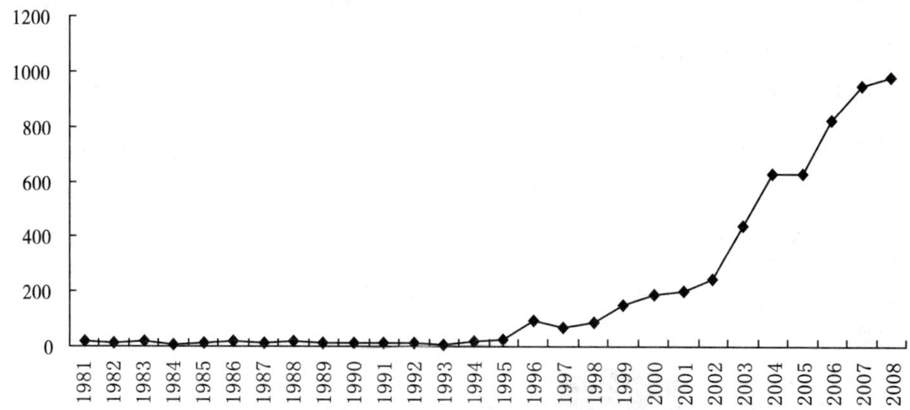

图 2.6　1981—2008 年广告媒体类文章趋势

由图 2.6 可见，广告媒体研究在 28 年的发展过程中呈现出一种平稳、快速上升的态势：上个世纪 80 年代初，我国广告界对媒体的关注度比较少，到 80 年代中后期我国广告期刊中有关媒体的文章开始增多，90 年代，关于媒体的文章呈现出多且杂的趋势。进入 21 世纪，广告界对媒体持续关注，将媒体研究的视野延长与拉伸，开始出现与媒体品牌、IMC 及媒体产业化相结合的纵深切入式发展态势。

究其原因，笔者认为应该从中国经济发展水平和媒体应用与普及的角度来

---

① 郭庆光：《传播学教程》，中国人民大学出版社 1999 年版，第 147 页。

分析。20世纪80年代初期,我国经济发展水平还比较低,媒体发展单一,更不用说在媒体上刊登大量的广告。到80年代中后期,中国媒体的大格局开始形成,四大媒体开始在中国发展并流行起来。随之而来的是,媒体上的广告也逐渐增多,于是有关媒体的文章也呈现出增加的趋势,但这些文章的研究仍然处于比较基础的阶段,深入挖掘媒体特性的文章几乎没有,大多文章都将重点放在比较四大媒体的特点以及分析如何在广告活动中选择合适的媒体,例如《四大媒体特点之比较》《广告媒介选择纵横谈》。到90年代,研究媒体的文章大幅增长,视角更加广阔,议题更加丰富,方法更加多样。由开始以媒体作为广告渠道和手段为重点的研究逐渐转化为关注媒体自身,尤其是它们的广告经营、生存现状,例如《产业化,中国媒体经营大趋势》《中国媒介经营现状调查》和《媒介广告定价的四种典型方式》,还出现了为数不多的新媒体的身影,例如《作为传播媒介的互联网络》。进入21世纪,媒体暴露指数大幅增长,呈现出直线上升的趋势,研究的深度和广度进一步加强,媒介不再以一种单一的身份被研究和讨论,而是被融入到更广阔的交错的理论研究和实际应用中,例如将媒体与品牌打造结合起来,将媒体与媒体的产业化经营结合起来。与此同时,随着网络、手机、数字电视以及户外移动等新媒体已经开始渗透和快速抢占媒体市场,对新媒体的研究大量出现,研究者们对媒体的研究不再仅限于关注具体的媒体计划与排期,而是抽丝剥茧,深入分析和研究媒体投放的具体策略和媒体组合。

本研究将广告媒体类文章细分为8个小类:网络、电视、杂志、报纸、广播、户外、媒体计划与排期、多媒体组,分布状况见图2.7。

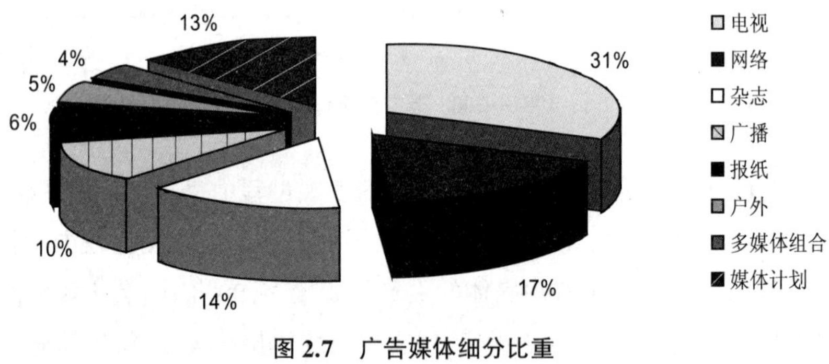

图2.7 广告媒体细分比重

由图2.7中可以看出,广告媒体研究的主题呈现出以下特点:

(1)媒体研究类型多元化。媒体的类型已经不再局限于广播、电视、报纸、杂志等传统四大媒体,户外和网络新媒体开始涉及并呈现持续上升之势。

(2)电视媒体持续强势。对电视媒体的研究自电视出现以来就没有消退过，电视作为一种媒体形式，在广告的发展历程中起到了极其重要的作用。在8个媒体小类中，对电视媒体的研究远远超过对其他媒体的研究，占到媒体主题的31%。这些结果的形成无不与电视媒体的社会影响力有关。

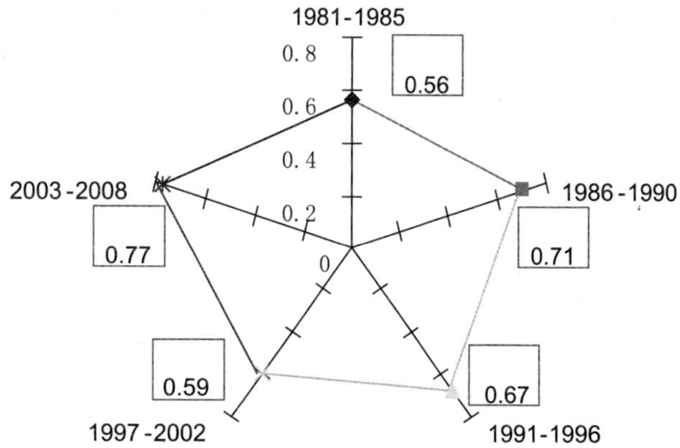

图 2.8　电视媒介的暴露指数

由图2.8可见，自1981年以来电视媒体的暴露指数一直高于0.5，可见电视媒体一直受到研究人员的高度关注。这种情况的出现有以下3个原因：

(1)20世纪80年代，我国电视事业呈现出迅猛发展的态势。电视机开始在百姓生活中普及，电视卫星广播开始启动，这些都为电视广告的发展提供了基础条件。电视作为一种声像合一的媒介工具，迅速取代了广播和报纸的老大地位而成为广告业的新宠。

(2)90年代，随着市场化的推进和新媒体的冲击，电视媒体开始面临激烈的竞争。这使得电视媒介的很多问题，例如如何应对市场竞争、如何在急剧变化的媒介环境中发展，便成了广告业谈论的重要内容。

(3)21世纪以来，新媒体的巨大冲击尤其是网络媒介的强劲势头让电视媒介更加谨慎地考虑自己的前途命运。当然，电视媒介并没有走向没落，它依然是广告主的重要营销工具，也是消费者广泛接触的媒介之一。因此，为电视媒介寻找更广阔的出路和新的运营模式便成为这段时间以来的热门话题，这也是电视媒介持续升温的重要原因。

三、不同历史时期的广告传播研究内容

1. 上世纪80年代——广告管理与外国广告研究的文本突出

十一届三中全会确立的指导方针："解放思想、开动脑筋、实事就是、团结一致向前看"，标志着党和国家的工作重心转移到以经济建设为中心上，也标志着中国改革开放的开始。在中国改革开放最初的几年中，中国的经济体制开始调

整并不断完善,人们的生活也受到了深刻的影响,生活态度、生活观念和生活方式都发生了巨大的变化。上世纪 80 年代的中国,广告业刚刚恢复,还处于起步阶段。这一时期,人们开始接触和了解广告行业,开展广告活动,但是在认识上和实践上都还处于一个比较低级和肤浅的阶段。

(1)广告管理研究大量存在

作为一个服务性行业和高新技术产业,广告业不创造具体的产品,而是依靠巨大的市场拓展性创造巨大的社会财富,成为人们生活中日益重要的组成部分。

改革开放以来,广告作为一个新生事物,人们对它的认识十分模糊,缺乏正确利用它为商业服务的广告观念。因此,在日益升温的"广告热"中,非法广告、违法广告不断滋生,损害了广大消费者的利益,破坏了市场公平竞争的原则和秩序,随之出现了加强广告行业管理的呼声。如何加强对广告的监督管理,是值得我国广告界关注的重要问题,它关系到我国广告业能否健康顺利地发展。

与之相对应,上世纪 80 年代中国学者对广告管理的研究也较多,在我们研究的 80 年代的文本中,关于广告管理的文本达到了 105 篇之多,占到总比重的 10%,如图 2.9。例如,晓旅的《注意,商标侵权出现新动向》、白俊良的《浅议对戶外广告的消防管理》、王品成的《私营企业——别忘了申请注册商标》以及对广告管理暂行条例等广告管理研究方面的论文很多,虽然研究角度较窄、研究深度较浅,但是均从法律法规的角度切入到现实中存在或新出现的违规情况或问题。

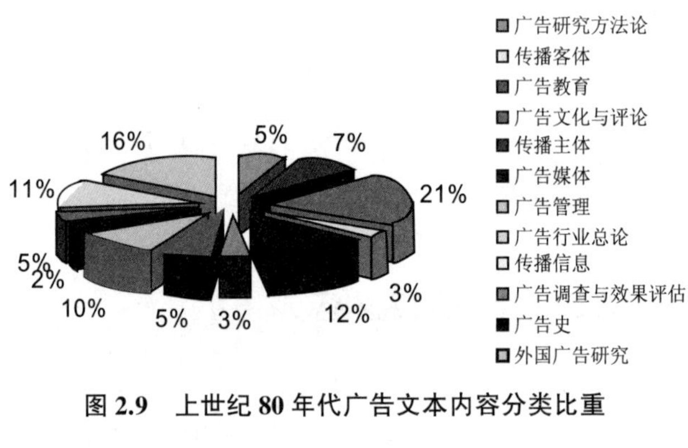

图 2.9 上世纪 80 年代广告文本内容分类比重

(2)外国广告研究蔚然成风

虽然中国市场经济的发展已经对广告的发展提出了客观要求,但中国的业界仍在观望和犹疑。因此,国内的研究者为了将广告理论、广告功能引进中国,极力培养中国的观念，将国外广告尤其是国外成功且有影响力的广告活动和作品大量介绍到中国，从而导致外国广告研究文章数量剧增。整个上世纪 80 年代，国外广告研究文章达 155 篇，占总比重的 16%（如图 2.9），在 12 大类别中位列第二。例如，张国军的《法国的电视媒体及视听广告管理》《媒体与广告的国度——奥地利》《美国啤酒与体育联姻》《法电视通讯网结成有线合资企业》《宝洁以慈父形象打动女性消费者》《林顿要求联邦广告改观》《您了解法国广告吗？》等都详细阐述了国外先进的广告理念和广告商业运作，向中国人介绍广告知识，使其在初步运用广告知识的基础上建立对广告的认识。

2.上世纪 90 年代——传播信息、广告教育和广告文化与评论的文本激增

与 80 年代的广告研究相比，90 年代广告调查与效果评估、广告行业总论和广告媒体等方面的文章大增。

（1）“品牌”与策划、创意强势凸显

在此次研究中，笔者将品牌与策划归入传播信息的主要内容，从 80 年代占总比重的 21% 到 90 年代的 27%，品牌与策划研究在数量上拉大了与广告其他方面研究之间的差距，占到四分之一强。

作为当时的一个新鲜词，“品牌”在 90 年代中国广告杂志中的暴露频率是从无到有再到随处可见，品牌研究的发展势头迅猛。品牌提及率的上升受到当时西方社会的巨大影响：当时，品牌在西方社会早已家喻户晓，诞生了很多依靠强有力的品牌塑造而大举成功的著名企业和商标，其中一部分企业或产品进入中国市场。与此同时，对西方品牌理论和著作的大量引进则大大刺激了中国学者对本土品牌的研究与探讨。因此，中国学者开始引入品牌形象论、品牌定位、品牌忠诚等概念并进行研究和阐释。中国的市场竞争环境不断变化，要求我国企业深入了解“品牌”实质，加强对品牌管理的把握度。本土企业在实际的品牌操作过程中遇到的问题和出现的现象往往会引起人们的关注与讨论，并将这些思想、观点诉诸报纸杂志。

“策划”一般是指对某一活动的运筹和规划，含有计谋、谋划、计划、筹划、打算、办法等意思，是人类在科学研究与分析基础上对未来要进行的活动进行的创造性整体计划与安排。改革开放以来，策划一词的使用率在我国日渐上升，最先且重点被使用在市场营销和广告领域中，随后还出现了“策划人”和“策划学”这样的职业和学说。上世纪 80 年代中后期，我国广告界提出“以创意为中心，以策划为主导，为客户提供全面服务”的经营理念。到 90 年代，这种经营和

服务理念得到了巨大的发展并开始成熟起来。反映在广告杂志中,表现为有关广告策划的研究类文章大幅增加。通过对文本标题的分析,大多数文章都以“广告策划”为整体方向,细分为“广告媒体策划”、“广告品牌策划”、“广告运营整体策划”等角度。

90 年代初,电视成为广告传播的第一大媒体,广告界开始关注电视广告的创意,可以说创意与电视的发展是相辅相成的。90 年代末,网络等新媒体的涌现在技术上给了创意更多的发挥空间和表现余地。随着中国经济的持续高速增长、市场竞争的日益扩张以及竞争的不断升级,广告竞争也从对媒体资源的竞争转向了对创意的竞争,“创意”也成为广告界的流行词。广告制作中,“策划是主体,创意是灵魂”的思想也已经被普遍接受。随着广告创意运用的推广与深化,创意开始摆脱内容创意的局限,延伸到了广告形式、广告投放方式、广告媒介等在创意上具有可挖掘性的更大的空间和平台。

在我们选取的 5 种期刊中,对于广告创意的研究主要可以分为以下几类:(1)广告创意阐释与综述,例如:《浅谈广告创意》《广告创意谋略种种》《创意断想》;(2)媒体创意、设计创意等广告各方面的创意,例如《电视广告逆向操作的声音创意》《论广告设计的创意》;(3)企业或者产品的广告创意,例如《白云边酒电视广告创意》《箭牌衬衣与印象风格广告》《南方黑芝麻糊电视广告创意》。从这些标题可以看出,创意在很多方面被提及和讨论,包括创意概念阐释、广告创意手法、创意在产品推广中的使用等。

(2)广告教育提上日程

在选取的上世纪 90 年代广告文本分析样本中,有关广告教育的研究无论是内容还是形式都在不断加深,由 1997 年郑和平的《加强广告人才培养体系的系统性》《培养世界级广告大师 我国成立首家广告科研机构》《我们应该如何学广告?》等广告学基础建构到 1999 年的《创意的火花——无锡轻工大学设计学院创造性思维教育课程选》《个性创造互动》和《从作业设计转向项目设计》等系统性教学方案设计与实施,再到最近《对中国高校广告教育学科导向缺口的几点认识》《创新型广告人才培养模式》和《广告学博导和学生抱头烦恼》等发现广告教育的新情况、新问题,都体现了广告教育体系的不断完善和广告教育水平的不断提高。

我国广告教育已经取得了一定的成果,从 1983 年厦门大学新闻传播系创办我国第一个广告学专业开始,至今我国的高等教育已经建立起广告学的整体构架,形成了专科生、本科生、研究生的梯形专业教育结构以及导师制、面授、函授、双学位等多样化的办学模式，并在二十多年的发展中不断得到完善。到目前为止，全国开设广告学专业的高等院校的数量已经达到近三百所。可见，广告学专业虽然起步晚，但发展速度十分迅猛。这证明中国的广告教育已经在“量”上取得了重大飞跃。然而，广告教育在人才培养上依然存在着许多问题，广告作为一门实践性很强的学科，教育与广告应用却脱节，因而难以培养出广告业需要的广告人才；高校在广告教育的学科归属上比较混乱：或归入新闻与传播学院，或归入经济与管理学院。

(3)关于广告文化与评论的文章大量涌现

广告文化与评论在一定意义上反映和展示了中国广告学界的研究人员和学者对广告学以及广告业的认知水平。只有较为充分地认识和把握广告学并将及其运用，才能在广告文化与评论方面提出深刻的见解。90 年代，中国的广告业迅猛发展，且形成了较为稳固的产业基础。一边是广告业乃至广告学的突飞猛进，一边是广告违法违规行为层出不穷，中国的广告业处在一个混乱但激流勇进的时代，大批广告学者在改革开放初期即 80 年代得到锻炼并逐渐发展成熟了自己的思考与观点，在这两种力量的碰撞下，广告文化和评论文章应运而生。这一时期有关广告文化与评论的文章有王国全的《错位：商业广告的一种自我失落：对广告市场的一种反思》《好广告不依赖名人》、黄延峰的《不良广告浅析》、鄢和敏的《且谈隐私商品的广告与广告的民族文化》、陈亦愚的《中国人听不懂的中国话——对几则广告语设计与评价的异议》、王世勤等人的《广告应诚实可信》和盛亚舟的《做一个真正的广告人》等。

3. 2000—2008 年——*广告媒体和传播信息称霸*

与上世纪 80 年代、90 年代的广告文章相比，广告媒体和传播主体成为 2000 年以后广告学论文的重点，之前较为流行的广告管理、外国广告总论的研究大幅降温，而广告史、广告管理、广告研究方法论则下降到一个十分次要的地位，很少有与之相关的研究论文(见图 2.10、图 2.11)。

(1)互联网研究成为重点

广告媒体研究之所以在 90 年代大幅增加，与互联网的出现和成长密不可分。互联网从无到有，短短 40 年的时间彻底改变了 20 世纪人类社会的媒介传播工具。网络媒体迅速普及，很快成为广告界的新宠，成为继传统四大媒体之后的重量级媒体，被业内人士称作“第五媒体”。根据数据统计分析可以得到图 2.12。

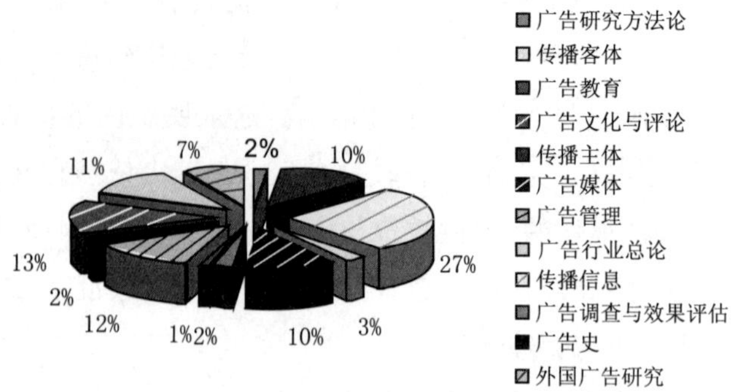

图 2.10　上世纪 90 年代内容分类比重

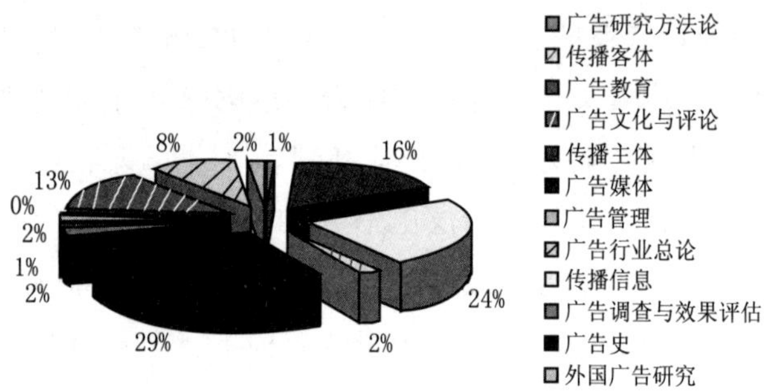

图 2.11　2000-2008 年内容分类比重

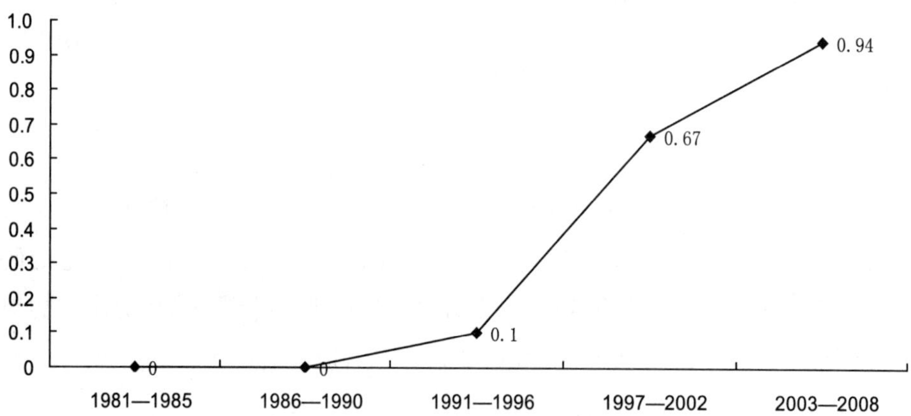

图 2.12　网络媒介研究暴露指数

由图 2.12 可见,互联网真正突飞猛进的发展是在 1997 以后,且这股强劲的井喷之势一直持续到现在,而互联网的发展与广告研究人员对互联网广告的研究也趋于同步:1997 年 7 月,搜狐主页上出现了我国第一条网络广告;一年后,我国的网络广告营业额就达到 4800 万元。2000 年,世界范围内出现了高科技泡沫破裂的现象，网络的发展势头有所减缓，但我国的互联网广告仍然保持着持续快速增长的势头。

通过对文章标题的分析可以看出，虽然我国的网络广告发展起步晚，但是发展速度快，势头强劲，广告界对网络的探讨在一开始就呈现出较为全面的多维度研究方式，将品牌、策略、创意、广告管理、广告定价与广告效果等带入网络的媒介形态中进行分析，网络广告的研究显得全面且具体。

(2)整合营销传播的引入

整合营销传播(IMC)研究暴露指数在上个世纪 90 年代异军突起，主要缘于 1996 至 1997 年卢泰宏等人在《国际广告》上发表了 5 篇文章，分别是《什么是 IMC——整合营销传播系列之一》《如何成功地实施 IMC——整合营销传播之二》《IMC 的时空结构：横向整体与纵向整合》《IMC 旋风下的 MPR》《IMC 的真谛：创建新的营销框架》，将美国西北大学唐·舒尔茨的整合营销传播理论引入中国大陆，其暴露指数在 21 世纪处于直线上升状态。可见，中国广告领域的一线工作者与学者都已经有了与世界同步的观念，并开始利用广告业发达的国家的广告或者营销理论来完善中国的理论构建，促进中国广告业的发展，将整合的观念应用到营销界和传播界的诸多领域。我们有理由相信，对整合营销传播理论的研究和应用会持续走高，甚至成为中国广告界乃至营销界的主流。

4.不同历史时期的阶段性整体阐述

(1) 上世纪 80 年代——广告概念时代

从对广告文本的统计结果看来，80 年代为较为初级广告概念引入阶段，涉及较多的关键词有广告设计、广告管理、广告制作、广告市场等，基本上所有的关键词都可以称为新名词，文章的内容以认识和阐释为主，标题很多会冠以“谈谈……”、“浅谈……”、“什么叫……”、“……初探”、“……发展概况”、“试论……”，例如：《浅谈广告业务经营》《谈谈书籍招贴画》《谈谈漫画广告》《试论社会主义广告事业发展的客观依据及其作用》《什么叫广告心理学》《试论广告及心理战略》等等，可以看出，文章作者都是以概念的提出者和阐释者的身份来介绍或肯定该概念的广告价值和社会价值，内容较为浅显、单薄，角度也较为狭窄，这也是当时处于起步阶段的中国广告业的文本映照。

(2)90 年代——广告革命时代

90 年代，广告人开始关注的问题和关键词开始增加，视角不断开阔，眼界不再狭窄，思想开始成熟。在品牌、策划、创意、营销、心理等概念的强烈冲击下，中国的广告人开始用一种全新的方式来看待和对待广告,那就是广告是一门科学,从而彻底摆脱了 80 年代将广告看做一门艺术的观点。因此,与营销相关的品牌、创意、调查和策划以及将之用于广告实践等的一系列广告研究方向成为主导。80 年代的广告观被彻底颠覆,中国进入了广告革命时代。

这一时期,这一现象反映在杂志文本上的标题有很多,例如《广告所面对的是心理人口》《市场形式,广告策略,有效营销》《抽样调查在广告工作中》《来自心理实验室的报告》《创意有"路"可寻》《大众传播的心理效应与广告宣传》等。

(3)2000— ——广告综合时代

21 世纪是一个广告多元化的世纪,在媒介方式无限丰富和营销手段无限多样化的全球背景下,互联网、数字信号和光缆等高科技信息传递方式让中国的广告业与国际接了轨。21 世纪的中国广告业进入了一个广告与营销、传播交叉互用和信息与媒体、策略相互渗透的时代,广告不再是一个独自的领域,广告学也不再是一门单纯的学科,广告被市场综合化了。反映在广告杂志文本上,论文研究的交错程度很高,不再有八九十年代那种对某一对象较为单纯的研究论文,即使是对新现象的观察,也会分解成几个不同的方向进行剖析和挖掘,学者对广告的研究能力和科研水平已经大大提升。

这一时期,这一现象反映在杂志文本上的标题有很多,例如《广告传播中的文化继承与跨越》《调查 · 消费者 · 媒体》《整合公关,还是被公关整合?》等。

四、广告行业期刊中广告传播研究的局限

从 5 种广告行业代表性期刊历时 28 年的广告传播研究成果中可以看出,我国广告传播的研究取得了相当的成就,突出表现在广告传播研究的数量不断增加,广告研究所关注的问题更加多元化,横向与纵向交错且不断深入。

与此同时,我们也应该看到,广告行业期刊中的广告传播研究还存在着明显的不足,突出表现在以下几方面:

◎关注的重点放在传播信息、广告媒体这些偏实操性的研究与探讨上,较少放在研究方法论等较为理论系统的研究上。整体来说,文章的研究较为零散,这也表现为在对广告教育的关注度不够高。

◎对于品牌和营销关注度很高,而对于消费者的研究却不足。

◎对于国外经验的引入较多,而对自身广告史的分析较少。

总而言之,广告界对广告的思考与评论的不断扩大与加深是广告业自身发展的重要标志,表明了我国广告业正日渐走向成熟。当然,我国广告业短短几十年的快速成长背后必然存在着很多不足。因此,广告业在今后的发展道路上应该脚踏实地,在积累前人和国外经验的基础上结合自身情况,找到一条适合自己发展的道路。

根据广告传播研究的历时性梳理,可以预测,未来的广告传播研究将呈现以下几方面的趋势:

◎由单纯的广告制作研究到综合性的广告创作研究;

◎广告分支的深入研究明显;

◎大广告研究时代来临;

◎整合营销传播、市场营销和心理学多领域结合。

〔本章作者:罗婷婷　初广志〕

第三章　交叉学科视角下的广告传播研究

广告学是一门应用性很强的交叉学科,新闻学、传播学、心理学、社会学、经济学、文学、法学、语言学等学科都对广告学的研究产生了重要的影响。因此,研究其他相关学科对广告学研究的观照对于扩大广告学研究的领域、规范广告学研究的方法、促进广告学科的可持续发展具有相当的价值。

第一节　研究背景与研究设计

一、文献综述

此前已有大量对我国广告研究状况进行回顾和评论的文献,仅以 2009 年为例,就有丁俊杰等(2009)的《新闻传播期刊中广告学术研究成果再研究》、王菲等(2009)的《中国广告媒介研究的学术语境变迁——基于 1981—2008 年五本代表性期刊相关文章的实证分析》、罗子明(2009)的《国内广告与消费者研究 30 年》、董天策(2009)的《关于"传播交叉领域"的研究——对新闻、公关、广告之互动的思考》、吴辉(2009)的《广告学研究:从文化的角度向深层掘进——新世纪以来广告文化研究综述》、叶凤琴等(2009)的《广告学科发展及其研究范式转型》、杨海军(2009)的《三十年中国广告史研究的学术视野与学科平台》、张剑(2009)的《近 30 年来中国古代广告史研究概述》、刘英华(2009)的《知行道理 辩章学术:中国当代广告教育与学术研究三十年回眸》。如此高频度的"对广告研究的研究"是以往不曾出现的。在我国广告研究进入第四个 10 年的时候,深刻的反思和开阔的视野将有助于我们迎来本土广告研究的第二次飞跃。

二、研究设计

基于上述背景，本章研究选择从交叉学科的角度入手，对近年来的广告研究活动进行多领域、多角度的分析。原因有三：

首先是根据研究对象的属性。广告活动复杂的内部规定及其多样化的外部性特征，决定了以广告活动为研究对象的广告学术研究先天具有交叉学科的属性。

其次是依循广告研究的传统。自 20 世纪初以来，西方的广告研究一直具有营销学和传播学两条轨道并行的研究传统，无论是早期的研究者、研究机构，还是当下的核心刊物都反映了这样的特征。在我国，从事广告研究的学者虽然以传播学科为主，但也有大量来自管理学、经济学、心理学、历史、语言学等领域的学者，他们的研究贡献不容忽视。

第三是弥补已有研究的空白。目前可见的相关研究有的从单一学科的角度展开（如传播学、文化学），有的聚焦于某个具体的研究领域（如广告史、消费者研究）。本研究试图突破学科和研究领域上的限制，对我国广告研究现状进行更为全面的描述。

1.问题设计

本研究将主要回答以下问题：过去十年（2000—2009），在不同学科的刊物中，广告研究文献的发表情况如何？这些研究由哪些学者做出，他们隶属于哪些机构，他们的学科分布如何？哪些研究主题受到了关注，是否有研究合作，是否得到资助，研究的引证情况如何？

2.样本选取

由于本研究聚焦于多学科视角下的学术性广告研究，因此样本选取以中文社会科学引文索引（CSSCI）2008—2009 年所列 528 种杂志为基础。从整体上说，CSSCI 期刊具有较高的学术水准、较清晰的学科定位、较严格的选稿流程、较规范的编辑要求，在学术研究群体中也具有较强的影响力，能够满足本研究的需要。在 CSSCI 中我们提取了 6 类不同学科归属的期刊，这 6 类期刊分别是：新闻学与传播学类、管理学类、心理学类、社会学类、经济学类、社科综合类（含综合性社科期刊类和高校综合性社科学报类）。这种期刊学科分布能够较完整地体现广告研究的交叉学科特征,同时也与梭利和瑞德(Soley and Reid,1983、1988)以及福特和莫查特(Ford and Merchant,2008)[①]对西方广告文献的同类研究保持一致,以便我们对研究数据进行中外比较。利用中国知网(CNKI)数据库进行检索,我们收录了发表于2000—2009年间、题名中包含“广告”的所有文献,共计1259篇[②]。

3. *研究方法*

文献分析的方法有多种类型,按照尤高·帕萨道斯(Yorgo Pasadeos,1998)等的观点,最常见的有6种:(1)综合性回顾:在对大量相同主题的研究进行总结性评价的基础上,发掘一般规律或研究范式;(2)文献产出分析:分析哪些研究者和研究机构对特定研究领域的贡献最大;(3)对特定期刊的研究:深入探索一个或多个学术期刊的发表状况;(4)元分析(meta-analysis或译为“统合分析”):对同一主题下的多个研究进行汇总,形成以数据为基础的结论;(5)方法研究:评价在同一主题或同一学科内的多项研究所使用的不同研究方法;(6)引用分析:对脚注或参考文献进行分析。[③] 根据研究需要和数据条件,我们将有针对性地采取前三种方法。

研究过程分为两步:第一步,通过中国知网检索2000—2009年间发表在备选刊物上的文献,选出题名中含有“广告”字样的文章作为文献分析的样本;第二步,对各样本的刊名、刊物类别、题名、发布时间、作者姓名、作者单位、专业、研究主题、引证数、资助情况等信息进行记录并编码。

为检验研究信度,作者对相关变量进行了两次独立编码,时间分别在2009年3月与2009年5月。结果显示,除“文献研究主题”外,所有变量的两次编码一致率均为100%,“文献研究主题”两次编码的一致性也超过90%,在可接受的范围内。

---

① Soley Lawrence and Leonard Reid(1983),"Adrertising Article productivity of the U.S.Academic Community",*Journalism Quarterly*,60(3),pp.464-469,542。John B.Ford and Alt of Merchant(2008),"A Ten-Year Retrospective of Adrertising Research Productivity:1997-2006",*Journal of Advertising*,37(3),pp.64-94.

② 文献收集截止时间为2010年2月,不排除有少量文献尚未被知网收录的情况。

③ Yorgo Pasadeos,Joe Phelps and Bong-Hyun Kim(1998),"Disciplinary Impact of Advertising Scholars:Temporal comparisons of Influential Authors,Works and Research Networks,"*Journal of Advertising*,27(4)winter,pp.53-70.

第二节　交叉学科视角下广告传播研究成果的内容分析

一、期刊分析

1. 期刊学科类型与刊载量

检索 CSSCI 中前述 6 种学科类型的刊物发现:2000—2009 年间,除社会学类刊物没有登载过广告研究文献外,其余刊物均有不同比例的刊载,刊载广告研究文献的期刊占该类刊物总体的百分比因学科不同而有所不同,最多的是心理学类刊物(100%),其次是新闻学与传播学类刊物(93.3%),最少的是经济学类刊物(44.4%)。从刊物的绝对数量上看,社科综合类刊物最多,共有 93 种期刊刊登过广告研究文献,如表 3.1。

表 3.1　6 种期刊广告论文发表情况

排序	学科类型	CSSCI 刊物	包含"广告"文献的期刊		广告研究文献	
		刊物数	刊物数	百分比	论文数	每刊年均论文数
1	新闻学与传播学	15	14	93.3	560	4.0
2	社科综合	117	93	79.5	410	0.4
3	经济学	72	32	44.4	186	0.6
4	管理学	29	18	62.1	65	0.4
5	心理学	7	7	100.0	38	0.5
6	社会学	9	0	0.0	0	0.0
	合计	249	164	占前 5 种刊物的 68.3%	1259	0.8

研究发现,虽然刊载广告研究论文的学术期刊数量较多(合计 164 种,占 5 类刊物总数的 68.3%),但是每刊年均论文发表数却只有 0.8 篇,新闻学与传播学类刊物最多,也仅为每刊年均 4 篇。

2.期刊学科类型与作者学科背景

通过对期刊学科类别与作者学科归属的交互分析,我们发现不同期刊采用的广告研究论文在作者的学科背景上有显著的不同(Pearson 卡方检验 Sig = 0.000),如表 3.2。

表 3.2　刊物学科类别与作者学科归属交互情况

作者专业	刊物类别				
	传播学类	管理学类	经济学类	社科综合	心理学类
新闻/传播/广告	86.7%	7.7%	13.7%	56.3%	11.8%
管理	5.0%	80.8%	54.7%	6.5%	32.4%
语言(中文/外文)	2.5%	1.9%	5.8%	17.1%	
人文社科	3.8%		4.3%	8.3%	
艺术/设计	1.8%	1.9%	4.3%	4.7%	
法律		3.8%	2.9%	6.2%	
经济		3.8%	14.4%	0.9%	2.9%
心理学	0.3%				52.9%
合计	100.0%	100.0%	100.0%	100.0%	100.0%

从刊物的角度看:传播类刊物倾向于采用新闻/传播/广告专业作者的论文;管理类和经济类刊物都倾向于采用管理专业作者的论文;社科综合类刊物倾向于采用新闻/传播/广告专业以及语言类专业作者的论文;心理学类刊物倾向于采用心理学和管理学作者的论文。

3. 期刊排名

将刊物按照累积刊载广告文献的数量进行排序(如表 3.3 所示),结果发现,在全部 164 种刊物中,刊载广告文献最多的是《当代传播》,161 篇,占所有刊物发表总量的 12.8%;其次是《商业研究》,103 篇,占 8.2%;第三是《中国广播电视学刊》,占 5.3%。排名前 10 的刊物累积发表广告文献的数量占总量的 50.4%。有 25 个刊物过去 10 年的累积广告文献刊载量在 10 篇以上,占总量的 66.7%。

表 3.3　广告文献发表量的期刊排名

排名	刊名	论文数	百分比(%)	累积百分比(%)
1	《当代传播》	161	12.8	12.8
2	《商业研究》	103	8.2	21.0
3	《中国广播电视学刊》	67	5.3	26.3
4	《现代传播》	66	5.2	31.5
5	《新闻记者》	59	4.7	36.2
6	《国际新闻界》	54	4.3	40.5
7	《新闻大学》	43	3.4	43.9

续表

排名	刊名	论文数	百分比(%)	累积百分比(%)
8	《出版发行研究》	29	2.3	46.2
9	《武汉大学学报》(人文科学版)	28	2.2	48.5
10	《新闻与传播研究》	25	2.0	50.4
11	《江西社会科学》	22	1.7	52.2
12	《学术交流》	18	1.4	53.6
13	《北京工商大学学报》(社会科学版)	16	1.3	54.9
14	《山西财经大学学报》	16	1.3	56.2
15	《深圳大学学报》(人文社会科学版)	16	1.3	57.4
16	《中国出版》	15	1.2	58.6
17	《山西大学学报》(哲学社会科学版)	14	1.1	59.7
18	《西北大学学报》(哲学社会科学版)	14	1.1	60.8
19	《科技与出版》	12	1.0	61.8
20	《心理科学》	11	0.9	62.7
21	《心理科学进展》	11	0.9	63.5
22	《编辑之友》	10	0.8	64.3
23	《社会科学家》	10	0.8	65.1
24	《消费经济》	10	0.8	65.9
25	《心理学报》	10	0.8	66.7

二、文献发表的年度分布

统计显示,2000—2009年间广告研究文献的年均发表量为125.9篇,总体来说,各个年份之间没有显著的差别(如图3.1),只有“广告教育”和“广告讯息”两个主题的发表数量随着时间推移而略有增长,相关系数分别为0.18和0.14(pearson系数双侧检验在0.05的水平上显著相关)。

三、研究者分析

为了简化研究,除非特别指明,本部分的分析均以第一作者为准。

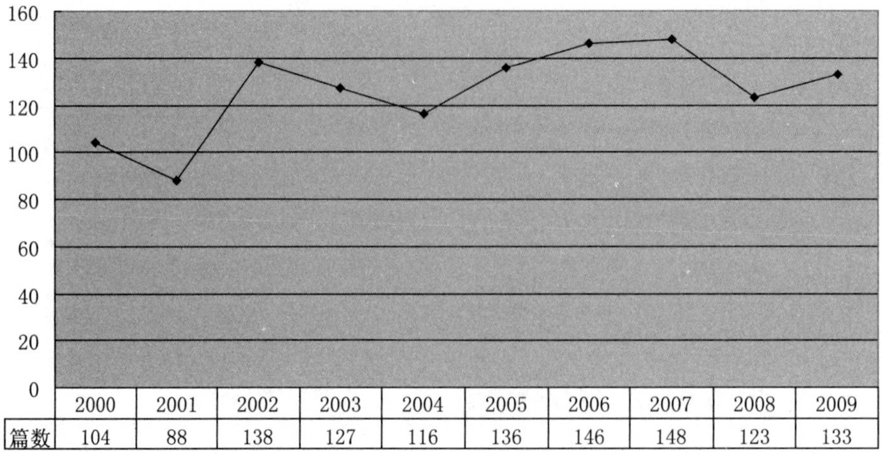

图 3.1　广告文献发表量的年份分布

1. 研究者的产出分析

数据显示，全部 1259 篇论文的第一作者共 947 名，绝大多数研究者(83.53%)过去 10 年里在 CSSCI 中只发表过 1 篇文章。将研究者按照论文发表数量排序，前 5%的学者共 47 名，他们累积发表论文 236 篇，占全部广告研究文献的 18.75%。Ford 和 Merchant(2008)研究了 1997—2006 年间出版的包括营销学、新闻传播学、商学以及跨学科刊物在内的 17 种英文学术期刊，发现论文量前 5%的作者累积发表的论文数仅占总量的 5.9%。相比而言，我国广告研究的发表机会集中在少数研究者当中的趋势表现得更加明显。

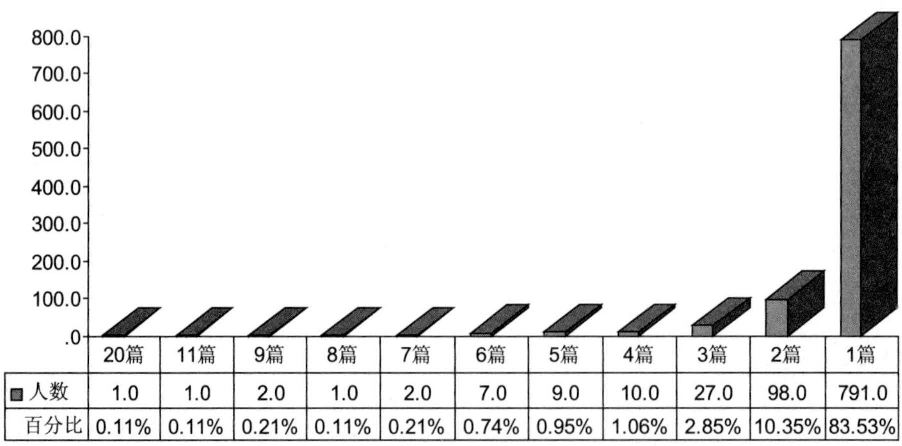

图 3.2　第一作者累积文献发布量分布图

在本研究中，2000—2009年间发表论文5篇以上的作者共有22名，占所有作者数量的2.32%，他们累积发表的文献量占总体的12.1%（如表3.4所示），其中绝大多数作者都来自高校，仅有1名作者来自媒体单位，研究者所在的专业主要是新闻、传播或广告。

表3.4　累积发表文献5篇以上的作者

序号	第一作者	频率	百分比（%）	累积百分比（%）
1	张殿元	20	1.6	1.6
2	李雪枫	11	0.9	2.5
3	范　军	9	0.7	3.2
4	舒咏平	9	0.7	3.9
5	刘　泓	8	0.6	4.5
6	丁俊杰	7	0.6	5.1
7	杨先顺	7	0.6	5.7
8	蒋建国	6	0.5	6.1
9	饶德江	6	0.5	6.6
10	孙文清	6	0.5	7.1
11	王　菲	6	0.5	7.6
12	赵　赜	6	0.5	7.8
13	朱长元	6	0.5	8.5
14	蔡希杰	5	0.4	8.9
15	陈培爱	5	0.4	9.3
16	贺雪飞	5	0.4	9.7
17	吕尚彬	5	0.4	10.1
18	阮　卫	5	0.4	10.5
19	唐　英	5	0.4	10.9
20	卫军英	5	0.4	11.3
21	张金海	5	0.4	11.7
22	周象贤	5	0.4	12.1
合计		151		

2.机构的产出分析

对注明作者单位的文献进行分析，发现第一作者来自402家不同单位，其中包括301所高等院校、84家媒体/出版单位、7家政府机构、9家其他企业。按论文发表数量对院校进行排名(如表3.5所示),累积论文发表数量最多的是武汉大学,其次是复旦大学,第三是中国人民大学。排名前10位的高校(占高校总数的3.3%)累积发表论文351篇,占高校论文发表总量的32.3%;排名前20位的高校(占高校总数的6.6%)累积发表论文473篇,占高校论文发表总量的43.5%。

表3.5 高等院校论文发表数量排名

序号	院校	论文发表数量	百分比(%)
1	武汉大学	55	5.1
2	复旦大学	47	4.3
3	中国人民大学	46	4.2
4	厦门大学	35	3.2
5	华中科技大学	32	2.9
6	暨南大学	31	2.8
7	浙江大学	30	2.8
8	中国传媒大学	28	2.6
9	四川大学	25	2.3
10	南京大学	22	2.0
11	深圳大学	17	1.6
12	山西大学	16	1.5
13	福建师范大学	13	1.2
14	河南大学	12	1.1
15	西北大学	12	1.1
16	北京大学	11	1.0
17	重庆大学	11	1.0
18	北京工商大学	10	0.9
19	华中师范大学	10	0.9
20	苏州大学	10	0.9
…	…		
合计	301所	1088篇论文	

3. 研究者的学科分布

对全部947位第一作者的单位和/或专业进行分析,发现75.6%的作者来自学术研究单位,累积发表论文963篇,占全部广告文献的76.5%;12.4%的作者来自非学术单位，累积发表论文 123 篇，占全部广告文献的 9.8%；另有 12% 的作者未注明单位。

针对学术单位的作者，我们进一步分析了他们的学科背景及论文发表的情况。结果发现（如表 3.6）：新闻/传播/广告学的作者人数最多，占 50.3%，贡献了 58.6%的论文；管理学（含营销）的作者人数次多，占 20%，贡献了 17.8%的论文；语言类学科（含英语和中文）的作者第三，占 9.6%，贡献了 8.0%的论文；来自心理学专业的作者最少，仅占 2.4%，贡献了 2%的论文。以上数据说明，从规模上看，我国广告研究的学科分布呈现出以新闻/传播/广告学和营销/管理两大学科为支柱，以新闻/传播/广告学为主导的特征。

表 3.6　学术研究单位作者的专业分布及论文发表情况

专业	作者		论文		
	人数	百分比（%）	论文数	百分比（%）	人均论文数
新闻/传播/广告	360	50.3	564	58.6	1.6
营销/管理	148	20.7	171	17.8	1.2
语言（外文/中文）	69	9.6	77	8.0	1.1
人文社科	47	6.6	49	5.1	1.0
艺术/设计	26	3.6	30	3.1	1.2
法律	27	3.8	27	2.8	1.0
经济	22	3.1	26	2.7	1.2
心理学	17	2.4	19	2.0	1.1
合计	716	100.0	963	100.0	1.3

参考梭利和瑞德（Soley and Reid，1983、1988）以及福特和莫查德（John B. Ford and Altaf Merchant，2008）对美国广告研究的同类数据（如表 3.7），我们发现中美两国广告研究的学科分布具有显著差别，后者的广告研究也以新闻/传播/广告学和营销/管理两个学科为支柱，但居主导地位的是营销学。

表 3.7　广告文献学科分布的中美比较

	Soley and Reid（1983）	Soley and Reid（1988）	John B. Ford and Altaf Merchant（2008）	本研究（2010）
国别	美	美	美	中
研究时段	1970—1980	1981—1985	1997—2006	2000—2009
新闻/传播/广告	21.3%	20.3%	24.2%	58.6%
营销/管理	54.5%	42.4%	57.6%	17.8%

4. 研究者合作情况

为了探讨广告研究者的合作情况,我们对样本中所有的独立文献以及注明作者单位的合著文献进行了分析,共计 1253 篇。独立文献最多,占 73.2%;其次是两人合著,占 21.0%;三人或三人以上合著最少,占 5.8%。特别要说明的是,中外合作的论文仅有 10 篇,占 0.8%;学术单位与非学术单位合作的仅有 18 篇,占 1.4%。

对合著模式进一步分析我们发现:同专业合作的占 83%,跨专业合作的占 17.0%。具体而言,同校同专业合作的占所有合著研究的 71.4%,不同单位同一专业的占 11.6%, 同单位不同专业的占 2.4%,不同单位不同专业的占 14.6%。

四、研究主题分析

根据文章的主要内容,我们把 1259 篇广告文献归入不同的类目当中,以便判断过去 10 年里哪些广告研究主题受到了重视。

分析的过程如下:第一步,将文献归入不同的子类。最初的子类类目参考了门西和伊斯特曼(Muncy and Eastman,1998)、陈文玲(2002)、许正林(2008)的分类方法①,以此为基础,由作者依据标题、关键词和摘要进行初次归类;在不能确定类属的情况下,阅读原文,判断作者主旨。若论文的确不能归并入既有子类类目,则增加新类目。经过反复增补和合并,最终形成了 13 个子类类目。第二步,根据丁俊杰教授《现代广告通论》所诠释的广告知识架构(即广告历史—广告环境与广告功能—广告本体—广告客体—广告主题的模式)②,对 13 个子类类目进行再归类,形成大类。对大类的分析有助于我们对广告研究状况做出结构性评价。分析结果如下(见表 3.8):

大类层面:总体来看,对"广告环境与功能"以及"广告主体"的研究较多,各占 30%左右;对广告活动的三大支柱(主体、客体、本体)的研究水平不均衡,对"广告主体"的研究最充分(30.5%),对"广告本体"的研究(20.73%)居中,对"广告客体"的研究最薄弱(9.77%);对"广告主体"的三个构成要素(广告

① Muncy and Eastman(1998),"Twenty-Five years and Beyond",*Journal of advertising*,27(4),pp.1-8;陈文玲:《台湾广告学术研究面貌之初探》,《广告学研究》2002 年第 19 期;许正林:《2007 年广告学研究综述》,《广告大观》(理论版)2008 年第 4 期。

② 广告主体由广告主、广告公司和广告媒介构成;广告客体指广告活动的接受者即广告受众;广告本体指广告作品或广告活动本身。

主、广告媒介、广告公司）的研究不均衡，其中对广告媒介的研究较为充分（15.5%），而对广告公司的研究则相对贫乏（4.3%）。

表 3.8　广告研究主题归类

大类			子类		
主题类别	篇数	百分比(%)	主题子类别	篇数	百分比(%)
历史	84	6.67	历史	84	6.70
功能与环境	407	32.33	社会与文化功能	229	18.20
			市场功能	31	2.50
			法规与治理	89	7.10
			教育与研究	58	4.60
本体	261	20.73	讯息	230	18.30
			公益广告	31	2.50
客体	123	9.77	广告受众	21	1.70
			信息处理	102	8.10
主体	384	30.50	广告主策略与业务	103	8.20
			媒介特性与广告经营	195	15.50
			广告公司经营与业务	54	4.30
			行业综合	32	2.50
合计	1259	100.00	合计	1259	100.00

子类层面：总体来看，获得较多研究关注的子类主题包括“广告的社会和文化功能”（18.2%）、“广告讯息”（15.2%）和“媒介特性与广告经营”（15.5%）。通过更为深入的分析我们发现，即使在同一子类内部，也存在研究不均衡的状态，例如在“广告历史”研究中，近代史的研究占到了63%，现当代史只占6%；在“媒介特性与广告经营”研究中，新媒体占到了26.7%，电视16.4%、报纸16.9%、杂志14.4%，广播仅占0.5%；在“市场功能”研究中，讨论广告对媒体及媒体公信力影响的占54.8%，讨论广告对其他营销活动影响的仅占16.1%。

五、引证分析

引证数用来衡量某论文被其他研究引用、参考的次数，它能说明论文或者刊物在特定研究领域中的影响力。本研究利用中国知网数据库进行论文的期刊引证分析，统计时间截至2010年1月。

研究发现，论文的引证数与发表年代有明显的负相关关系（Pearson 相关性 -0.254＊＊）：发表越早，论文被引证的几率越高。总体来说，广告研究论文的平均引证次数是0.91次。不同学科刊物的平均引证次数有显著差别（F＝

13. 758，sig=.000)：引证数最高的是心理学类刊物，平均每篇被引 2. 24 次；其次是管理学类刊物，1. 88 次；最少的是传播类刊物，0. 57 次。

表 3.9　不同学科期刊的平均被引证数

排名	刊物类别	均值	N	标准差
1	心理学类	2. 24	38	2. 775
2	管理学类	1. 88	65	3. 075
3	社科综合	1. 10	410	2. 195
4	经济学类	0. 89	186	2. 071
5	传播学类	0. 57	560	1. 391
总计		0. 91	1259	1. 982

六、研究资助

研究显示，共有 146 篇论文获得了研究资助，仅占全部论文的 11. 6%。研究资助的来源主要是各级政府组织和高校，其中国家级资助占 29. 5%，省部级资助占 52. 7%，校级资助占 15. 2%。来自业界的研究资助项目仅有 3 项，其中 2 项来自海外。所有的资助都给予了学术研究单位，获得资助比例最高的主题是信息处理(27. 5%)、广告教育与研究(24. 1%)；获得资助比例最少的主题是媒介特性与广告经营(2. 6%)、广告公司经营与业务(3. 7%)。刊载的论文中，获得研究资助比例最高的是管理学类期刊(36. 9%)和心理学类期刊(34. 2%)，最少的是传播类期刊(5. 9%)。

七、广告传播研究的格局

1. 多学科的研究视角

在我国，广告研究被置于多学科视野之下，研究者来自新闻/传播/广告学、管理学、心理学、语言学、艺术、经济、法律和其他人文社科类学科，他们从不同的视角解读广告活动，关注的焦点也各有不同。例如，新闻/传播/广告背景的研究者对广告的社会功能、文化功能等宏观问题更感兴趣；营销/管理学背景的研究者对广告主的策略更感兴趣；心理学背景的研究者对受众的信息处理的微观过程更感兴趣；语言类专业背景的研究者对广告讯息本身更感兴趣。

2.以新闻/传播/广告为主,以营销/管理为辅的学科格局

从论文数量和作者人数上看,本土广告研究力量的主体由新闻/传播/广告以及营销/管理两个学科阵营构成,其中新闻/传播/广告学科明显占主导地位。这种格局与西方以营销学为主导的广告研究状况有本质的区别。

以营销学为主导的广告研究更加关注"与效率有关的微观问题",而以传播学为主导的研究则更加关注"与公平有关的宏观问题"。我国的广告研究表现出宏观研究充分、微观研究不足的倾向,特别是与广告实务操作紧密相连的主题,如广告受众的信息加工过程、广告公司的运作管理、广告主的策略等,这些主题都没有得到充分的研究。

八、 交叉学科视角下我国广告传播研究的局限

1.缺乏权威性的专业广告刊物

研究发现,尽管刊载广告专业论文的学术刊物种类繁多(164 种),但是其中 84.8%年均广告论文刊载量都不足 1 篇。即使以发表数量取胜的刊物,如《当代传播》(161 篇)和《商业研究》(103 篇),也没有获得广告学界所公认的权威地位。

另外,专业背景不同的刊物在选择广告论文的时候有明显的学科倾向,例如营销/管理专业的作者通常能够在管理学、经济学和心理学类刊物上发表文章,而新闻/传播/广告专业的作者则通常能够在传播类和社科综合类刊物上发表文章。这种现象加大了不同学科背景的作者及读者之间的相互隔绝程度,使广告研究成果难以在学科之间交流和扩散。

西方广告研究的发展在很大程度上得益于 20 世纪 70 年代以来陆续创刊的 3 种广告专业权威期刊《广告杂志》《广告研究》和《广告现行问题与研究》,它们不仅在初期推动了广告研究的规范性,确立了广告研究的学术地位,而且在繁荣广告学术研究的过程中也扮演了重要的角色。更为重要的是,相对于传播学或者营销学刊物,专业广告刊物能够更有力地促进广告研究中的学科交流与融合,根据福特和莫查特(2008)的研究,在专业广告刊物上,营销学背景的作者和广告/新闻/传播学背景的作者分别占 63.8%和 21.9%;在营销类刊物上,这个比例为 83.9%(营销)和 1.5%(广告/新闻/传播);在传播学刊物上,这个

比例为2.3%(营销)和86.3%(传播)。[①]

目前在CSSCI中尚无专业广告刊物,一些原来的行业杂志如《现代广告》(学刊)、《广告导报》(理论版)正在积极尝试向专业学术广告期刊转向,但它们的学术身份和权威性还没有得到确认。

2.缺乏广泛的研究者合作

我们的研究发现,从事广告研究的学者绝大多数都是单兵作战,独立撰写的文献占到73%;即使有多人合作,作者也多是来自同校同专业(19.2%),跨专业或者跨单位的合作仅占7.7%。作为一门交叉性的学科,广告研究的理论创新在很大程度上依赖于对其他学科理论概念或者研究范式的借鉴,单一作者或者同专业作者之间的合作都不利于实现学术创新。

3.缺乏深入的产学研结合

在CSSCI中发表学术论文的作者,有74.9%来自学术研究机构,20.9%来自媒体/出版单位,2.2%来自企业,1.7%来自政府机构。在非学术单位中,媒体人员参与广告研究的程度明显优于企业和政府。另外,在合著论文中,学术单位与非学术单位间的合作仅有18篇,占1.4%。

以上数据显示,业界(特别是广告主和广告公司)没有充分参与到广告研究活动中,学界和业界的深度合作更是微乎其微。研究与实务的脱节,给业界、研究者和广告专业学生都带来了负面影响,一线广告从业人员得不到与时俱进的、本土化的广告理论的支持,研究者缺乏真正的问题意识,广告教学也难以实现理论与实践的融合,从而使得广告专业的学生在就业市场上竞争力下降。

产学研结合不仅会给学术研究者带来布尔迪厄所说的"实践感",同时也会使新知识、新理论更易向业界扩散。但是,产学研结合不应该只是研究者自发的个体行为,依托行业组织和研究协会建立长效的沟通、合作机制才是解决问题的关键。

4.缺乏研究资助

数据显示,只有11%的论文得到了不同级别的研究资助,争取不到足够的研究经费必然会影响广告研究的产出,特别是那些要求经费投入较多的实证研究,很多研究者因此不得不将研究局限在案头,这也在某种程度上降低了广告

---

① John B.Ford and Altaf Merchant(2008),"A Ten-Year Retrospective of Advertising Research Productivity: 1997-2006",*Journal of Advertising*,37(3),pp.69-94.

研究的学术价值和规范性。

目前，研究资助的经费来源几乎全部是各级政府和高校，来自业界的资助仅有3项。资助来源的性质在一定程度上会影响研究者的选题。目前，各种基金的项目指南中很少有专门针对广告的选题，即使有，也偏向于宏观问题和理论问题。我们相信，来自企业的、有明确针对性的研究基金将从根本上提升本土广告研究的应用价值。

经过30年的发展，我国的广告研究基本完成了对西方基础理论的系统引进和吸收任务，未来的挑战将来自“如何通过规范的研究方法，进行具有本土意义的理论创新”。对于广告这个尚不成熟的学科，这是发展的关键时期，它不仅关系着在我国广告的学科地位是否能够得到真正的认可，也关系着本土研究是否能够与国际接轨，并贡献出来自中国这个新兴市场的、独特的、具有影响力的广告知识。

新世纪以来，中国的广告行业进入低速增长时期，外部环境的压力增大，行业内部的问题凸显。在这样一个时代背景下，应该如何与时俱进，承担起知识创新与传播的学术使命，是广告研究群体中每一个成员需要思考的问题。

通过对目前国内广告学术研究状况的分析与反思，我们认为，如果说提升研究者个体学术能力是一种循序渐进的过程，那么，建立一套更加健康和富有活力的研究、发表、资助、交流、合作的机制则是当务之急。

〔本章作者：康　瑾〕

第四章　博士论文中的广告传播研究

任何学科发展到一定阶段,都会积累数量庞大的学术成果。这些成果在研究主题、研究方法、研究结论等方面的价值都值得探究。为此,整理学术发展脉络,去粗取精、去伪存真,既有学术史方面的价值,又可以对当前的研究提供借鉴。

博士论文是一个学科的前沿视角和学术研究水准的标志。遗憾的是,虽然部分学者已经从新闻传播类、广告类期刊上的硕士论文入手,梳理了国内广告学术研究的发展轨迹,但对广告学博士论文成果的再研究仍属空白。为此,本章力图从数量和质量两个方面对广告学相关博士论文成果进行梳理和分析。

第一节　研究背景与研究设计

一、文献综述

此前,对期刊上发表的学术型文章和硕士论文成果的研究大致可以分为以下两类:

1.梳理广告学术发展轨迹

以定量研究手法进行历时分析,描绘广告学术研究文章在数量与分布、研究主题、论文著者、原载刊物及其他方面所体现出的特点,并对中国广告学术研究发展的现状和面临的问题加以阐释,以揭示我国广告事业的阶段性发展历程。例如,何佳讯、王智颖分析了《中国广告学研究 20 年主题分布与阶段演进》[1];姚曦、李名亮选取了 1979—2002 年《全国报刊索引》收录的共计 2375 篇

① 何佳讯、王智颖:《中国广告学研究 20 年主题分布与阶段演进》,《中国广告》2001 年第 4 期。

广告学文献，统计了广告学论文的发表时间、著者、研究方法、研究取向、研究主题及刊载情况，对中国大陆广告学论文研究现状做了详细的评析①；于静对广告学期刊论文的数量及主题分布、著者及机构、期刊类别及核心期刊进行了定量分析②；郑欢在分类界定的基础上，分析了中国广告三大学术期刊在2008年所发表的学术研究文章的研究方法③。

2.对广告学术研究的反思和规范

李彪通过对1995—2007年我国4种主要新闻传播学术期刊的考察，发现大量的文章以定性研究方法为主，尤其是思辨论证法，而定量方法却很少运用④；丁俊杰等对1979—2008年我国5种主要新闻传播学术期刊进行了梳理，指出广告学术论文研究方法简单陈旧、论证深度不强、缺乏实质性理论突破等问题⑤；杨柳基于对中国人民大学复印报刊资料《新闻与传播》的统计和分析，认为我国广告业存在"重术轻学"、研究领域不平衡、广告专业学术期刊缺失等问题⑥。

此外，彭子玄基于对1998—2006年9年间美国《广告杂志》的内容分析，从研究主题变化的角度预测了西方广告理论研究的发展⑦；郑欢等基于对传播类博士论文选题的实证研究，对传播学"5W"领域的研究进行了评述⑧。

可是，目前关于广告学博士论文的研究仍是空白。在正常的学术环境下，博士论文的研究主题、方法和结论应代表本学科发展的最前沿和最高水平。

二、研究设计

本研究试图以历年的广告学博士论文为对象，从研究主题分布、研究方法

① 姚曦、李名亮：《中国大陆广告学论文研究现状定量分析》，《新闻与传播评论》，武汉大学出版社2004年版。

② 于静：《中国广告学术发展研究——1989-2003年广告期刊、论文统计分析》，东北师范大学2004年硕士论文。

③ 郑欢、包雷晶、李垒垒、张小卫：《善事与利器——2008中国广告学术研究方法批评》，《广告大观》（理论版）2009年第2期。

④ 李彪：《新闻传播学研究方法的构造——对1995-2007年我国四种主要学术期刊的考察》，《国际新闻界》2008年第1期。

⑤ 丁俊杰、初广志、李杉：《新闻传播期刊中广告学术研究成果再研究》，《现代传播》2009年第6期。

⑥ 杨柳：《我国广告学研究在新闻传播领域中的发展轨迹——基于中国人民大学复印报刊资料〈新闻与传播〉的统计和考察》，《广告大观》（理论版）2010年2月号中旬刊。

⑦ 彭子玄：《从研究主题的变化看西方广告理论研究的发展趋势——对1998到2006年九年间美国〈广告杂志〉杂志的内容分析》，《广告大观》（理论版）2008年第2期。

⑧ 郑欢、李垒垒、张小卫：《传播学"5W"领域研究述评——基于传播类博士论文选题的实证研究》，《广告大观》（理论版）2010年2月号中旬刊。

的科学性、参考文献的专业性、学科之间的交融性等方面进行分析。本章所提到的广告学博士论文包括研究者所能搜集到的不同学科以广告为研究对象的论文。

1.研究样本的收集与整理

在CNKI网站的博士论文库和国家图书馆学位论文馆藏电子目录中,共发现题目或关键词中带有"广告"的博士论文(以下简称为广告学博士论文)71篇,发表时间为1996—2009年。研究者分别对论文的研究主题、学科、研究方法、参考文献、学校、专业、论文题目、年份进行了编排和列表。

2.研究内容

本研究的内容涉及广告学博士论文的数量变化及在不同学科的分布、研究主题的分布及不同学科的比较、研究方法的整体分布及不同学科的异同、参考文献的来源及构成四个方面。

第二节 博士论文中广告传播研究成果的内容分析

一、广告学博士论文的数量变化及学科分布

本研究共涉及71篇广告学博士论文,时间跨度为1995—2009年。

第一篇广告学博士论文发表于1995年,是复旦大学新闻学博士撰写的《中国报纸广告史论》。但1995—2002年,每年的广告学博士论文数量寥寥无几,一直在1—3篇间徘徊。从2003年开始,论文数量开始攀升,虽然2004年回落至3篇,但从2005—2007年一直保持着比较稳健的增长势头,并在2007年到达了15篇的顶峰。到2008年又跌落到3篇,2009年,广告学博士论文的数量重新上升至6篇(如图4.1)。

从学科分布来说,这些论文来自16个国家一级学科,30个不同的专业。其中,来自新闻学与传播学的广告学博士论文数量最多,共计17篇,其他学科包括管理科学与工程、工商管理、中国语言文学、外国语言文学、心理学、历史学、社会学、控制科学与工程、艺术学、应用经济学、理论经济学、地理学、法学、农业经济管理、哲学等(如表4.1)。

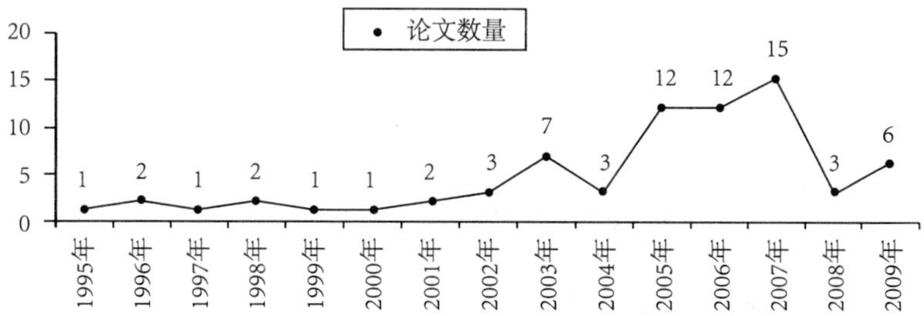

图 4.1　广告学博士论文数量变化

表 4.1　各一级学科撰写的广告学博士论文数量(单位:篇)

一级学科	数量	一级学科	数量	一级学科	数量	一级学科	数量
新闻学与传播学	17	外国语言文学	6	控制科学与工程	2	地理学	1
管理科学与工程	10	心理学	6	艺术学	2	法学	1
中国语言文学	8	历史学	3	应用经济学	2	农业经济管理	1
工商管理	6	社会学	3	理论经济学	2	哲学	1

二、广告学博士论文的研究主题分析

1. 广告学博士论文研究主题分布

本研究将博士论文的研究主题共分为 6 大类,分别是广告理论(广告传播理论、广告经济理论、广告语言)、广告经营实践(新媒体广告、广告策略、广告效果、广告投放、广告投放策略、广告经营管理、受众研究)、广告社会影响(广告与社会、广告与文化、广告批评)、广告史、广告监管、广告总论(广告产业和广告市场)。

分类统计发现,研究主题为经营实践类的博士论文最多,为 28 篇;广告社会影响类的论文次之,为 22 篇;广告理论类的论文位列第三,共 12 篇。随后依次为广告总论、广告史和广告监管类(如图 4.2)。

进一步分析发现,2002 年之前(含 2002 年),广告学博士论文集中在广告理论和经营实践领域有限的细分类别中,每个类别中也仅有一两篇。2002 年以后,广告学博士论文数量迅速增长,研究主题也更为宽泛。除去广告经济理论、广告投放策略和广告市场总论,广告学博士论文对其余 14 个细分类别均有涉及。其中,广告社会影响中 3 个细分类别的论文增长数量都在 4 篇以上,一跃而成为最受关注的研究主题。此外,研究新媒体广告经营实践的论文达到了 7

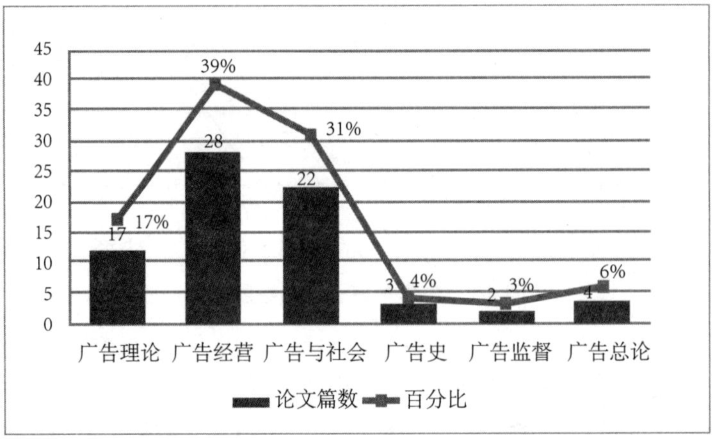

图 4.2　广告学博士论文研究主题分布比例

篇，与广告策略研究的论文数量持平。

广告总论、广告史和广告监管类博士论文数量较少，在一定程度上反映我国广告业发展中重术轻学、重实践经验而轻理论研究的问题。

2.来自不同学科的博士论文研究主题比较

新闻与传播学科的博士论文除了广告监管这一研究主题未涉猎之外，其他5类主题都有研究成果呈现。但选题主要集中在广告的社会影响上(7篇)，广告基础理论研究的文章仅有3篇，广告传播客体(受众)的研究缺失。

来自管理科学与工程、工商管理、控制科学与工程学科的博士论文主要集中在新媒体广告的投放及设计、广告策略中企业的广告决策问题和广告效果的影响因素3个方面；心理学科的博士论文注重广告受众的研究，通过研究广告受众的信息处理方式找到广告认知的规律及影响广告效果的因素；应用经济学和理论经济学科的博士论文主要对广告市场和产业进行探讨，例如《广告市场研究》《中国广告产业发展研究——一个关于广告的经济分析框架》；中国语言文学、历史学、社会学、艺术学、哲学等学科的博士论文主要运用文本分析法对报纸、电视广告进行分析，通过广告中的各种元素投射出社会变迁或居民的意识形态；外国语言文学的博士论文主要利用语言学理论对广告语篇进行分析，以找出其中的特征；社会学的博士论文中，有两篇通过对广告的内容分析解读社会的变迁，另一篇则运用社会学理论阐释青少年广告态度的影响因素；艺术学的博士论文中，一篇是《基于先进信息技术的数字交互广告设计理论研究》，从设计艺术学的角度探讨数字交互广告的设计准则，另一篇通过对广告视觉语言的研究,梳理西方价值理性视野中的广告文化批判观点并总结中国近二十年的广告文化研究;法学的一篇博士论文对广告监管进行了研究。此外,地理学和农业经济管理学科的论文分别从这两个专业领域对户外广告投放和农产品市场的广告投放及受众研究进行了分析;哲学学科的论文则对广告道德进行了研究。

三、广告学博士论文的研究方法分析

1.广告学博士论文研究方法整体分布

一篇论文的研究结果是否具有可信性,其关键指标就是研究方法是否科学。本章在郑欢等人对传播类博士论文研究方法的分类基础上,进行了一些补充和修改,具体分为统计分析法、实验法、理论演绎法、理论建模法、案例研究法、比较研究法、规范分析法、内容分析法、二手资料法等类别。鉴于大部分广告博士论文使用了不止一种研究方法,研究者对论文中使用的研究方法都进行了统计,因此,论文篇数之和会大于总体论文数量。

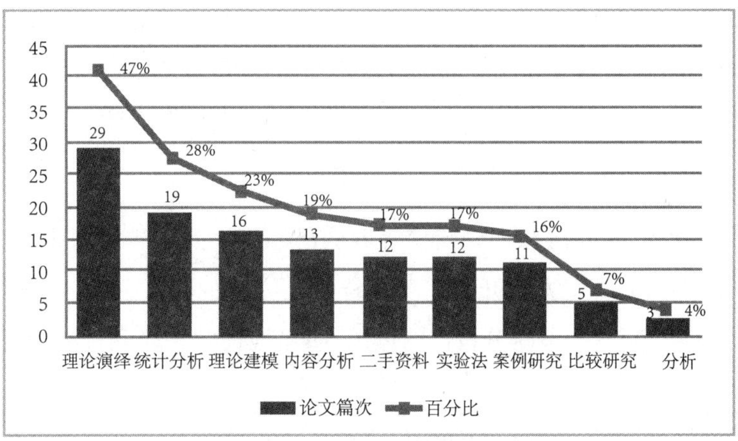

图 4.3　广告学博士论文研究方法分布

由图 4.3 可见,理论演绎方法在博士论文中运用得较为普遍,其次是统计分析法,理论建模方法居第三位;内容分析法、实验法、案例研究法和二手资料法所占比例相近,都在 17%左右;规范分析法运用较少,仅为 4%。

2.不同学科的博士论文研究方法比较

通过学科之间的比较,可以发现,作为广告学所隶属的新闻学与传播学科的博士论文,运用的研究方法有理论演绎法、统计分析法、内容分析法、实验法、比较研究法、案例研究法等。但是,除了理论演绎法,其余研究方法很少单独使用。在该学科的15篇广告学博士论文中,有7篇论文只运用了理论演绎法,即在某些理论或者研究范式的指导下,运用思辨的方法得出结论,如《广告伦理研究》《广告文化批判研究》,另有6篇论文运用了统计分析法和其他研究方法相结合的方式,还有2篇论文运用了简单的理论建模和内容分析方法。

管理科学与工程学科的广告学的研究论文多使用理论建模的研究方法。例如,《最优广告投入策略的研究》运用了两类建模方法,《基于公众利益的广告监管模型及其策略研究》运用了文献研究、理论研究、数学建模研究、案例研究方法,并结合了定量与定性分析方法。

心理学科的论文多使用实验法与统计分析相结合的研究方法。例如,《受众卷入的作用机制及其与广告诉求方式的匹配》是所收录的广告学博士论文中唯一将眼动技术引入实验中的论文。但是,有些论文实验的被试量过少,如《网络旗帜广告的认知效果研究》有效被试量仅为30人,无法代表中国整体网民的状况。

中国语言文学与外国语言文学在对研究方法的选择上,多运用理论演绎法或理论演绎、内容分析与统计分析相结合的方法;即使运用统计分析法,也多为简单描述统计,基本不涉及回归分析、方差分析等统计研究方法。

3.新闻传播学科的博士论文研究方法分析

统计分析法、实验法和理论建模等方法已经应用到广告类博士论文中,表明广告学博士论文研究方法开始趋于多样化。完整的相关分析、回归分析、眼动技术、加工分离程序、节目分析器的运用,明显地提升了研究过程的规范性和科学性。

与此同时,新闻传播学科的博士论文整体上在研究方法方面还存在着明显的不足,主要表现为:

(1)运用理论演绎法进行研究的论文数量较多(7篇),占该学科论文总量(15篇)的一半以上。但仅仅应用理论演绎法而不纳入统计调查分析对理论进行验证,会使研究成果的说服力明显降低。

(2)部分论文的研究方法过于简单、专业性不强。例如,某论文在比较两个国家大学生的电视广告心理效应时,仅选择了155人样本进行实验,在分析时也仅用了方差分析一种统计方法。有的论文开篇介绍称其研究方法为“质化与量化相结合,运用文化研究中的文本分析和社会学研究中的统计分析和图片分析法,在内容分析基础上用文化学、社会学、传播学、符号学、美学理论深入剖析电视广告审美特性”,而实际运用的统计分析只是简单的描述性统计分析,所提到的“内容分析”既没有对抽样方法与步骤进行详细描述,也未对研究文本进行严格编码和统计分析。

四、广告学博士论文的参考文献构成分析

参考文献是科研工作的起点,也是综合评价学术论文的规范性、创新性的一个重要指标。具体来说,来自权威学术期刊的论文在参考文献中所占的比例在一定程度上可以体现作者对本学科研究的历史和现状的把握程度。鉴于欧美等国的广告研究在国际上处于领先地位,外文参考文献的比例也在一定程度上反映了作者对国际学术前沿的关注程度。

为了细致透彻分析,我们将总体参考文献划分为“外文学术文献”、“译著文献”、“非译著中文文献”和“其他文献”4 类。外文学术文献包括 SSCI 期刊中的文章、其他专业期刊、硕士博士论文、会议论文、书籍等;译著文献包括国内学者翻译的外文书籍和论文;非译著中文学术文献包括 CSSCI 期刊中的文章、其他专业期刊的论文、硕士博士论文、会议论文、书籍等;其他文献包括报纸、网络文章等。本章共研究了 71 篇广告学博士论文,但只研究了其中 68 篇博士论文的参考文献。原因在于,《俄语电视广告语篇研究》和《蒙古国与中国大学生的电视广告的心理效应的比较》两篇博士论文的参考文献中包括俄语和蒙古语文献,我们无法判断这些文献是否来自专业学术期刊。另外,《中国报纸广告史论》写于 1995 年,文中没有给出参考文献。

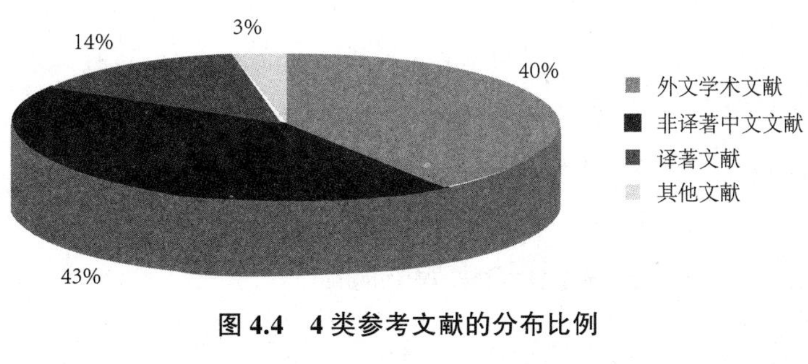

图 4.4　4 类参考文献的分布比例

由图 4.4 可以看出,广告学博士论文的参考文献以非译著中文文献为主,外文学术文献为辅,占第三位的是译著文献。

进一步分析发现,在广告学博士论文的参考文献中,排名前三位的分别是:中文书籍(26%)、外文学术论文(19%)和外文书籍(14%)。中文学术论文和外文行业期刊所占的比例甚少,均未超过 10%。这一分布比例显示,广告学博士论文的参考文献仍然以中文书籍(而非学术)、论文为主,且其比重远远超过后两者,但其对外文论文和外文书籍的重视程度也值得肯定。

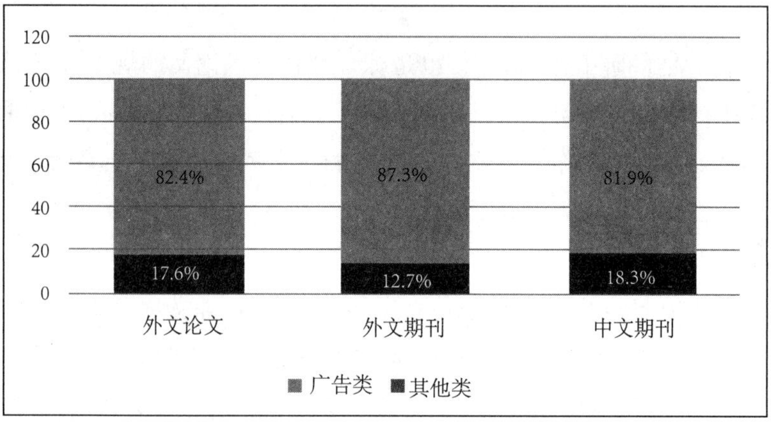

图 4.5　外文论文、期刊和中文期刊文献的类别分布

我们在对外文论文、外文期刊、中文期刊这 3 类文献进行研究时,进一步将其细分为广告类和其他类文献。从图 4.5 即可看出,尽管广告学博士论文中参考的外文论文和著作较多,但所借鉴的广告学专业论文和行业期刊文章中文献的比例均不到 20%,同样情况也出现在对中文行业期刊的借鉴中。

更值得关注的是,在 71 篇博士论文中,有 11 篇论文没有引用外国文献,分属于新闻学与传播学、中国语言文学、历史学、艺术学、哲学。这些论文都是 2003 年后撰写的,其中一篇是 2009 年完成的。此外,有 19 篇博士论文未参考外文学术期刊论文,11 篇博士论文未参考外文书籍,20 篇博士论文未参考中文学术论文,2 篇论文未参考中文书籍。

五、 博士论文中广告传播研究成果的局限

1.研究深度尚待开掘

研究发现,共有 30 个专业的学生撰写了与广告相关的博士论文,这充分体

现了广告学跨学科的复杂特征。尤其是来自新闻传播学科之外的博士论文,它们无疑为广告学研究提供了新的视角、思路及方法。但是,部分跨学科的博士论文仍停留在运用本学科的理论对广告实践进行解释分析的层面,鲜有探寻广告运作规律、创新广告研究方法、提出崭新框架的佳作。

2.研究方法仍需规范

在广告学博士论文中,除了理论演绎法之外,统计分析、理论建模、内容分析和实验法的使用也占了很大比例。相比广告期刊、杂志上的论文,广告学博士论文的研究方法规范性较强。但是,来自不同学科的博士论文常常囿于本学科常用的方法,能同时运用多种研究方法且应用层次较精深的博士论文极少。同时,大部分广告学博士论文仍在采用理论演绎法,部分论文虽然运用了统计分析法或内容分析法,但是仍存在科学性、严谨性不足等问题。

3.研究基础还不够扎实

参考文献反映了研究者对本研究领域的历史、现状、趋势的把握程度,因而对参考文献的搜集和整理力度不足,无疑会影响论文的学术价值和实践指导性。我们发现,广告学博士论文参考文献所涵盖的外文文献和专业学术论文所占比例还没有达到半数,部分博士论文甚至没有来自国际权威学术期刊的文献。这种情况在新闻学与传播学科的博士论文中表现得尤为明显。

4.来自新闻学与传播学科的博士论文对广告学基础理论关注不足

传播学专业广告学方向的博士论文研究对象多以传播学为主,对广告学科的应用实践和理论基础建设帮助不大;广告学专业的博士论文对广告学科的贡献明显强于前者,但其关注点多集中在广告学热点问题上,如新媒体广告的经营以及对受众的影响,而对广告学基础理论的研究缺失。张金海教授曾指出:"长期以来,广告学研究深陷'学不精'、'术不深'的尴尬之中。"①

由此可见,30 年来,广告学博士论文从无到有,数量不断增加,质量不断提高,但在关注主题、研究方法、参考文献等方面还有很大的提升空间。

〔本章作者:黄　硕　初广志〕

① 张金海、徐卫华:《广告理论研究述评》,《中国媒体发展研究报告》(2009 年 · 广告卷),武汉大学出版社 2010 年版。

第五章　专业图书中的广告传播研究

广告著作是正式出版物，是相当长的一段时期内业界相关专家学者、广告公司及从业人员、企业经营者和政府管理部门对广告业发展问题、经验的总结，能够在很大程度上指导实践。相对于分散的广告文章而言，广告著作成形的时间更长、出版的审查更严格，更能够深层次地对相关问题进行详细的阐述。

第一节　研究背景与研究设计

自1979年中国广告市场重开，中国广告业而今已迈过而立之年。短短三十年的时间，广告经营额增长了170倍以上。与此同时，广告图书资源也从无到有，出现了前所未有的繁荣景象。本章试图通过数据统计和分析，对1979—2009年三十年间我国广告研究的图书资源总体情况进行梳理和分析。

本章选取的是改革开放之后出版的广告相关著作，包括专著、专项报纸期刊、电子产品等包含相关研究信息的资料载体，以期能够对广告相关著作做最全面和广泛的了解。本章的资料来源是中国国家数字图书馆，研究跨度为29年，研究总量3804个。

本章对所选取的广告出版著作采用定量和定性分析相结合的方法，以内容分析法和文本研究法为主，在定量分析的基础上对文本进行定性分析。

具体来说，研究内容分为13大类：广告传播信息、广告主研究、广告研究方法论、广告媒体研究、广告公司及从业人员研究、广告史、广告伦理和批判、广告管理与法规、外国广告研究、广告客体研究、广告传播效果、广告行业研究和广告教育。

同时，从著者、题名、资料类型、出版年份等4个方面进行分析和归类，对这些图书以数据编码为基础进行内容编码。内容编码主要依靠人工分析，采用SPSS软件进行统计。

表 5.1　题名内容编码说明

题名内容	主要关键词
广告传播信息	包括广告作品的制作、设计、内容、创意、诉求方式、流程研究等。
广告主研究	主要为广告主研究，包括企业研究、产品市场研究、广告支出研究、广告战略、侧重广告主的整合营销研究等。
广告研究方法论	主要为方法论研究，包括纯理论性的研究、框架的纯构建、对原有模型的跟进研究、原理与实务、基础知识等。
广告媒体研究	包括大众媒体、网络、数字新媒体，以及其他侧重于传播渠道的研究。
广告公司及从业人员研究	包括以广告公司为主体的研究、广告公司客户关系的研究、从业人员的研究等。
广告史	主要指对广告史的研究、广告行业史的研究、广告学术史的研究和梳理，对广告态度等方面的变迁沿革研究也归入此类。
广告伦理和批判	包括对药品广告、烟酒广告、儿童广告等的批判与反思；以及从跨学科角度对广告进行的批判和广告行业的反思；从文化角度对广告进行批判也在此类。
广告管理与法规	包括法律管理、政府行政管理、行业协会管理、消费者监督等，以及广告监督的效果。
外国广告研究	主要指对国外先进广告理论、观念、模式的介绍、引进、翻译评述研究。
广告客体研究	主要是侧重于消费者认知、态度等方面的消费者研究。
广告传播效果	包括宏观上的经济效果、社会效果，微观上的市场占有率效果、品牌资产形象效果、消费心理效果、传播效果等。
广告行业研究	主要指从较宏观角度对广告行业的经营状况、发展趋势进行全局性的总结和反思，包括某一地区的广告行业总论等。
广告教育	主要指高等院校的广告学教育研究。

第二节　专业图书中广告传播研究成果的内容分析

一、广告专著的整体状况分析

1. 广告著作出版的数量分析

从 1980 年到 2009 年为止，共有 3804 部广告著作出版。广告著作出版数量总体上呈现波段上升状况（如表 5.2、图 5.1）。

表 5.2 广告著作出版数量

年份	1980	1981	1982	1983	1984	1985	1986	1987
出版数量	3	7	6	7	24	24	28	34
年份	1988	1989	1990	1991	1992	1993	1994	1995
出版数量	20	19	19	31	28	31	75	140
年份	1996	1997	1998	1999	2000	2001	2002	2003
出版数量	117	123	184	159	242	211	301	320
年份	2004	2005	2006	2007	2008	2009	合计	
出版数量	271	290	277	269	278	266	3804	

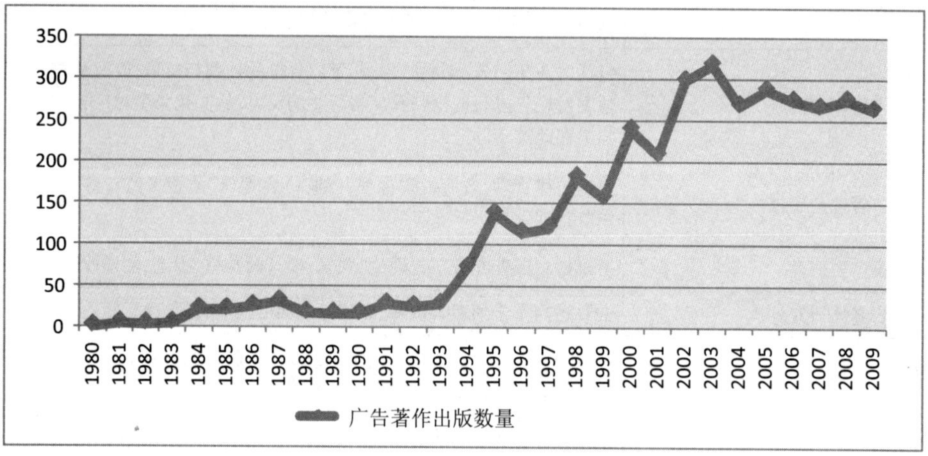

图 5.1 广告著作出版数量变化

从表 5.2 和图 5.1 可以看出,自改革开放以来广告业随之起步,与广告相关的著作亦相应出现,二者的发展状况呈现正相关趋势。广告著作出版数量的状态大体可以分为三个阶段:第一阶段(1980—1992),这个阶段是广告业的重新起步阶段,共有 250 部广告著作出版。第二阶段(1993—2003),此阶段的 10 年是广告业大跨步发展的时期,广告业的生存发展亟需理论指导,国外广告资料的引进和对本阶段广告业的经验总结,使得广告著作数量激增,共有广告著作 1903 部出版,比第一阶段增加了近八倍,最高点也出现在该阶段的 2003 年,这一年共有 320 部广告著作出版。第三阶段(2004—2009),自 2003 年达到最高点后,广告著作的出版趋于平稳,共有 1651 部,平均每年 275 部。

2. 广告著作题名分析

在对已出版的 3804 部广告著作的题名进行分析后,统计结果表明,广告著作内容中出现最多的是广告传播信息(2034 部),其次是广告主信息(480 部),再次是广告研究方法论(245 部)、广告媒体研究(216 部)、广告公司及从业人员研究(181 部)、广告史(142 部),广告伦理和批判、广告管理与法规、外国广告研究、广告客体研究、广告传播研究、广告行业研究和广告教育方面的著作较少。

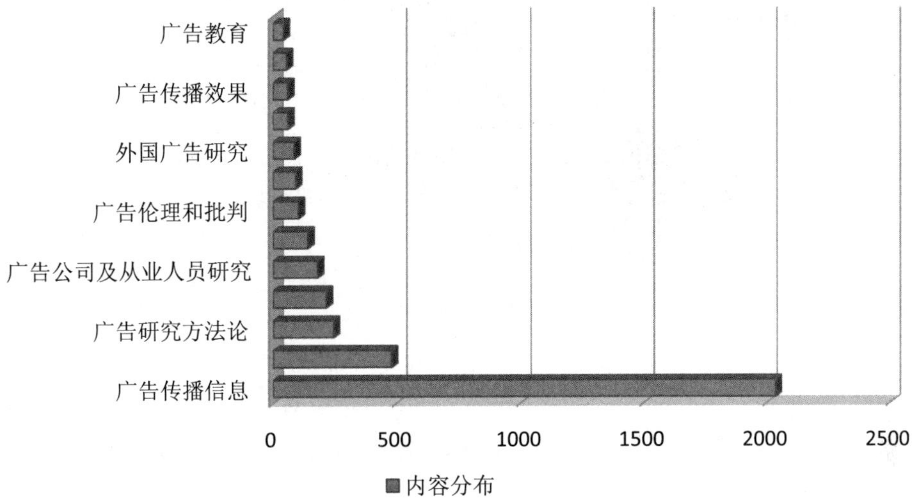

图 5.2　广告著作内容分析(1)

以上的统计可以看出,广告著作中,更多的是与广告传播信息(53%)相关的内容,包括广告作品的"制作、设计、内容、创意、诉求方式、流程研究"等,涉及更多的是广告"怎么说、如何说"的问题,指导性、可操作性普遍比较强。其次是对广告主的研究(13%),包括企业研究、产品市场研究、广告支出研究以及广告战略研究。后期侧重广告主的整合营销研究,这一方面源于市场经济体制下企业转变思想积极探索广告在促进销售、提高品牌知名度方面的作用,另一方面,广告公司也希望从经营实践中总结不同种类广告主的特点,以便提供更好的服务。

3. 广告著作的作者和写作类型分析

在对 3084 部广告著作进行作者统计分析后,我们发现其中出版著作数量最多的作者是陈培爱(29 部),其次是黄升民(18 部)、刘立宾(17 部)、朱锷(16 部)、王绍强(13 部)、丁俊杰(12 部)、何辉(10 部)、朱海松(10 部)等。超过 10 部以上的作者共有 15 人,占总人数的 0.39%。

在写作类型上,我们将这些图书分为:1(编、主编、组织编写、主持研究等);

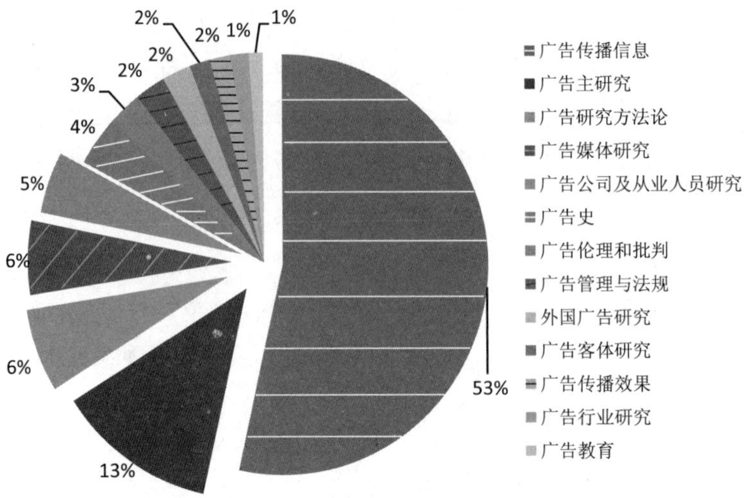

图 5.3 广告著作内容分析(2)

2(著、专著、作、撰文、创意、书写等);3(整理、口述整理、录音整理等);4(访谈、采访等);5(主办、合办等);6(编译);7(编绘);8(绘);9(译);10(摄影、拍摄、录制等)。

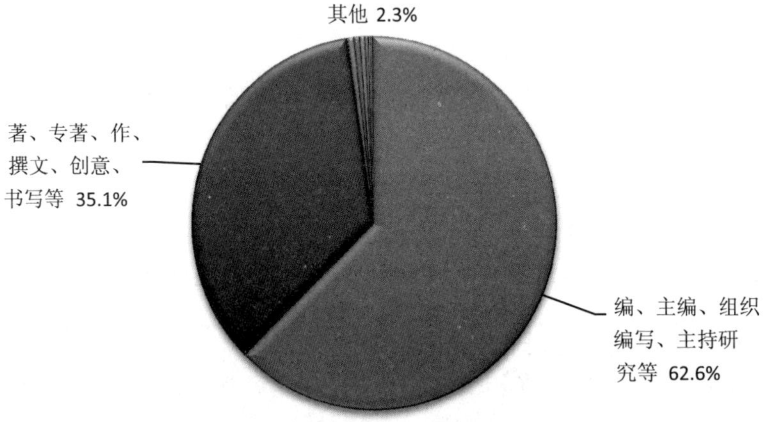

注:"其他"包括整理、访谈采访、主办合办、编译编汇、摄影拍摄等

图 5.4 广告著作写作类型比例

在所有广告著作写作类型中,比例最大的是"编、主编、组织编写、主持研究等",其次是"著、专著、作、撰文、创意、书写等",这两大类占了所有广告著作的97.6%。剩下的其他类别仅占了很小的一部分(2.4%),包括"整理、访谈采访、主办合办、编译编汇、摄影拍摄等"。"编、主编、组织编写、主持研究等"类图书占广告出版著作总数的一半以上(62.3%)。"著作"类图书占广告出版著作总

数的三分之一以上(35.3%)。同时,“编、主编”类图书数量变化在趋势上与广告出版著作总数量的变化趋势一致。

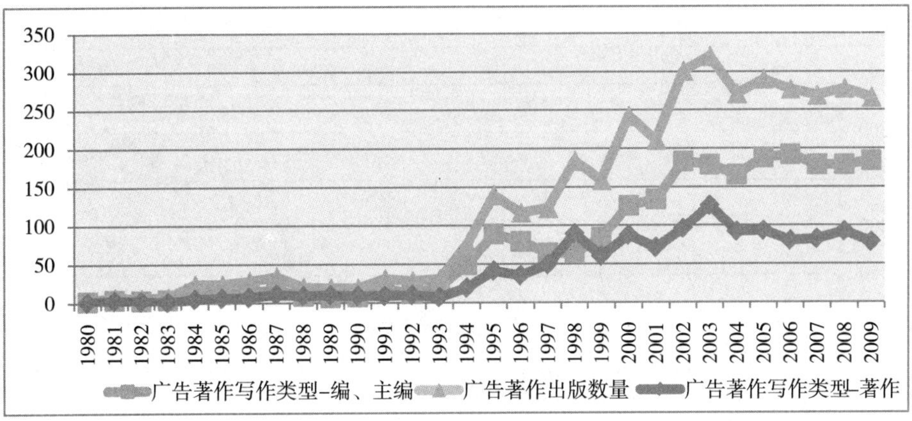

图 5.5　广告著作写作类型趋势图

4. 广告著作的资料类型分析

在统计的所有广告著作中,专著类所占比例(79.3%)最大,超过总量的四分之三;其次是海外中文图书类,比例(10.9%)超过总量的十分之一;再次是电子资源(4.5%)和期刊(2.4%)。以上四大类占了广告著作资源的97.1%,其他类只占了总量的2.9%,包括报纸、地方志、录像制品和缩微品等。

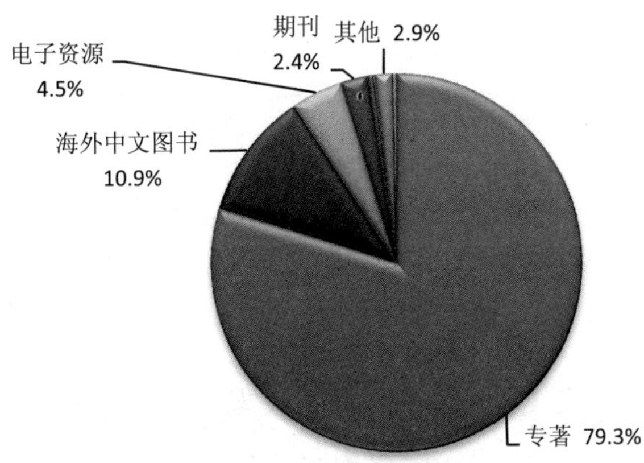

注:其它包括报纸、地方志、录像制品和缩微品等。

图 5.6　广告著作资料类型比例

"专著"类占广告著作出版资料的比例(79.3%)最大,是构成广告著作的主要类别。同时,上图的广告专著数量变化在趋势上与广告著作出版数总量的变化趋势趋于一致。

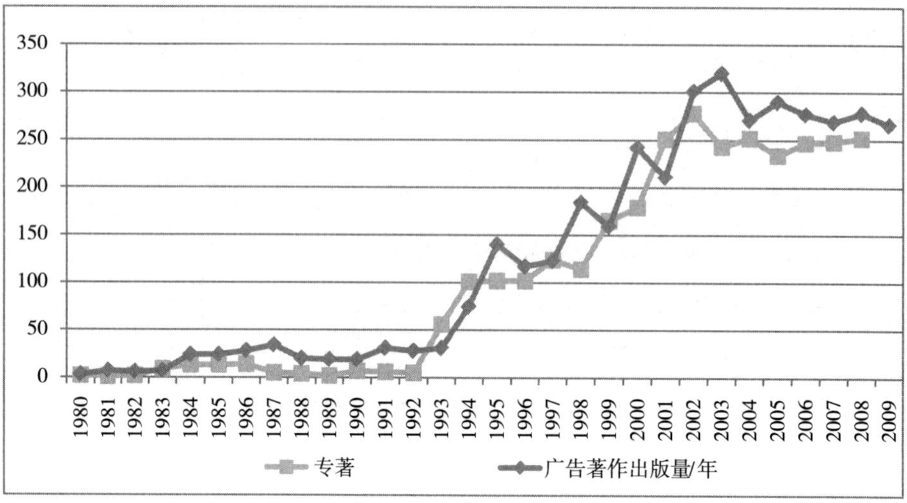

图 5.7 广告著作出版数量变化

海外中文图书类别占广告著作出版总量的10.4%,仅次于专著类,是构成广告著作的第二大类别。但是在数量大小变化趋势上,海外中文图书在1995年达到最大值,其他年份则呈现波浪形起伏,与广告著作总量的变化在趋势上没有明显的相关。

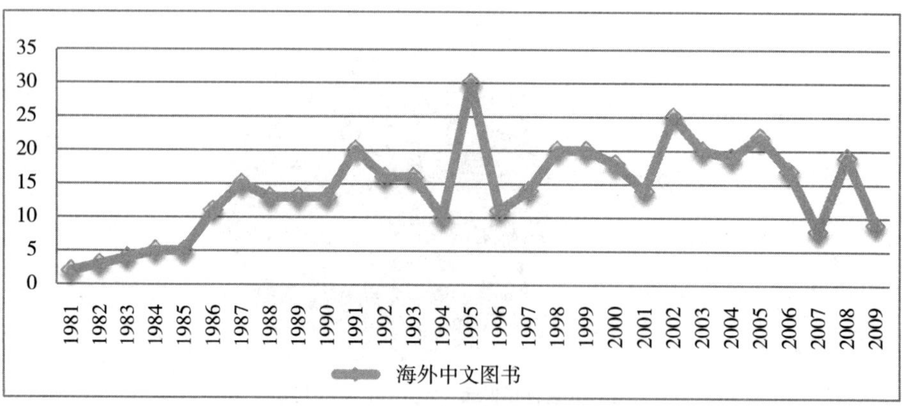

图 5.8 海外中文广告图书数量变化

电子资源从1998年起出现,虽然出现的时间较晚,但在广告著作总数中仍然占到了5.6%,这可以归因于90年代末开始我国进入信息时代,电子产品

(CD/VCD/DVD 等)作为信息载体在知识传播过程中逐步发挥着越来越重要的作用。

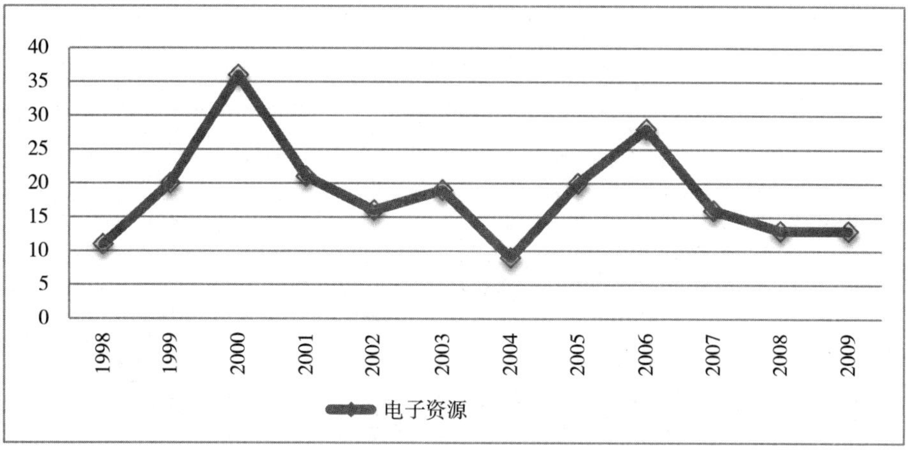

图 5.9　广告著作电子资源数量变化

二、我国广告图书资源不断丰富的深层分析

1.广告图书资源的增长源于我国广告业的发展

广告业从 1979 年到 2009 年持续高速增长,平均年递增率为 30.8%,是我国增长速度最快的产业之一,如表 5.3 所示,我国广告经营额 1981—1991 年十年间增幅较缓,从 1992 年、1993 年开始,增幅加大,连续两年的增幅都超过 90%。此后十年,我国广告业进入高速发展期,广告经营额从几十亿元飙升至 900 亿元,发展势头非常强劲。到 2003 年年底,全国广告经营总额已突破千亿元,进入里程碑式的发展阶段,达到 1078.68 亿元。此后,随着广告经营额基数的增大,广告经营额的增速逐渐放缓。但广告经营额持续增长的势头并没有发生改变。而自 1985 年有了较为规范的统计数据以来,广告业经营额的平均年递增率更是高达 30.8%。即使考虑到广告业发展基数小、起步晚等问题,广告业仍然是我国增长速度最快的产业之一。

表 5.3　1981-2009 年中国广告经营总额增长状况

年份	广告经营总额(万元)	年份	广告经营总额(万元)
1981	11800.0	1995	2732690
1982	15000.0	1996	3666371

续表

年份	广告经营总额(万元)	年份	广告经营总额(万元)
1983	23407.4	1997	4619638
1984	36527.9	1998	5378327
1985	60522.5	1999	6220506
1986	84477.7	2000	7126632
1987	111200.3	2001	7948876
1988	160211.9	2002	9031464
1989	199899.8	2003	10786800
1990	250172.6	2004	12646000
1991	350892.6	2005	14163487
1992	678675.4	2006	15730000
1993	1340874.0	2007	17410000
1994	2002623.0	2008	18895600
		2009	20410322

广告业自身的发展是广告图书资源不断增长的基础和动力,在广告经济蓬勃增长的背后是业界和学界从实践到理论的巨大需求。上文数据清晰地表明,我国广告图书资源的增长与广告业自身的发展成正相关关系:(1)广告业经济发展水平与广告图书资源总量增长一致;(2)广告业经济发展水平扩大了广告图书资源的种类和研究方向。实践决定认知,广告著作最广泛的题材是广告传播信息(占样本总量53%),反映了广告业在兴起过程中对创意产品、实践操作和商业流程的总结。反过来,理论进步同样促进了实践的发展。随着广告理论体系的不断完善,对广告主、广告媒体、广告公司及从业人员、广告理论和法规等方面的研究,又促进了广告业以不断自省的方式快速、健康地发展。

2.广告图书资源增长借力于文化产业进步

在2009年7月国务院常务会议审议通过的《文化产业振兴规划》中,广告产业与文化创意、影视制作、出版发行、印刷复制、演艺娱乐、文化会展、数字内容和动漫等并列为国家重点文化产业,广告被列入了第一梯队的重点文化产业。国家工商行政管理总局、国家发展和改革委员会联合发布的《关于促进广告业发展的指导意见》明确指出:知识密集、技术密集、人才密集的广告业是现代服务业的重要组成部分,是创意经济中的重要产业,在服务生产、引导消费、推动经济增长和社会文化发展等方面,发挥着十分重要的作用,其发展水平直接反映一个国家或地区的市场经济发育程度、科技进步水平、综合经济实力和社会文化质量。广告产业位于当前十三大创意产业之首，具有知识密集、附加值高、整合性高的特点，是通过开发知识和突出创意来创造社会财富和就业机会的经济活动，同样属于智能经济的范畴。

作为文化创意产业中的支柱产业，广告产业在我国文化创意产业的发展中扮演着重要角色。2009 年我国文化产业增加值为 8400 亿元左右，快于同期 GDP 的现价增长速度 3. 2 个百分点，占同期 GDP 初步核算数比重的 2. 5%左右。2006—2009 年广告经营总额与文化产业增加值的比重分别为 30. 7%、27. 7%、24. 8%和 24. 3%，广告经营额占文化产业增加值的近四分之一，是文化产业中名副其实的主导产业。

广告图书资源的发展与国家支持文化产业的大背景息息相关。广告业作为文化产业的支柱产业，其研究成果和相关著作能够从侧面反映我国广告业的发展水平及理论研究的广度和深度，国家对文化产业的扶持恰恰能够从广告著作出版量的连续增长中窥斑见豹。同时，出版发行、印刷制作和影视推广等相关文化产业因素的进步，也为广告研究成果的顺利出版提供了多样化选择，从而出现了一系列优秀的广告著作。

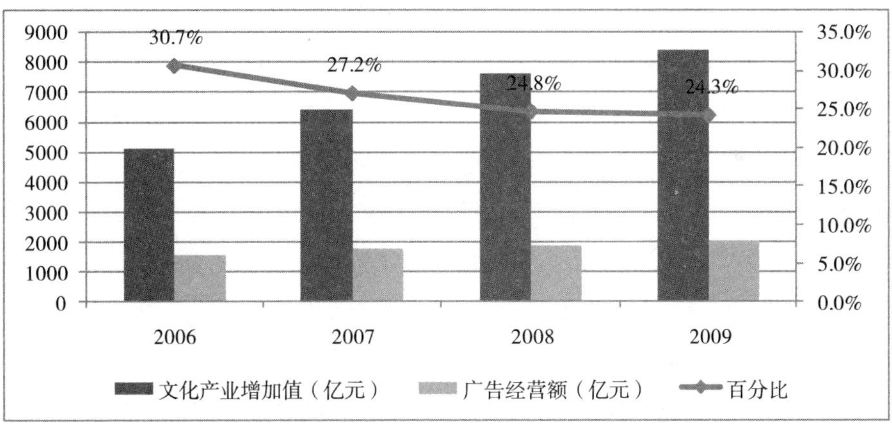

图 5.10　2006—2009 年广告经营总额与文化产业增加值的对比

3.高等学府仍是广告图书资源的主力军

人才，是 21 世纪经济竞争的核心。在广告业整体规模呈几何级增长的同时，社会对专业型人才、技术型人才的需求随之而来。中国内地的广告教育自 1983 年出现至今，目前已经有各类高校共计 242 所开展专业广告教育。迄今为止,中国广告学专业已经形成了从大学本科、硕士到博士的培养梯队。显而易见,对广告图书资源需求最强烈的就是高校。当今广告行业的发展深受媒体更迭和互联网技术发展的影响,日新月异的广告实践不断催生出新的理论体系,淘汰旧的、不合时宜的理论知识。这就不仅使得最需要以书本教育进行广告学教授的高校成了广告图书资源的最大消费群体,也促使广告的一线教育者成了广告著作的生产者,使他们担负起更新广告业理论知识的责任。

统计发现,样本总量中著作数量最多的作者是陈培爱(厦门大学博士生导师),其次是黄升民(中国传媒大学广告学博士生导师)、刘立宾(中国传媒大学博士生导师)、王绍强(广州美术学硕士生导师)、丁俊杰(中国传媒大学广告学博士生导师)、何辉(中国传媒大学广告学硕士生导师)等等,他们作为一线教育者,密切关注广告业实践,从广告理论、技术与实务三个角度,编纂、写作出紧随行业当下发展状况的广告理论著作,为学界的发展做出了巨大贡献。同时,广告与社会紧密联系且服务于社会的特性也决定了广告学科的教师不仅可以来自学校,还可以来自企业、广告公司、社会团体等各个方面。他们投身教育,担任高校客座教授,推进了从实践到理论的步伐。

4.广告图书的增速依靠广告产业的升级

广告业于近十年来进入成熟期。随着广告营业额基数的提高,广告业的增势趋于放缓。2003 年之后,广告图书资源的增速也告别了前十年的飙升阶段,稳定中有波动,整体趋向平稳。这一方面源于广告理论体系的大框架在多年的理论探索和积累中已逐渐成形和完善,现在的著作通常是对前文提到的 13 种理论方向的补充和扩展;另一方面,广告图书出版增速的放缓与当下广告实践的日新月异形成对比,理论进步与行业现状之间的沟通进入瓶颈期,之前的模式已经无法进行双向的良性互动。当下,我们亟需广告业自身产业升级,作为人才密集型产业,要更加规范行业行为,致力于服务的细化;与此同时,高校也应着力于改变单一、刻板的人才教育和培养方式,打通课堂理论与社会实践的屏障,提升师资水平,以形成广告学教育的独特优势,鼓励广告著作的创新和突破。广告业教育的脱胎换骨和广告理论的厚积薄发,皆有赖于此。

〔本章作者:李　杉〕

第六章　广告媒介研究

广告是通过传播讯息发挥作用的，而媒介又是广告讯息的载体。可以说，离开了广告媒介，广告传播就无从谈起。

1948年，传播学者拉斯韦尔提出了著名的“5W”模式——“Who”、“Says What”、“In Which Channel”、“To Whom”以及“With What Effect”，其中媒介作为该模式的重要组成部分和核心概念之一，一直是学者们研究的焦点。在广告传播领域，伴随着中国广告业三十年的恢复发展，广告媒介研究也经历了一个渐变发展的过程。

第一节　研究背景与研究设计

本章选取与广告媒介研究相关的5种代表性刊物《国际广告》《中国广告》《现代传播》《新闻与传播研究》《新闻大学》作为研究对象，试图探讨中国广告媒介研究在1981—2008年近三十年的时间里呈现出的状态和变迁规律，为反思、规范并推动广告媒介学术研究提供依据。

本章对5种期刊从创刊到2008年年底的文章进行分类、梳理和分析，从中总共选取涉及广告媒介研究的较有价值的篇目734个。在对所有的研究对象进行文本分析后，归纳出10个分析指标，进而结构出研究的框架，其中部分文章在不同分析板块有一些交叉和重合，但对以不同历史时期为线索的研究结构不造成影响。研究在此框架下对所有样本文章进行分析，从而得出中国广告媒介研究的学术语境变迁特征。

第二节　广告媒介研究成果的内容分析

本章从10个指标的维度探讨我国广告媒介研究从1981—2007年近三十年间的学术语境变迁特点。

一、从“文体类型”的角度分析

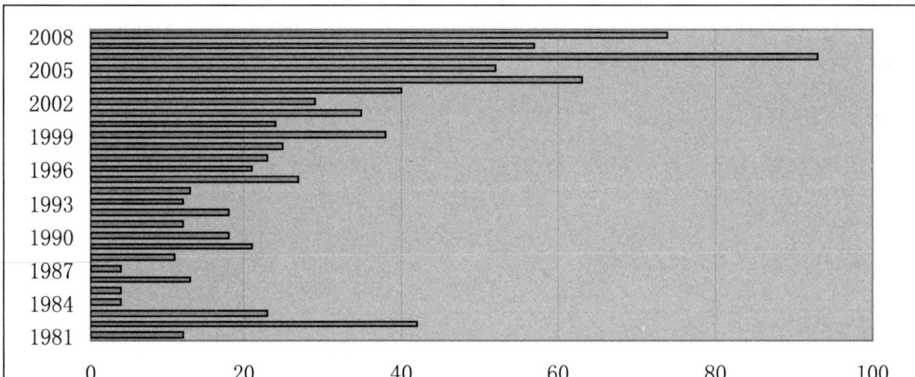

	1981	1982	1983	1984	1985	1986	1987	1988	1989	1990	1991	1992	1993	1994	1995	1996	1997	1998	1999	2000	2001	2002	2003	2004	2005	2006	2007	2008
■ 系列1	12	42	23	4	4	13	4	11	21	18	12	18	12	13	27	21	23	25	38	24	35	29	40	63	52	93	57	74

图 6.1　广告媒体研究文章总量年份分布

由图6.1可见，有关广告媒介研究的文章数量在近三十年间呈上升趋势，1995年以后增长较为明显，2003年以后出现了较大幅度的增长。

对所有文章进行分析后发现，上世纪80年代初期，对于广告媒体的研究尚未达到系统化和理论化的程度，以介绍性文章为主。这是由于1979年我国商业广告逐渐恢复，广播电视等作为商业广告的媒体发展刚刚起步，借鉴国外经验便成为这一时期广告媒体研究的主流。到上世纪80年代中期，介绍广播、电视、报纸等国内媒体广告业发展的研究开始出现，但对不同媒体广告的研究仍停留在介绍国外发展状况的阶段，侧重技术层面的改进，其分析仍缺乏理论性和系统性。上世纪90年代，开始出现多角度研究广告媒介的文章，但论述大多从实践方面举例说明，学术性不强。进入21世纪以后，具有学术性质的文章才逐渐增多。

二、从“研究方法”的角度分析

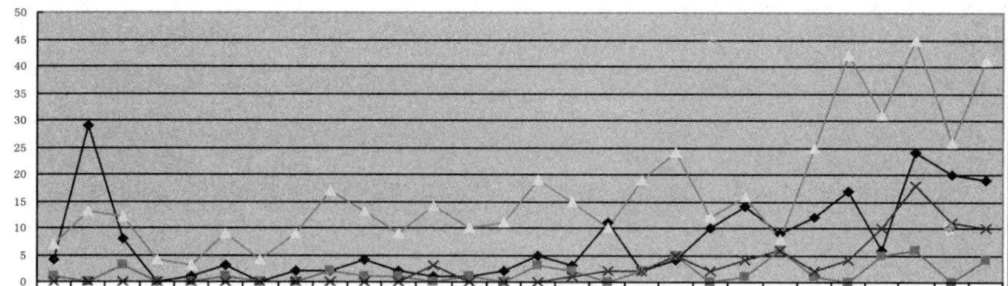

	1981	1982	1983	1984	1985	1986	1987	1988	1989	1990	1991	1992	1993	1994	1995	1996	1997	1998	1999	2000	2001	2002	2003	2004	2005	2006	2007	2008
不涉及	4	29	8	0	1	3	0	2	2	4	2	1	1	2	5	3	11	2	4	10	14	9	12	17	6	24	20	19
定量	1	0	3	0	0	1	0	0	2	1	1	0	1	0	3	2	0	2	5	0	1	6	1	0	5	6	0	4
定性	7	13	12	4	3	9	4	9	17	13	9	14	10	11	19	15	10	19	24	12	16	8	25	42	31	45	26	41
定量定性结合	0	0	0	0	0	0	0	0	0	0	0	3	0	0	0	1	2	2	5	2	4	6	2	4	10	18	11	10

图 6.2　研究方法年份分布

由图 6.2 可见，各种研究方法的使用呈现波状起伏，但定性研究一直是广告媒介类文章的主要研究方法，占总数的 57. 9%。

研究发现，上世纪 80 年代初期主要是介绍性文章，大多基于作者的观察和体验，定性研究较多，定量研究极其罕见。上世纪 80 年代后期，独立地对广告媒体进行分析的文章开始增加，对广告媒体的实证研究开始增多，对于之前广告媒体的综述也更加系统翔实。例如《调查与思考——1985—1988 年上海报纸广告状况》（俞振伟，1989）一文就采用了抽样调查统计的研究方法，是较早针对广告媒体的实证研究①。1993 年以后，实证研究逐渐得到应用并呈上升趋势，定性定量相结合的研究方法也日益进入研究者的视野。尤其进入 21 世纪以后，采用定性和定量相结合的研究方法的文章呈上升趋势，表明研究者的研究理念渐趋成熟，意识到了单纯定量研究、定性研究的优缺点。这一时期，广告媒介研究在方法上取得了长足的进步。例如《2002 年上半年全国报刊广告形势分析》（姚林、邢冬杰，2002）一文将抽样调查和文本分析结合在一起，较为客观地分析了当时全国报刊广告的走势。

三、从“研究的媒介类型”的角度分析

从图 6.3 可见，各类媒介的研究呈现波状起伏，数量总体趋于上升，其中以

---

① 俞振伟：《调查与思考——1985—1988 年上海报纸广告状况》，《中国广告》1989 年第 4 期，第 17 页。

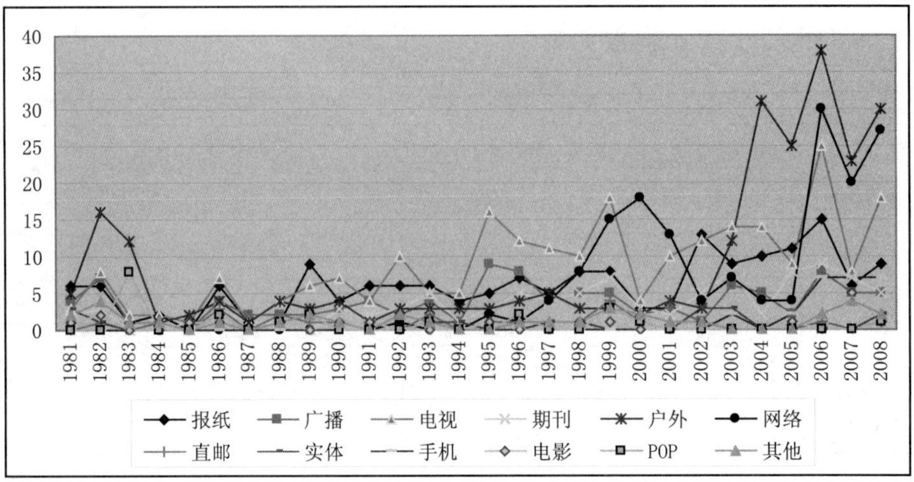

图 6.3 媒介类型年份分布

电视媒体的研究为最多,网络研究也在 1995 年后呈快速上升趋势,广播呈下降趋势,户外媒体的研究从 2003 年起急剧增加。从中可以看出,学界的研究重心落在这一时期发展最为迅速的媒介形式上。下面,我们就从广告发展的四个时期来看一下广告媒介类型研究的变化。

1. 1979—1987 年的恢复期

这一阶段,“文革”刚刚结束,改革开放逐渐拉开序幕,当时报纸、广播媒体的广告都尚在起步阶段,对广告媒体的研究集中在户外媒体上,各种形式的户外广告成为研究的主体。在报纸广告方面,纸张质量问题引起了人们的重视,因此出现了报纸广告是否要图文结合的讨论,也促进了广告画的产生。

2.1988—1992 年的发展期

随着经济的快速发展,报刊、电视、广播等各种媒体的广告逐渐发展起来,并引起了研究者的兴趣。这一时期,户外广告的发展相对趋缓,营业额也不高,研究相对较弱。研究者的重心集中于报纸、电视等大众媒体。另外,新兴广告媒体的开发问题开始引起研究者的关注。

3. 1993—1999 年的成熟期

这一时期,广播、电视、报纸、杂志四大媒体的广告发展进入正轨,户外广告渐成气候,其管理、创作都有了较大发展。电视媒体作为重要的广告媒体,在研究中成为重点。

4. 2000 年以后的快速推进期

这一时期，网络媒体、手机媒体、户外新兴媒体蓬勃发展，成为这一时期研究的重点。传统媒体的触角开始伸向新兴媒体领域，学界对于媒介融合和整合营销传播的研究广泛展开。2002 年互联网不景气，对其的研究数量相应大幅下降，这一现象直到 2006 年才得以扭转。

四、从“各类媒介特性研究”的角度分析

根据统计分析，在所有涉及广告媒体的论文样本中，含有各类媒介特性研究的文章占 50. 4%。根据样本文章的特点，我们又以“单一媒介特点介绍”和“与其他媒介进行特性对比”两个指标来分析。研究显示，在这些研究媒介特性的文章中，有“特点介绍”的占 86. 2%，“与其他媒介进行特性对比”的只占 20. 3%，两者都涉及的有 26 篇。

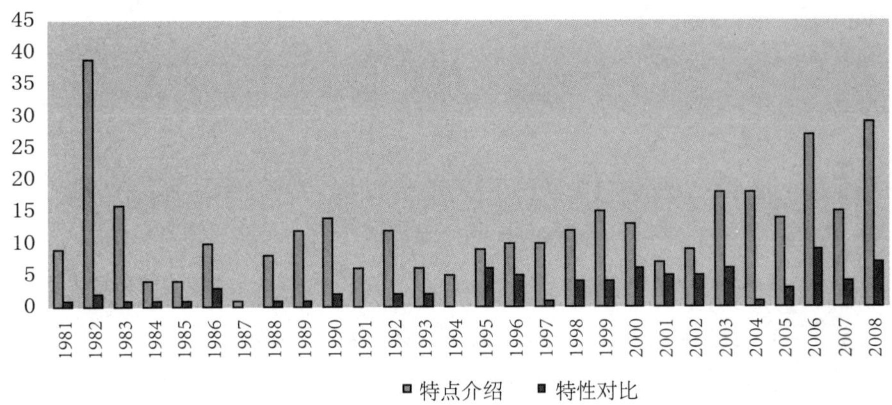

图 6.4　媒体特性研究年份分布

上世纪 80 年代初的文章以介绍国外广告媒体者居多，最初是对户外广告的介绍，通过一些赴国外考察人员的见闻记录和少量图片，展现国外路牌和橱窗广告的状况，理论内涵较少，主要是描述性介绍；最初对国内广告业的介绍也集中在户外广告上。这一时期，人们对广告媒体的认识虽然较为简单粗浅，但研究者已开始在有限的条件下关注不同形式的广告载体。

80 年代后期，出现了系统介绍广告媒体选择的文章。这一时期，电视广告引起了人们的广泛关注；对电视广告媒体的介绍增多。在对国外各种广告媒体的介绍中增加了与我国媒体的对比，为我国广告媒体发展提供了新的视点。与

此同时,对不同媒体广告的其他方面——如受众心理等的介绍也开始增多。由于与国外的交流增多,优秀作品展示也从单纯的报纸广告扩展到图片广告、电视广告、橱窗广告和站牌广告等。

上世纪 90 年代中后期至今,对各类媒介特点进行研究的文章增多。随着互联网的出现,将互联网特性与传统媒体特性进行对比的研究也呈现出增多的趋势。

五、从“研究涉及的时期”的角度分析

根据研究所涉及的时间性不同,我们将样本文章分为回顾研究、现状描述研究、趋势展望研究三种类型。从图 6.5 可见,现状描述类文章占所有媒介研究文章的大多数,趋势展望和历史回顾类文章一直不多,但在个别时期出现过高点。

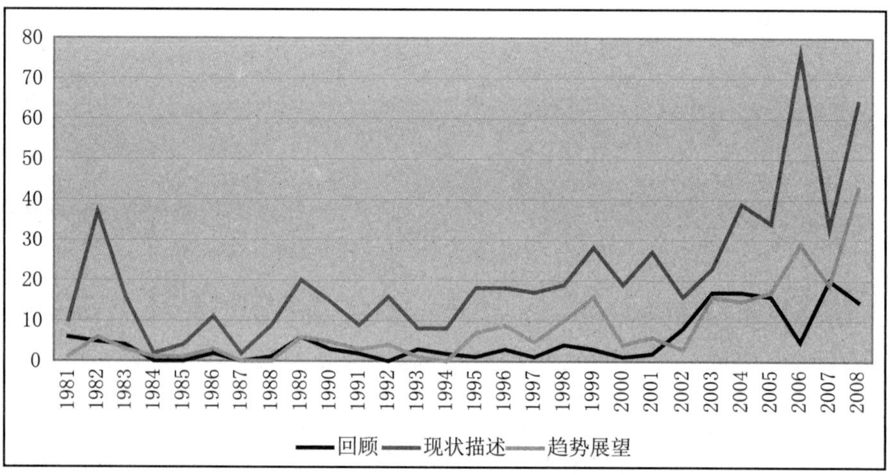

图 6.5　不同研究所涉时期的文章年份分布

现状描述一直是各个时期的研究主要类型,特别是进入 21 世纪以来,现状描述类文章的数量远高于其他类型的研究,说明学界更加关注当前问题的解决之道。进入 21 世纪以后,“回顾”和“趋势展望”类研究有所增加,表明我国的广告媒介研究的整体水平在不断提高。

对于我国各媒介广告经营状况的分析和总结贯穿于各个时期,相对而言,上世纪 80 年代中期较为集中。自 1990 年起,《中国广告》每年刊登范鲁彬的关

于广告媒体营业额研究的论文,详细分析当年各种媒体的广告经营状况。1991年还出现了对广告媒介十年来发展进行总结的文章《广播广告十年探索》(许鸿克,1991)①,这篇文章以广州人民广播电台为例,总结了其十年实践中较为广泛的广告形式。1993年被称为"中国广告年",所以1994年对前一年的总结较多。1999年以后,总结类文章增多,学者开始注重对广告业发展的回顾与展望。

六、从"媒介策略研究"的角度分析

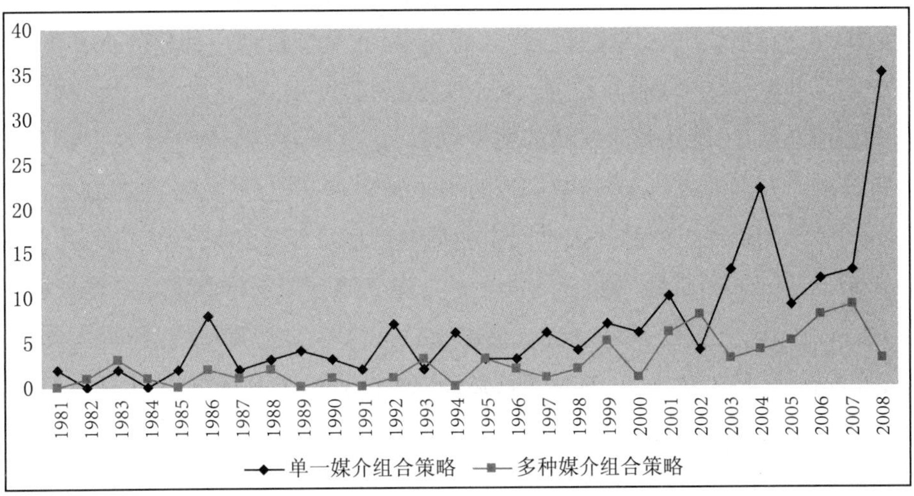

图 6.6　媒介组合策略年份分布

这里的"媒介策略",是指"媒介组合策略"。这一时期,在所有文章中共有265篇涉及媒介组合策略,占文章总数的32.8%,比例较高。其中,190篇文章涉及单一媒介策略,占71.7%;75篇涉及多种媒介组合策略,占28.3%。可以看出,研究媒介组合策略的文章数量总体呈上升趋势,尤其是上世纪90年代以后,上升趋势较为明显。研究多种媒介组合策略的文章数量在1996年后稳步上升。

显然,对国内的学界和业界来说,对媒介组合策略的理解经历了一个过程。

1.上世纪80年代的引入期

这一阶段,媒介组合策略刚刚引入我国,无论是理论层面还是操作层面都是有待开发的研究领域。《略谈国际广告》(章光华,1982)②介绍了国际广告的

① 许鸿克:《广播广告十年探索》,《中国广告》1991年第3期,第29-30页。
② 章光华:《略谈国际广告》,《中国广告》1982年第2期,第49、36页。

发展对我国广告业的借鉴意义，其中特别提到媒介组合策略，是较早将国外的媒介组合策略介绍到中国的文章。《广告媒介选择综合谈》（梅汝和、陈信康，1988）①较为系统地阐述了媒介经营目标与媒体选择、目标市场与媒体选择、营销环境与媒体选择等问题，可视为这一时期理论水平较高、较有代表性的一篇文章。但总体而言，这一时期的研究理论水平较低，鲜有深层次的研究。

2.上世纪 90 年代的成长期

从图 6.6 可以看出，上世纪 90 年代以来，涉及媒介组合策略的文章明显增多。从文章内容上看，理论层面上不再限于概念介绍、理念探讨，而是针对不同的媒体和产品细化研究领域进行深入研究，因此对学科理论构建的贡献更大。尤为明显的是，这一时期开始进入操作层面的研究，并细化具体的执行策略。与此相适应的是，研究成功案例的文章增多，这也从另一个侧面反映出媒介组合策略的研究渐趋成熟。《有效广告的媒体研究》（高丕烈，1992）②在以往理论的基础上详细论述了产品处于不同生命周期的媒介组合策略；《广告的几个话题》（叶茂中，1996）提出"整个广告运动中，媒介的计划安排其实是一件极科学极理性的工作。电视、报纸、电台、杂志、路牌、POP、DM 等，各有各的优势、劣势，各有各的'势力范围'。从视、听、触诸感觉器官的作用出发，拉开全方位、力道恰到好处的广告进攻战"③。

3.21 世纪以来的成熟期

2002 年，《中国广告》刊登了一组有关媒体投放策略的文章，分别选取了移动通信、日用品、汽车等不同行业的企业，对其在不同媒体的广告投放策略进行研究。

对于新兴广告载体的媒介策略研究也开始出现，例如对公交媒体广告组合投放策略进行具体分析的《五大元素，组合有效公交车身广告》（徐轩，2005）④，对具体行业的媒介投放策略进行分析的《中国航空的广告花费与媒体投放倾向分析》（尼尔森媒介研究，2006）⑤。

随着网络的兴盛，受众日益碎片化，学者们也开始关注网络媒体对于原有媒体策略思想的冲击，《小众传播时代广告战略的选择》（舒咏平，2002）认为，

---

① 梅汝和、陈信康：《广告媒介选择综合谈》，《中国广告》1988 年第 1 期，第 5-8 页。

② 高丕烈：《有效广告的媒体研究》，《新闻学》1992 年第 3 期，第 76-77 页。

③ 叶茂中、顾小君：《广告的几个话题》，《中国广告》1996 年第 1 期，第 30 页。

④ 徐轩：《五大元素，组合有效公交车身广告》，《中国广告》2005 年第 11 期，第 197-199 页。

⑤ 尼尔森媒介研究：《中国航空的广告花费与媒体投放倾向分析》，《中国广告》2006 年 11 期，第 73 页。

为了迎合已然分化的各种“小众”,精细地组合广告媒体与广告信息是业界的必然选择。①

七、从“媒介经营研究”的角度分析

这里的媒介经营研究主要指对媒介盈利模式的研究,我们将其分为传统盈利模式和其他盈利模式。其中传统盈利模式主要包括出售内容产品、出售广告资源以及先出售内容产品再出售广告资源。涉及其他的经营研究则归为其他盈利模式。

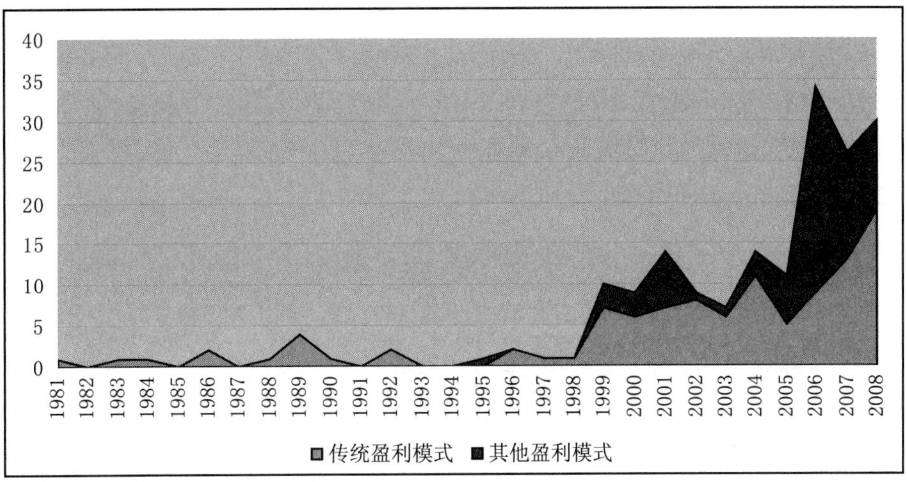

图 6.7　媒介经营研究年份分布

统计分析发现,有 108 篇文章涉及传统盈利模式研究,占总数的 13. 4%,有 74 篇文章涉及其他盈利模式研究,占总数的 9. 2%,两者总共占 22. 6%,比例较低。从图 6.7 中可以看出,对媒介盈利模式的研究一直很少,文章散见于各个年份,直到 1997 年以后,这方面的文章数量才有所增加。对于媒介经营其他盈利模式的研究,直到 1995 年才开始涉及,且文章较少。2006 年之后,两方面的研究都有了较明显的增加。

尽管研究媒介经营的文章较少,却标志着媒体正经历着体制变革,开始注重经营与管理。

① 舒咏平:《小众传播时代广告战略的选择》,《现代传播》2002 年第 1 期,第 91 页。

1.上世纪80年代——媒介经营研究初见端倪,研究处于论证阶段

改革开放之后,媒体不再单纯依靠国家财政支持和补贴,而是作为国民经济的特殊行业逐步走上了独立经营的轨道。其中一些媒体率先走向市场,主动参与市场竞争,探索自主经营的道路。这一时期开始出现一些研究媒介经营的文章,《广告与上海新闻媒介》[①](祝建华、左贞,1986)论述了上世纪80年代上海媒介开展广告经营的发展历程,可以视为这一时期媒介广告经营的一个缩影,具有较高的史料参考价值。这些文章大多从现实层面论证了媒介自主经营的种种优势,为处于探索期的我国广告媒介提供了经营的范本。

值得注意的是,也有一些文章认为媒介经营业务扩展过度,如《试论我国广告业发展的合理趋向》(唐忠朴,1987),其中特别提到:"媒体自己直接争取客户并过度扩展广告业务的结果,一方面使广告公司为客户所进行广告策划遇到困难,媒体计划往往落空;另一方面,媒体本身由于广告作业超负荷,必然导致粗制滥造。"[②]这些批判反映了我国媒介产业化过程中的思想交锋,表明研究者开始思考媒介经营所带来的负面影响。

2.上世纪90年代——广告经营成既定原则,经营策略渐趋多元化

这一时期,广告经营已经成为媒介生存的支柱。到上世纪90年代中期,我国广告经营额中,媒介方与专业广告公司的经营份额比例由8∶2下降至6∶4,显然,这种变化意味着仅靠掌握有限的渠道和一定的版面或时段,继续沿用过去的媒介盈利模式开展经营将会限于困顿之中。相应地,在1995年以后,学界陆续出现了一些研究媒介盈利模式的其他文章。《从广告份额的变化探析电视媒体的经营之道》(陈桂兰、张平,1999)[③]以对1990—1997年电视广告经营额的考察为逻辑起点,分析了电视广告份额被分割的原因,解释在激烈的传媒竞争中,电视媒体必须进行经营创新方能立于不败之地的逻辑规律。但这一时期的研究仍然侧重于对媒介广告经营份额降低原因进行分析,但对于究竟如何转变、如何探索新的经营模式并不明确。

3.进入21世纪——媒介经营提上研究日程

在承认广告仍是最主要财源的同时,学者们越来越多地将目光投向广告之

---

① 祝建华、左贞:《广告与上海新闻媒介》,《新闻大学》1986年第11期,第35页。

② 唐忠朴:《试论我国广告业发展的合理趋向》,《中国广告》1987年第2期,第4-6页。

③ 陈桂兰、章平:《从广告份额的变化探析电视媒体的经营之道》,《新闻学》1999年第3期,第113-115页。

外的盈利方式。例如,《报业跨区域扩张将成为趋势》(徐春华,2003)①中提到,报业经过几年的同城竞争,资源利用率已接近饱和,需要开发新的收益渠道和盈利点。《论改革开放以来中国广电业的十大转型》(邢建毅,2006)②认为,我国广电业正在由单一广告经营向以广告为主的多种盈利模式转型,有线电视维护费成为广电业的重要收入来源。同时付费电视、有线电视网络的各类增值服务以及内容产品开发、实业开发和资本运营等都成为了广电业的收入来源。

对网络媒体和其他新媒体盈利模式的研究也出现了一个小高潮,大多数文章认为广告仍会是盈利方式之一,新的盈利模式需要靠实践来进一步明晰。《观察与思考:中国广告观——中国广告产业定位与发展趋势之探讨》(丁俊杰、黄河,2007年)③认为,虽然新媒体的成长和前景受人追捧,盈利问题却一直困扰着人们。新媒体的增值业务在短时期难以形成顺畅的价值链,而基于这些增值业务上的各种广告业务却有十分清晰的"二次销售"模式,也得到了广告主与受众的普遍认可。因此,广告在一定时期内仍然会是新媒体的核心盈利模式。《以PC为终端的IPTV产业价值链分析》(陈斯华,2006)④对IPTV的盈利模式进行了初步研究,认为其和传统电视的单一盈利模式不同,表现为多点盈利,广告只是其中之一。

八、从"媒介产业经营研究"的角度分析

本研究中的媒介产业经营是指上世纪90年代中后期中国传媒业所经历的集团化、产业化历程。

从图6.8可以看出,1994年以后才开始出现涉及媒介集团化和产业化的研究文章,且数量不多,集团化在2002年达到一个研究高点,产业化则是2005年以后的研究热点,与当时的媒介产业政策导向和改革紧密相关。

上世纪90年代中后期是媒介产业化、集团化研究的发端期。《报业集团初露端倪》(闵大洪,1994)⑤指出"我国报业经过十多年的飞速发展,正在跃上一个新台阶。近来,'报业集团'一词已频频见诸报端,它正成为办报人雄心勃勃

① 徐春华:《报业跨区域扩张将成为趋势》,《国际广告》2003年第7期,第91页。
② 邢建毅:《论改革开放以来中国广电业的十大转型》,《现代传播》2006年第3期,第40页。
③ 丁俊杰、黄河:《观察与思考:中国广告观——中国广告产业定位与发展趋势之探讨》,《现代传播》2007年第4期,第78页。
④ 陈斯华:《以PC为终端的IPTV产业价值链分析》,《现代传播》2006年第2期,第121页。
⑤ 闵大洪:《报团报系 初露端倪——中国报业发展趋势透视》,《新闻记者》1994年第8期,第3页。

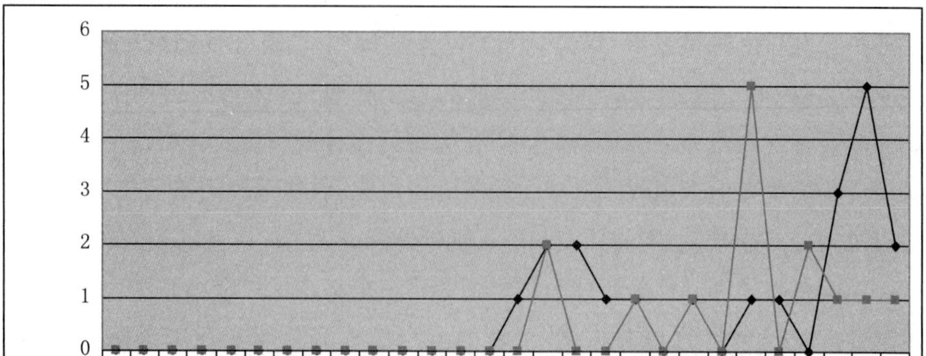

	1981	1982	1983	1984	1985	1986	1987	1988	1989	1990	1991	1992	1993	1994	1995	1996	1997	1998	1999	2000	2001	2002	2003	2004	2005	2006	2007	2008
产业化	0	0	0	0	0	0	0	0	0	0	0	0	0	0	1	2	2	1	1	0	1	0	1	1	0	3	5	2
集团化	0	0	0	0	0	0	0	0	0	0	0	0	0	0	0	2	0	0	1	0	1	0	5	0	2	1	1	1

图 6.8　媒介产业经营年份分布

的目标”。该文较早地提到了报业集团化,并预见其将成为实践领域中的焦点。但该文仅仅止于提出一个现象,并没有进行深入探讨。之后,黄升民、丁俊杰对媒介产业化的研究趋于深入和系统。伴随着媒介产业自身市场化发展的逻辑,媒介产业化研究逐渐成为热点,到 20 世纪末,媒介产业化已经成为政府至民间的共识,黄升民的《危机与希望——’99 媒介与广告市场述评》[①]探讨了媒介产业经营的问题,认为集团化、产业化已然成为必然趋势。

2003 年以后,报业集团化和产业化进入发展期,传媒管理层高层人士对传媒集团的出现做了满怀信心的预期,时任中宣部副部长徐光春在 2003 年 9 月 24 日的中日韩媒体合作研讨会上提出,“中国传媒业进入了最好的发展时期”。此后,媒介产业经营成为业界和学界的关注焦点。不过近年来,相关研究又开始降温。

九、从“媒介生态研究”的角度分析

所谓媒介生态,是指大众传播机构生存和发展的环境,它主要由政策法规、经济环境、文化环境、行业生态(竞争环境)、技术环境构成。其中政策法规对媒介生态有举足轻重的影响。

统计分析发现,涉及媒介生态环境的文章相对较多,其中研究行业生态(竞争环境)的文章较为集中,为 245 篇(占 30.3%)。不排除同时涉及多方面媒介

① 黄升民:《危机与希望——’99 媒介与广告市场述评》,《现代传播》1999 年第 4 期,第 27 页。

生态内容的文章,统计结果显示:涉及技术环境的 91 篇(占 11. 3%),涉及政策法规的 63 篇(占 7. 8%),涉及经济环境的 53 篇(占 6. 6%),涉及文化环境的 37 篇(占 4. 6%)。从纵向来看,媒介生态研究整体上呈波状分布,比较均衡。其中研究行业生态的文章数量在 1998 年后大幅增长,表明研究者的系统性意识在加强。另外,政策法规研究在 1998 年后也增长明显,这与当时中国媒介发展出现集团化、产业化的趋势并出台了一些新的政策法规有关(见图 6.9)。

	1981	1982	1983	1984	1985	1986	1987	1988	1989	1990	1991	1992	1993	1994	1995	1996	1997	1998	1999	2000	2001	2002	2003	2004	2005	2006	2007	2008
政策法规	1	1	0	0	0	3	1	0	1	1	2	1	1	1	0	1	2	1	3	0	0	2	5	8	7	12	4	5
经济环境	1	4	0	1	0	1	2	0	1	0	0	1	0	1	1	1	0	0	0	0	3	3	2	5	8	10	4	4
文化环境	2	3	1	0	0	1	1	0	0	0	1	1	1	1	1	1	0	1	1	0	1	3	0	4	3	2	1	7
行业生态	1	0	1	0	0	2	1	0	3	1	2	3	4	2	4	4	6	2	11	2	9	10	21	30	24	41	17	44
技术环境	1	8	7	0	1	5	0	3	3	4	0	2	1	1	5	2	1	3	1	1	0	2	3	2	2	4	14	15

图 6.9　媒介生态研究年份分布

十、从"研究视角"的角度分析

1.功能视角:批判研究

批判研究源于法兰克福批判学派,"其目的并不是为了解决现实的社会问题,而是为了研究现代社会的一般趋势以及人的基本价值"①,批判研究往往采用思辨的方法,站在批判的立场上探讨现实中存在的问题以及人被剥夺的基本价值。

由图 6.10 可以看出,涉及批判研究的文章共有 134 篇,占文章总数的 16. 6%,比例较低。从时间走向上看,批判性研究文章数量总体呈上升趋势;特别是 1996 年以后,增加较为明显。

上世纪 80 年代,批判性研究较少,这是因为在广告业发展的初期,人们最

① 郭庆光:《传播学教程》,中国人民大学出版社 1999 年版,第 271 页。

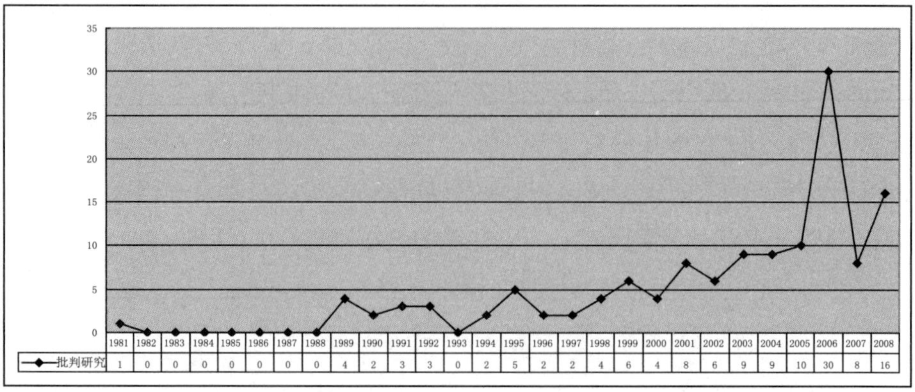

图 6.10　批判研究年份分布

关注的是广告学基本原理应用的扩散。这一时期,我国先后翻译了一些日本、美国方面的研究著述,偏重于广告概论的普及性研究,学科建设处于起步阶段。

90 年代,我国广告学研究逐步向系统和精深方向发展,学者专家们编写了不少专著、教材,学术水平不断提高。与此同时,一些批判性的研究文章开始出现,深刻剖析广告发展过程中存在的各种问题及社会影响。《电视广告:繁荣与危机——从社会传播和大众文化的角度看电视广告》(俞振伟,1990)指出:"西方处于'广告繁荣期'的顶峰,正要严肃认真批评广告并要求限制广告的阶段;我国则处在刚刚走进'广告繁荣期',正要大力发展广告的阶段。这两个阶段虽然很不相同,但上述西方学者的深刻论述却应当引起我们的警觉。即如何避免西方式的广告危机已成为关系到中国广告业能否健康发展且具备中国特色的一个重要问题。"①该文预见了广告批判研究的重要性,并呼唤理性引导广告的发展。《关于纸老虎的神话——论传媒的巫术特性》(田兆元,1995)论述了传媒巫术特性背后的传媒控制力量,指出:"个体应该拒绝使用强买的权力,是传媒社会批判和舆论监督之路。"②总的来看,这一时期,批判研究的文章仍属于凤毛麟角,广告研究仍偏重于广告实务的应用理论,尚未形成一个完整的学科体系。

进入 21 世纪以后,广告媒介研究的批判性文章日益增多,研究者们不再停留在对媒介本体的思考,转而反思隐藏在媒介背后的各种力量;不再为就批判

① 俞振伟:《电视广告:繁荣与危机——从社会传播和大众文化的角度看电视广告》,《新闻大学》1990 年 3 月,第 65-70 页。

② 田兆元:《关于纸老虎的神话——论传媒的巫术特性》,《现代传播》1995 年第 4 期,第 31 页。

而批判,而是更进一步,提出建设性意见。如《2003:电视媒介的变动与突破》(黄升民、赵子忠,2003)①不再盲目乐观于电视媒介自身的优势,而是将其置于媒介大环境中,思考在各种力量博弈中,媒介面临的发展困境和应用的突破之策。

2.学科视角:交叉学科或非交叉学科

广告学的多向性、综合性与交叉性学科特性,使得它不断与社会学、经济学、美学、心理学、市场学、管理学、统计学、传播学、公共关系学等学科发生交融,现代广告学内涵不断扩大和延伸。

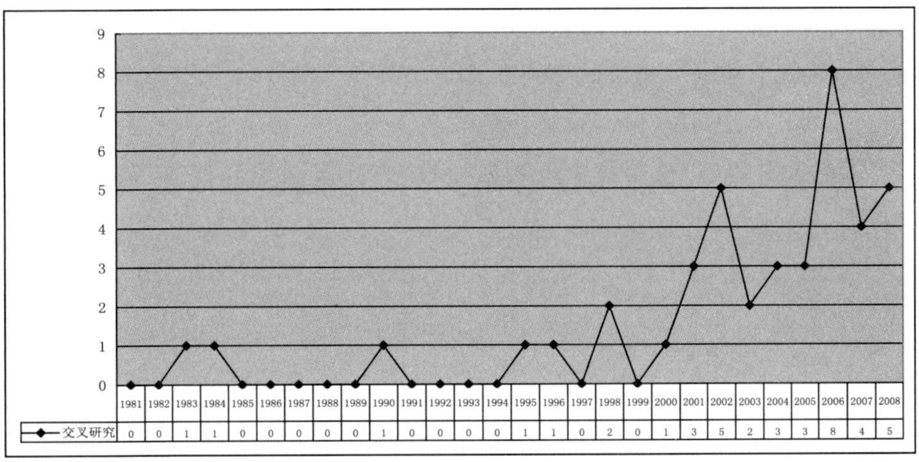

图 6.11　交叉学科研究年份分布

由图 6.11 可以看出,只有 41 篇文章涉及交叉学科研究,占总数的 5. 1%,比例相当低;上世纪 90 年代出现了几篇交叉学科研究的文章,21 世纪以来增长趋势渐趋明显。

显然,上世纪八十至九十年代的广告学研究并没有表现出较强的交叉性,这与广告学科建设尚处起步阶段、体系尚待理顺和完善有关。偶尔出现的几篇也仅是探索性的研究,并没有成熟的研究理念和研究方法。进入 21 世纪,广告学研究的交叉性、多向性日益显现,如《户外广告的美学特征》(肖邦华,2005)②将美学引入了广告学研究。

总体来说,在 1981—2008 年的近三十年间,中国广告媒介研究从无到有,

① 黄升民、赵子忠:《2003:电视媒介的变动与突破》,《国际广告》2003 年 6 期,总 138 期,第 101 页。

② 肖邦华:《户外广告的美学特征》,《国际广告》副刊《中国户外广告》2005 年第 4 期,第 14 页。

数量由少及多,思考由表及里,方法由随意到科学,理念由推广到批判,视角由单一到多元。在5W中,媒介的发展受技术革命的影响最直接、反应也最迅速,所以广告媒介的发展也是最显性的,相应地造成了广告媒介研究在我国广告学术研究中成为成长速度较快、程度较深的一个领域。

十一、我国广告媒介研究的局限

在这近三十年的发展中,中国广告媒介的研究还存在诸多的不足:一是整体研究水平提高缓慢,1999年之前的广告媒体研究总体来说是零散、表层和匮乏的;二是研究以追踪性的描述为主,多为对现状的分析总结,对于热点问题喜欢一哄而上、扎堆研究,缺乏前瞻性的理论引导,多数研究对媒介发展的贡献不大;三是研究方法简单,论证深度不够,学科范畴单一,研究结论缺乏突破性;四是研究的选题陈旧,总是集中于媒体特性、媒介策略等范畴,鲜有视角创新之作。

这些不足表明,中国广告媒介研究尚未结构出一个科学的学术研究框架,呈现出随意性和不均衡性。但是,和中国广告业的发展一样,中国广告媒介研究正逐步进入一个多元、自觉的发展阶段。

〔本章作者:王　菲(中国人民大学)〕

第七章　广告讯息战略与创意研究

广告是一个传播过程,这个过程的核心就是“说什么”和“怎么说”,前者涉及讯息战略,后者涉及广告表现。广告讯息战略即制订广告主题的战略,它在广告的整个运作过程中处于统帅和主导地位,是广告的核心与灵魂。广告创意则是表现广告主题的构思,是在科学的基础上,通过艺术思维,组合、升华出的广告主题表现形式。

对于已有广告学研究成果的研究,学界已经做了一定的工作,并产生了不少成果。但是,有关广告讯息战略与创意方面的研究,尚未有系统的学术史方面的研究成果。因此,本章旨在对此进行探索性研究。

第一节　研究背景与研究设计

本章选取了《中国广告》《现代广告》《国际广告》《广告大观》和《广告导报》5种广告专业杂志作为研究样本,通过对这5种杂志从创刊到2009年近三十年的文章进行统计和分析,观照我国广告学在讯息战略和创意方面的研究样貌。

一、文献综述

对已有研究成果的再研究,其意义和价值已被越来越多的业内人士和学者所认识,他们还进行了一些有益的实践。

于静的硕士论文《中国广告学术发展研究——1989—2003年广告期刊、论文统计分析》从情报学的角度对我国广告期刊发表的论文进行统计和研究,描述了我国的广告学术发展状况,指出了发展中的不足和应对策略。该论文以维普库作为资料来源依据,收集各类期刊中有关广告学的文章进行数量上的描述和研究,并通过分析期刊的风格和特色得出结论。

谭宇菲的硕士学位论文《从广告专业期刊看改革开放以来中国广告观念之流变——以〈中国广告〉为例》,通过对《中国广告》1984—2006 年的文章进行统计分析,对我国自改革开放以来广告观念的流变进行了梳理。这篇文章主要从栏目设置的角度,通过内容分析法而得出结论。该论文的不足之处在于,改革开放的 1979 年距文章开始研究的 1984 年时间间隔较长,研究结果不能完整地反映改革开放初期我国广告观念的情况。

中国传媒大学丁俊杰、初广志、李杉合著的《新闻传播期刊中广告学术成果再研究》通过对新闻发表体系下的广告论文的研究,对三十年来的广告研究进行了全面的梳理和总结,提出了广告论文发表的三个历史性阶段假设,并探讨了每个历史阶段的广告论文的主题性驱动力,为推动广告学术研究进程提供了切实的反思和规范。中国传媒大学杨柳的《我国广告学研究在新闻传播领域中的发展轨迹——基于中国人民大学复印报刊资料〈新闻与传播〉的统计和考察》一文,以定量研究和历史研究为主,对本章来说具有重要的借鉴意义。

目前,关于广告讯息战略与创意的研究成果众多,但是对这些研究成果进行再研究,以更系统全面地考察我国广告学在广告创意与讯息战略方面发展的研究还有待补充。本章通过对现有文献的学习与分析,在广泛吸收和借鉴前人研究方法和研究成果的基础上,采用历史研究的角度,通过定量分析和定性分析相结合的方法,对广告讯息战略与创意的研究成果进行再分析研究。从了解到的已有研究成果来看,本章在研究角度、研究选题和研究方法的结合等方面具有一定的拓展与创新。

二、研究设计

根据中国传媒大学丁俊杰、初广志、李杉合著的《新闻传播期刊中广告学术成果再研究》中的分类,可以将发表广告学文章的期刊分为以下 4 个群组:广告行业杂志群组、广告学术专业期刊群组、新闻传播类学术期刊群组和中文社科综合类学术期刊群组。本章选择了第一个群组中 5 种在广告行业内部具有代表性的杂志:《中国广告》《现代广告》《国际广告》《广告大观》和《广告导报》。这样的选择主要基于以下考虑:

首先,广告学术专业期刊虽然是以广告学术为研究主体的专业期刊,但是其创刊时间较晚,大多集中在2005年和2006年前后,因此无法展现从改革开放以来的轨迹;而新闻传播类学术期刊和中文社科综合类学术期刊上的广告学论文则数量少,不足以满足本研究所需。广告行业能同时满足创刊早、年限长、数量多的特点,适用于本次研究。

其次,之所以选择期刊论文作为统计对象,是因为期刊具有内容新颖、时效性强的特点,最能反映各时期广告研究的发展和研究重点,同时其数量的多少还可以表明各主题研究规模的大小。

最后,本章选择了广告业杂志中最具代表性的5种,在这5种上发表的文章能够很好地反映中国广告业的发展状况,在业界和学界都是具有权威性的刊物。其中《中国广告》《现代广告》《广告大观》和《广告导报》都为核心期刊。《中国广告》是我国第一份本广告行业杂志,在改革开放以后"为广告正名"的初期,《中国广告》上刊登了一批颇有分量的广告理论文章,为中国广告的发展打下了坚实基础。因此,它可以完整地反映中国广告的发展历程;《现代广告》是国家新闻出版总署"中国期刊方阵"中唯一的广告行业期刊,该杂志的高品质、专业性和权威性同样不容置疑。《国际广告》《广告大观》和《广告导报》则均由各级广告协会和广告主管部门主办,依托广告公司或设有广告学专业的高校的智力资源,如中国传媒大学广告学院、上海师范大学传播学院、厦门大学新闻学院等,这些国内顶尖的学术研究基地和一些业界卓越的广告人是这些杂志质量和水平的重要保证。所以,从权威性、完整性、代表性的角度来看,这5种杂志是能够满足本次研究要求的最好选择。

因此,本研究收集了《中国广告》《现代广告》《国际广告》《广告大观》和《广告导报》自创刊以来发表的所有文章,以此作为研究统计的依据,再从中筛选出有关广告讯息战略与创意的所有文章进行分析和解读。本章主要从历时研究的视角,以定量和定性相结合的方法开展研究。

我们收录了5种杂志创刊以来刊登的文章共33240① 篇,具体数量及其在各年份的分布情况如表7.1:

---

① 分为"上、下"两部分分期刊登的文章算作一篇。

表 7.1　5 种杂志创刊以来文章数量及分布

年份＼刊名	《中国广告》	《国际广告》	《现代广告》	《广告大观》	《广告导报》
1981	17				
1982	30				
1983	50				
1984	34				
1985	42	9			
1986	41	24			
1987	43	21			
1988	56	25			
1989	60	19			
1990	52	18			
1991	72	72			
1992	52	52			
1993	47	47			
1994	113	31	32		
1995	120	32	43		
1996	119	63	42	557	
1997	182	59	55	563	
1998	165	92	51	567	
1999	173	82	149	558	65
2000	196	111	107	316	146
2001	353	143	424	347	163
2002	381	289	336	332	340
2003	558	462	559	388	792
2004	758	676	558	673	914
2005	864	688	573	707	698
2006	680	988	680	757	806
2007	681	959	801	731	523
2008	703	720	776	804	814
2009	738	764	414	768	696
总计	7380	6373	5600	8068	5957
总计:33240					

注:创刊时间——《中国广告》1981 年,《国际广告》1985 年,《现代广告》1994 年,《广告大观》1996 年,《广告导报》1999 年。

对于表中所列数据有两点需要说明：(1)杂志本身出版情况变化，如杂志的不定期发行，有半年刊、季刊、双月刊、月刊等形式变化(如表7.2)，造成某些节点年份文章数量变化明显(如表7.2)，同时杂志自身在某一年份的调整也导致文章数量有显著变化；(2)在资料收集过程中，早期杂志的文章收集较为困难，难以百分之百地全部收录，因此数据上存在一定的不准确性。但是我们已经尽可能地收集了所有可见的文章，缺失量较小，这部分因素对整体研究的影响较为微小，不影响整个研究结果。

表7.2　5种杂志出版情况

<table>
<tr><th>刊名
年份</th><th>《中国广告》</th><th>《国际广告》</th><th>《现代广告》</th><th>《广告大观》</th><th>《广告导报》</th></tr>
<tr><td>1981—1983</td><td>不定期出版</td><td rowspan="2">无</td><td rowspan="6">双月刊</td><td rowspan="8">月刊</td><td rowspan="8">月刊</td></tr>
<tr><td>1984</td><td rowspan="5">季刊</td></tr>
<tr><td>1985</td><td>半年刊</td></tr>
<tr><td>1986—1992</td><td>季刊</td></tr>
<tr><td>1993—1995</td><td>双月刊</td></tr>
<tr><td>1996</td><td rowspan="3">月刊</td></tr>
<tr><td>1997—2000</td><td>双月刊</td><td rowspan="2">月刊</td></tr>
<tr><td>2001—2009</td><td>月刊</td></tr>
</table>

经筛选，得到涉及广告讯息战略与创意这一主题的文章共806篇①，占总文章量的2.4%，具体数量及各年份分布情况如表7.3。

表7.3　涉及广告讯息战略与创意主题的文章历年数量分布

刊名 / 年份	《中国广告》	《国际广告》	《现代广告》	《广告大观》	《广告导报》
1981	0				
1982	8				
1983	3				
1984	3				
1985	0	1			
1986	0	3			
1987	1	1			
1988	5	2			

① 分为“上、下”两部分分期刊登的文章算作一篇。

续表

年份＼刊名	《中国广告》	《国际广告》	《现代广告》	《广告大观》	《广告导报》
1989	1	3			
1990	1	2			
1991	4	4			
1992	2	4			
1993	1	4			
1994	1	1	1		
1995	8	4	8		
1996	12	1	2	35	
1997	4	0	3	10	
1998	8	0	2	5	
1999	13	0	14	12	12
2000	7	1	8	11	6
2001	90	1	6	25	7
2002	1	6	4	16	14
2003	6	9	3	2	40
2004	13	13	2	14	26
2005	28	8	6	26	10
2006	13	5	12	11	9
2007	10	11	12	13	5
2008	13	5	8	16	7
2009	20	3	7	4	4
总计	276	92	98	200	140
总计:806					

第二节　广告讯息战略与创意研究成果的内容分析

一、广告讯息战略与创意的研究阶段与规模——基于文章数量的分析

1. 全部文章数量分析

从总体情况来看,1981—2009 年间,5 种杂志的历年文章数量整体呈先升

后降的状态(如图7.1),其发展态势大致可以分为三个阶段:

改革开放初期的上世纪80年代到90年代初的10年是第一阶段,结合本次研究可以具体到1981—1993年。该阶段,广告文章数量增长极为缓慢,总体显现出平稳微增的特点,虽然速率较低,但一直没有停止进步。这一阶段对应着我国广告学理论的起步期,对广告学的研究是从对外来理论的导入和直接借鉴到逐渐开始探索适合我国自身实际情况的广告学理论。在这十几年中,我国的广告业从单纯的学习和模仿,发展为建立了自己的广告学理论体系,许多高校的广告学专业正是在这一时期开始建立的,同时在广告学理论研究方面较有影响的一批著作也在这一时期大量出版。①

90年代初到新千年的10年为第二阶段,这10年中,广告文章数量的增长逐渐启动并开始加速攀升,较前一阶段有了显著的增长,是为第三阶段的迅猛增长所进行的预热。这一阶段的广告学理论研究呈现出更加系统和多元化的特点,正是这种系统性建立和多元化发展促进了期刊中的广告文章数量的大幅增加。

进入21世纪的这10年作为整体中的第三阶段,是发展最为强劲、变化最为显著的新时期。这一阶段的前半期,即2000—2004年的5年间,广告文章数量急速增长,呈跨越式发展状态,到2004年出现拐点,2004年之后文章数量整体开始出现明显的下降。

上海大学许正林教授在对我国广告学术进行分期时提出,1978—1987年是我国商业广告观念建立的初期,1988—1992年是系统广告理论的构建期。他将1993—2004年称为广告学研究的诠释期,将2005年以后的阶段称为冰火期。②以此为观照,5种期刊中文章数量的变化态势恰好可以很好地与我国的广告学发展状况相对应。由此可见,本次研究的5种期刊的文章数量变化情况,从一定角度上能够较好地反映我国广告学术理论的发展情况。

2.以广告讯息战略与创意为主题的文章数量分析

通过对所有文章就主题内容进行筛选,得到有关广告讯息战略与创意方面的文章共806篇,占到总文章数量的2.4%。具体各杂志文章数量分布情况如表7.4:

---

① 马蕊整编:《中国广告研究三十年——2008年全国广告学术研讨会观点综述》,《中国广告》2009年第1期。

② 马蕊整编:《中国广告研究三十年——2008年全国广告学术研讨会观点综述》,《中国广告》2009年第1期。

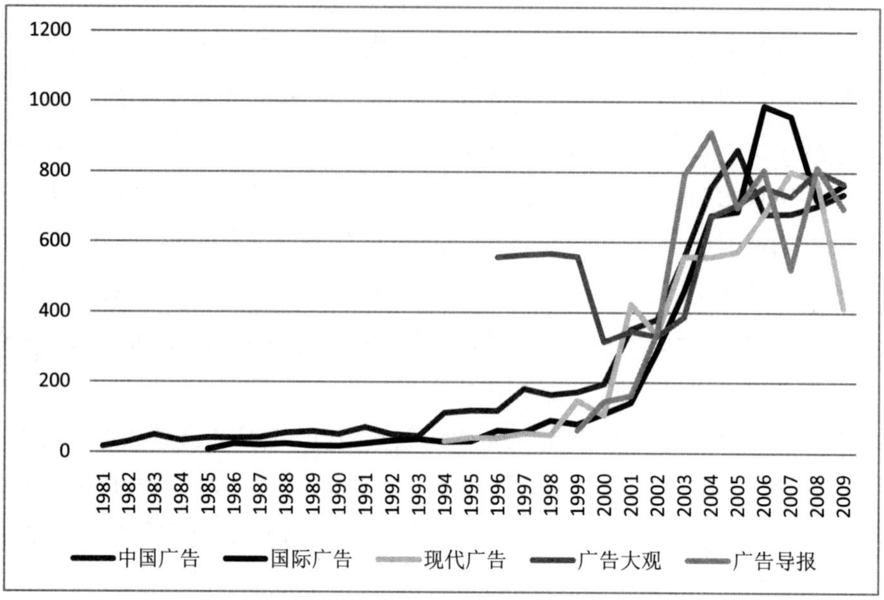

图 7.1　5 种杂志历年文章数量变化趋势

表 7.4　5 种杂志文章总数及筛选文章数量

刊名	创刊时间	截至 2009 年文章总数	讯息战略方面文章数	占总体百分比
《中国广告》	1981	7380	277	3.8%
《国际广告》	1985	6373	92	1.4%
《现代广告》	1994	5600	98	1.8%
《广告大观》	1996	8068	200	2.5%
《广告导报》	1999	5957	140	2.4%

受自身不同风格定位和侧重点的影响,各刊物对广告讯息战略与创意的关注度高低各有不同:《中国广告》上,关于广告讯息战略与创意探讨的文章占到 3.7%,为 5 种杂志中的最高;《国际广告》的关注度最低,仅为 1.4%。但就总体而言,显然可以看出, 30 年来广告专业期刊对于广告讯息战略这一部分给予的关注一直不多,这一状况与广告讯息战略与创意这一内容本身在广告学理论体系中所占的比重有显著的差距,因此我国广告学研究对这一部分内容的重视和努力还有待加强。

从绝对总量上来讲,有关广告讯息战略与创意方面的文章数量总体上在逐年增多(如图 7.2)。30 年间,随着广告专业刊物数量的增加,文章总数自然不断增长,总量的增加也使得广告讯息战略与创意方面的文章的绝对数量较前期有了明显增多。广告讯息战略与创意主题的文章数量变化趋势与文章总数变化趋势情况一致,同样呈现出前面所分析的三个阶段的特征。

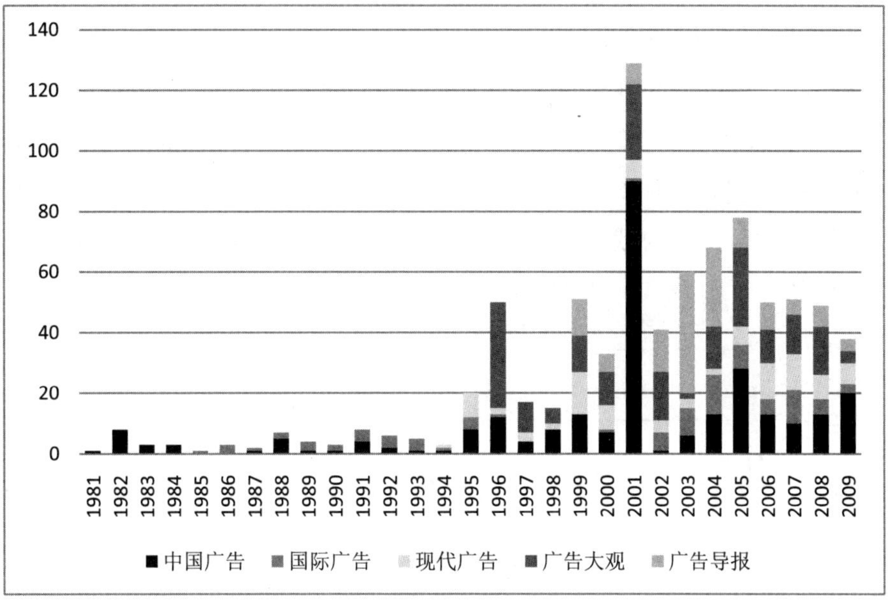

图 7.2　5 种杂志广告讯息战略与创意主题的文章历年数量变化

在这其中,1996 年和 2001 年关于广告讯息战略与创意方面的文章数量形成了突出的两个峰值。《广告大观》1996 年创刊,广告讯息战略与创意方面的文章总量大幅提升的原因不仅在于它的加入,而主要在于该刊物在创刊首年便注重对广告理论的介绍和探究,尤其结合了当时我国广告事业进入快速发展时期,但我国广告理论水平还远远不能适应这一迅猛发展需要的大环境。这一时期,广告迅速打响知名度、拉动销售的极大"魔力",吸引着企业主们越来越多地参与到广告活动中来。企业主已经有了明确、强烈的广告意识,知道应该甚至必须做广告,但是对于如何做广告、应当做什么样的广告却不甚了解。《广告大观》创刊的这一年, 花了较多的笔墨对广告讯息战略与创意进行研究,试图对当时广告整体水平杂乱而低下的状态起到规范和引导作用。

2001 年的峰值主要是由《中国广告》引发的。这一年,有关广告讯息战略与创意的文章仅《中国广告》一家就有 90 篇,平均每月都会刊登 8 篇左右广告讯息战略与创意主题的文章。2001 年 1 月 1 日,国家开始执行《企业所得税税前扣除办法》,国家税务局在该办法中规定:企业每一纳税年度可扣除的广告费用支出限制在销售营业收入的 2%以内,超过部分可以无限期向以后纳税年度结转;对于某些特殊产业,或者企业创办初期,经过国家税务局审批,在一定期间内可以适当放宽广告宣传费用的扣除比例。这一事件引起了广告界的激烈讨论和反应。企业主广告预算费用的缩减使得广告公司必须以质量更高、效果更好的广告来应对广告主的广告投放要求。在这样的情形下,广告界对广告讯息战略与创意的关注迅速提高,纷纷着力探讨如何通过有限的广告预算来传递更好的广告讯息。这一事件的影响与《中国广告》杂志对广告讯息战略与创意的关注与研究急剧增加不无关系。

虽然有关广告讯息战略与创意方面的文章总量在逐年增加,但是其在总文章数量中所占的比重却呈现波动下降状态(如图 7.3)。

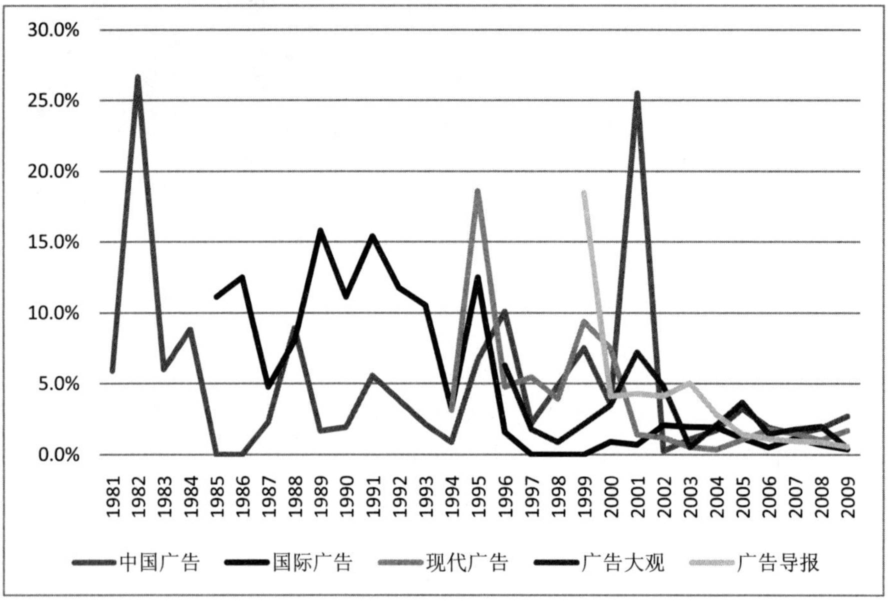

图 7.3　5 种杂志广告讯息战略与创意主题文章占总文章数百分比

可见,随着我国广告学理论的发展,广告讯息战略与创意这一内容所受到的重视在日渐降低。对这一研究内容关注度最高的 6 个峰值分别出现在 1982 年,26. 7%;1989 年,15. 8%;1991 年,15. 4%;1995 年,18. 6%;1999 年,18. 5%和 2001 年,25. 5%。这些峰值都出现在各杂志在创刊初期,而专业杂志在创刊初期往往比较注重介绍和探讨一些基础理论。这 5 种广告专业期刊对于广告创意与讯息战略的关注和研究呈现出明显的阶段性波动特点,从这些初期创刊的峰值之后,基本上每隔两到三年对这一主题的关注度又会增加,相关文章数量又会有较明显的增长;而中间的这两三年,有关该主题的文章数量往往极少甚至为零。这使得该主题的文章数量比重折线图呈锯齿状,并随着时间的变化,折线波动幅度越来越小、反弹力量越来越弱,各杂志对广告讯息战略与创意的关注度显著下降。1981—2009 年的近三十年内,关于这一主题的文章数量在所研究的 5 种杂志所有文章中的平均比重仅为 2.4%。当然,其中的 2001 年由于国家政策的原因出现了例外,前文已经分析过,这里不再赘述。

二、广告讯息战略与创意的研究形式——基于文章类型的分析

我们对 5 种杂志中所有有关广告讯息战略与创意的文章进行了考察,采取人工编码的方法进行分类统计,经分析得到,这些文章的内容共涉及 5 种类型:理论研究类、实务指导类、案例分析类、议论观点类和人物总结类。具体分类标准如下:

理论研究类:介绍或探讨有关广告学的学术理论,或就我国广告事业发展过程中所出现的现象和问题进行考察和分析,文章面貌基本符合学术规范的学术理论性较强的文章。

实务指导类:介绍或探讨广告实践过程中具体的广告操作技巧或方法,具有明显的方法指导意义和较强的实际操作性的文章,性质类似"手册"。

案例分析类:以市场上的实际案例为研究对象,对其进行考察和分析,总结经验,指出其优点或不足以供实际参考的文章,性质类似以分析议论为重头戏的"通报表扬"或"通报批评"。

议论观点类:针对某一事件或现象、问题表述作者个人看法或观点的文章,类似随笔。

人物总结类:通过对某一人物进行访谈,总结其发言要点,将该人物的观点、看法等加以文字化的文章,类似采访记录。

近三十年,这 5 类文章数量各自所占的比重如图 7.4。

可见,这近三十年中,议论观点类的文章数量占绝对优势,其次是实务指导类文章,理论研究类文章数量居第三位,案例分析类文章数量与之差距较小,数量最少的是人物总结类文章。这是近三十年广告讯息战略与创意主题各类型文章在绝对数量上给人的一个印象,那么,历年来这些文章的比重分布情况又如何呢?如图 7.5。

从图 7.5 可以发现随着时间的推移,广告讯息战略与创意主题的文章类型日趋多样化。1981—1986 年,单一文章类型一统天下;自 1987 年开始,理论研

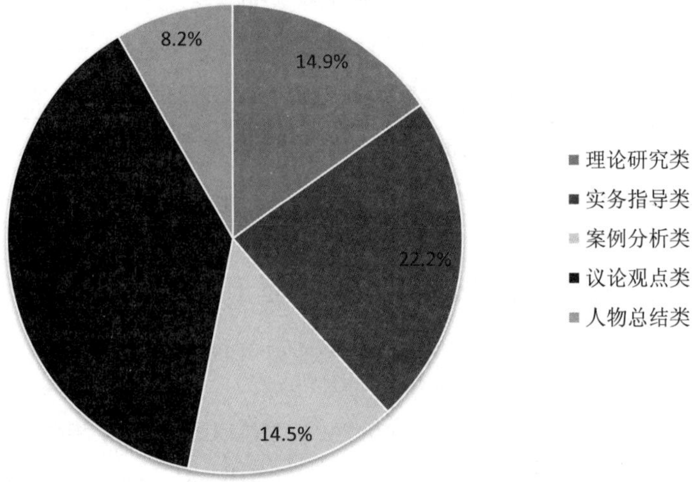

图 7.4　5 类文章数量分别占总文章数的百分比分布

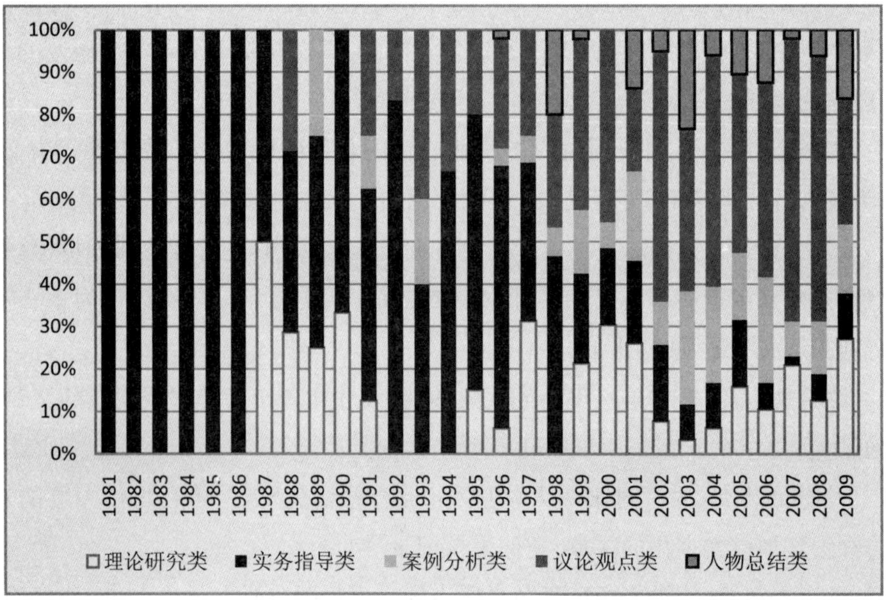

图 7.5　5 种杂志中广告讯息战略与创意主题的文章历年类型百分比

究类和实务指导类文章平分秋色;1988 年以后,议论观点类和案例分析类文章相继出现并开始发展;1996 年人物总结类文章出现,广告讯息战略与创意主题的文章在类型和表现形式上更加多元化。

1981—1986 年,有关广告讯息战略与创意的文章全部为实务指导类型,1986 年之后,这一类型的文章比重逐年下降。这一变化明显地反映了我国广告学术的发展状况。在我国广告事业发展的初期,广告还只是停留在"术"的层面上,还未上升到"学"。因此,广告行业杂志上有关广告讯息战略与创意的文章全部是从实际操作的角度来提供"方法指导"和"技术指南",理论学术水平较低。从1987年开始,理论研究类文章出现。这一年共有两篇关于广告讯息战略与创意的文章,一篇依然是实务指导型,另一篇为理论研究型。虽然仅有一篇,但这已是我国广告学术进一步发展的一个积极反应,表明我国广告讯息战略与创意方面的研究开始由"术"走向"学"。1987—1991年间,对广告讯息战略与创意的学术研究比较集中,且丰富了案例分析类和议论观点类的文章类型,这一时段正处于许正林教授所划分的1988—1992年我国广告学系统理论的构建期。1995—2002年,是广告讯息战略与创意理论研究的又一个集中时期,这一时段,我国的广告学理论进入研究诠释期。在这之后的2003—2009年,对于广告讯息战略与创意的学术研究逐年上升,其关注度不断提高,在这一"冰火期"(许正林)出现了对学术碰撞与探讨的更大需求。

自1988年议论观点类文章出现以来,其比重便处于逐年上升的状态,且其绝对总量在各文章类型中也是最多的。这一方面归因于这5种广告行业杂志本身的风格和特点,它们并非专业学术期刊,因此不以学理性很强的文章为主要发表对象,这些杂志的优势在于能够及时反映我国广告事业的发展形势,紧跟业界,对发生的事件、产生的现象、诞生的理论等种种与广告事业发展有关的状况迅速作出反应,因此评论性、观点性文章自然是这类期刊的重点。另一方面,这也反映了我国广告事业人才辈出、百家争鸣、跨越式发展的繁荣局面。

广告讯息战略与创意主题的人物总结类文章在总体中所占比重较小,这类文章往往是对广告学界或业界重要人物的采访,将他们的言论、观点整理成文,主要目的在于产生潜在的指导作用,以起到"权威效应"或"榜样效力"的作用。

三、广告讯息战略与创意理论研究的发展状况——基于理论研究类文章的分析

1. 文章著者分析

经对广告讯息战略与创意主题的所有文章进行分类筛选,共得到120篇理论研究类文章,其中合著[①] 12篇、独著108篇,合著占到文章总量的10%,独著占90%。除去无著者信息的9篇文章,其余111篇文章出自129名著者之手,

① 文章著者为机构的文章视为合著。

其中有 7 位著者在这当中发表了两篇文章,1 位发表了 3 篇文章,著者的重现率较低。由此可见,我国广告学发展蓬勃,有众多智力资源贡献到广告事业上来,并在为广告学术的发展作出努力。同时,广告著作者的众多和分散也表现了广告学专业期刊中百家争鸣的局面,各家言论都可有机会发表,没有在这一领域出现大量发表文章的作者,从而使得文章内容丰富、风格多样、思想多元,符合广告业本身的特征,有利于我国广告学术的繁荣和广告实践的发展。但与此同时,这也体现了我国广告业门槛较低、人人可入的不足,折射出我国广告专业期刊学术性较弱、学术水平要求不高的特点。

5 种广告专业杂志上,广告讯息战略与创意理论研究类文章的作者主要由来自高校科研单位的学者、业界的广告公司人员和媒体工作者这三部分构成。经统计,其中学者所占的比重最大,达 58.6%;其次是业界人士,占 31.3%;媒体人员占到 6.3%(如图 7.6)。

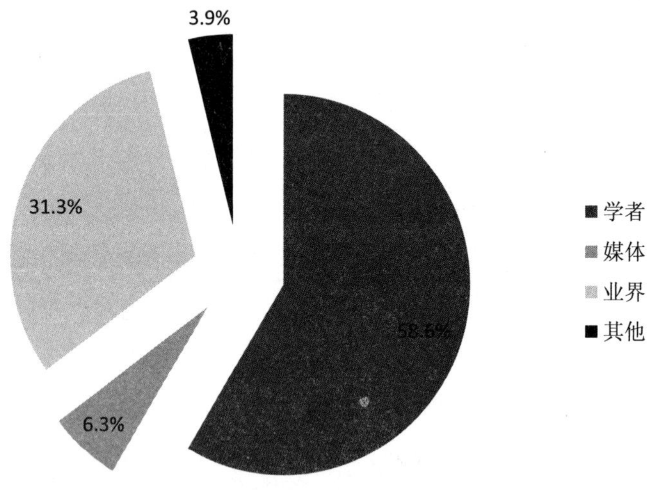

图 7.6 理论类文章已知作者来源构成

学者构成了这 5 本杂志文章著者的中坚力量,他们来自高校的科研单位,以中国传媒大学、厦门大学、北京大学、武汉大学等中国广告教育的龙头院校为最主要基地,他们作为期刊的智库表现出了突出的优势,并对中国广告学术发展作出了巨大的贡献。期刊上的另一大部分广告讯息战略与创意理论研究类文章出自业界从业人员之手,包括广告公司和媒介,他们在长期的工作中积累了丰富的经验,这些经验对于中国广告业的发展而言是一笔巨大的财富。他们中的优秀个体将自己头脑中的隐性知识转化成显性知识,以理论研究的文章形式呈现给业内外,他们的文章对中国广告学术理论的发展也具有重大的意义。

2.文章内容关注点分析

通读分类,120 篇文章的内容关注点涉及以下几个方面:

(1)广告讯息战略的制定方法

(2)创意的方法

(3)广告创意的概念

(4)对广告讯息战略及创意的态度和认知

(5)广告文案

(6)广告诉求

(7)创意元素

(8)成功的广告讯息战略及创意效果案例

(9)我国广告讯息战略及创意发展的实际状况

(10)与西方理论和实践的对比

(11)创意产权保护

经统计,1981—2009 年间,以上内容文章数量各自所占的比重如图 7.7:

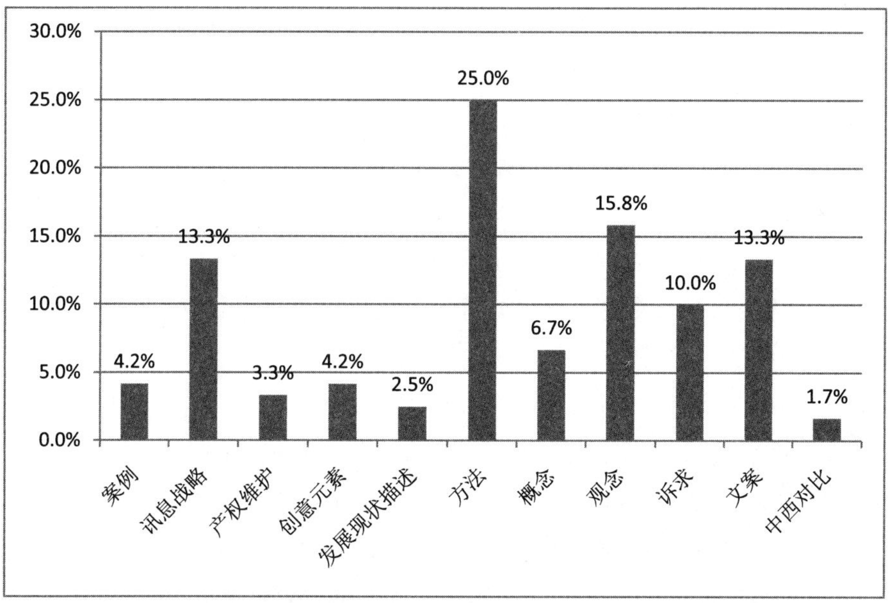

图 7.7　广告讯息战略与创意主题理论研究类文章涉及内容占比

其中,对创意方法的研究最多,占 25%;其次为对广告讯息战略及创意的态度和认知的研究,占 15.8%;讯息战略的制定与广告文案方面的内容所占百分比均为 13.3%,并列第三;对广告诉求的研究占 10.0%,位列第四;对广告创意本身概念的探讨占 6.7%,位列第五。

统计发现(如图 7.8),关于广告创意与讯息战略的理论研究类文章在 1981—1986 年之间为空白,该方面的理论研究类文章从 1987 年起才开始出现,1987—1991 年间这一主题的理论文章有了较为集中的呈现,然而 1992—1994 年间又无记录,1995 年之后理论研究的文章又增多,涉及的关注点也更加丰富。

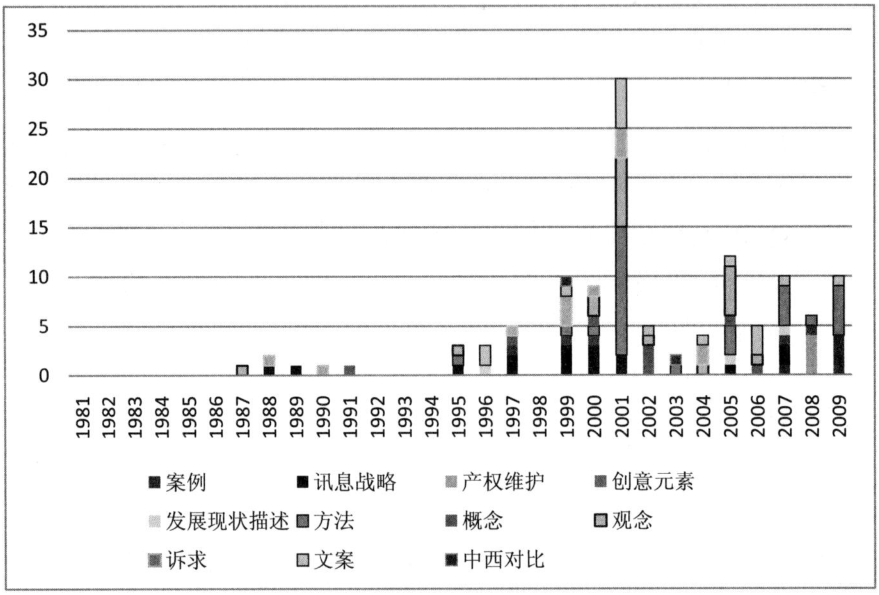

图 7.8 广告创意与讯息战略主题理论研究类文章涉及内容

广告讯息战略制定这一主题的理论研究类文章在各年中表现较为稳定,是一个相对持久的理论关注点。对于创意方法的研究和探讨的理论文章数量最多,但这一关注点是从 1995 年才开始以理论研究的形式得到较多探讨的。同样是在 2001 年,如前文所述,受经济政策大环境的影响,业界和学界对广告创意的关注度骤然加强,与之相对应,关于创意方法的理论研究文章也随之明显增多,形成了历年以来的最高峰。此后的几年,对创意方法的理论探讨呈间歇式上升的态势,在 2009 年形成第二个高峰,这一年受经济危机的影响,广告主缩减广告预算,对广告质量和效果提出了高性价比的要求,这再一次使学界和业界对广告讯息战略与创意的关注度上升。

广告创意的概念也是一个每隔几年就必定会拿出来加以探讨的话题,它随着时代的发展在不断完善,更随着媒介环境、经济环境等各种大环境的变化而与时俱进。

有关文案的理论研究文章在1996年后才开始出现，这之后基本上每年都会涉及。对于广告诉求的研究从1988年开始出现，2004年以前研究比较集中，2004年之后的5年中没有出现有关诉求的理论研究文章，可见业界和学界已经不再关注这一领域。

研究文章中，对创意元素的研究数量不多，内容主要为民族元素、中国元素等在广告创意中的运用。对成功的广告讯息战略与创意案例的理论研究是在2007年出现的一个新领域，2009年这一方面的文章数量更是表现突出，占当年理论研究类文章的40%。关于我国广告讯息战略和创意发展现状描述与研究的文章数量较少，也是近年才出现的内容，统计中仅在2005年和2007年这两年中出现过。讯息战略和创意理论与实践的中西对比研究较为零星，仅为点缀。对创意产权保护的理论研究是近年出现的新关注点，2007年的理论研究文章中有60%是关于这一主题的。

3. 文章整体面貌特点

纵观本研究所筛选的120篇理论研究类文章，它们有如下特点：

(1)与现实发展联系紧密，对业界的发展反应及时。行业杂志的一大优势在于能够及时对市场的变化等作出反应。因此，所刊发的理论性文章往往能够根据实际情况的发展提出选择性的研究指导，为现实提供理论依据和解决方法。

(2)有较强的实践应用性。这些文章明显地表现出广告研究注重经验和广告的工具性、应用性的策略与技巧，以及注重商业利益的追求。

四、广告讯息战略与创意研究的局限

1.理论性较弱，研究方法较为简单

受行业杂志的特点所限，过于专业性和学理性的理论研究论文不适合本研究中所选取的5种杂志发表：一是篇幅所限，不适合学术观点充分展开的篇幅规模；二是期刊对时效性的要求无法给更严密深入的理论研究以足够的时间；三是期刊所面对的读者群与理论文章的读者群不相重合，这些读者对理论的要求是“短、平、快”且简单而有效。因此，虽然有强大的学者资源作依托撰写理论文章，但是文章整体上以通俗易懂为首要考虑要素，从而限制了较为复杂的研究方法的使用和较为深入的理论分析与介绍。发表的具有一定理论色彩的文章基本上采用的都是思辨性的研究方法,缺乏较为严密的论证过程;即使涉及定量分析,也是采取在基础调研之后进行较为简单的数字统计的方法。

2.基础理论薄弱,忽视学理的指导与运用

广告研究的工具性比较明显,通常是在实践需要时才开始围绕一个或几个领域集中进行学习和讨论,并往往以实际的经验来诠释和验证广告理论的客观真理性和实践的指导性。大多数研究都是针对于正在发生的广告现象或已有的案例,关注广告本体的基础理论的研究数量极少、关注度极低。这就使得整个广告学科体系的建构表现出太多的实用主义和实证主义的考量,较少有自觉的理论导入。

总体来看,我国广告专业期刊中有关广告创意与讯息战略的研究在整体广告学术研究中所占比例不大,并表现出更为明显的工具性特征,是随着现实的需要而展开和深入的,学术体系不够完整,基础理论研究不够深厚,学理性较弱且研究方法较为简单。但是,有关广告创意与讯息战略这一主题的理论在广告学整体理论体系中又占有重要的地位,因而非常有必要对这一方面的理论进行整体构建和深入研究,它呼唤着更多的关注和更为规范、深入、严谨的学术理论研究。

〔本章作者:张　倩　初广志〕

第八章　广告心理研究

从本质上来说,广告文案写作人员的工作和教师一样,都是以影响人的心灵为目的的。杰出的广告人克劳德·霍普金斯强调:"优秀的广告人应该懂得心理学,而且懂得越多越好。他应该了解特定的作用会导致特定的反应,从而使用这些知识去增强效果,避免犯错误。人性是恒久的。在很多方面,今天的人性和凯撒时代的人性是一样的。所以,心理学的原理也是固定的,是可以历久不变的,你永远也不必否定你过去学到的知识。"①

因此,对于广告心理的研究,自然成为我国广告传播研究的重要组成部分。

第一节　研究背景与研究设计

广告心理学研究广告活动与消费者相互作用过程中产生的心理学现象②。消费者是广告活动的出发点和归宿。只有深入洞察消费者心理,了解消费者对广告信息的接收心理,才能合理地组织和传递信息,使广告效果最大化。因此,广告活动必须建立在科学的依据和指导上,而广告心理学的研究成果能为实践提供理论基础。

广告心理学在我国的发展历史非常短,20 世纪 80 年代以来,随着广告活动在我国的蓬勃发展,广告心理学的研究也日渐兴盛起来。从较早的专著《广告心理学》(傅汉章、祁铁军,1988),到现在多版本的学科教材及大量的学术论文,从零散的对广告心理现象的研究,到现在多学科、多角度的系统研究,广告心理学已初步发展成为一门具有相对完善的研究内容和体系的独立学科,其间经历了从无到有、从经验走向科学的发展历程。

---

① 〔美〕克劳德·霍普金斯著,邱凯生译:《我的广告生涯和科学的广告》,新华出版社 1998 年版,第 199 页。

② 黄合水:《广告心理学》,厦门大学出版社 2005 年版,第 3、6 页。

一、研究背景

1979 年是我国现代广告业发展的起点,也是广告学界蓬勃发展的开始。这三十多年中,广告学的研究取得了长足的进步,广告心理学也在广告学理论体系中占有了一席之地。广告业的发展促进了广告心理学研究的兴起与发展,而广告心理学的研究成果反过来又指导着广告实践活动的具体操作。因此,广告心理学的研究不仅是对当时广告实践的总结,更是对未来广告活动的指引。但现今对广告心理学研究状况的总结存在一定的缺失,论文和相关书籍提供的资料不够全面和深入,这导致学界和业界都对广告心理学的发展状况不甚了解。

在这样的背景下,有必要深入了解广告心理学——广告学中的基础学科——的发展历程和状况,对广告心理学在历史脉络中呈现出的图景进行详细的剖析,这样才能对广告心理学研究状况形成较为完整而全面的认识,从而加深对广告学的认识与研究。

二、文献综述

关于广告学术成果的再研究,国内已有相当的成果。在之前的章节里,我们已经进行了比较系统而深入的探讨。而广告心理学研究之研究则零星地分布在相关论文当中,通常只探讨中国广告心理学研究中的某个方面。陈宁在《当前西方广告心理学的四大研究热点》一文中提到了 20 世纪 80 年代以后广告心理学研究的转变,即越来越重视广告的心理加工及其对消费者态度形成和改变的影响①。高娟在《广告心理学研究方法的发展趋势》一文中回顾了国内外在广告心理学研究方法上的进展,并提出了研究中存在的几个突出问题②。乔桂云在《国内外广告心理学研究的新动向》中介绍了 1979 年广告研究起步后,我国学界势在必行的几个研究重点,以及国外研究的动向,如包装心理策略、媒体心理策略等③。丁家永的《广告心理研究的新进展》则提出了将整合营

---

① 陈宁:《当代西方广告心理学的四大研究热点》,《齐齐哈尔大学学报》(哲学社会科学版)1999 年第 5 期,第 18-20 页。

② 高娟:《广告心理学研究方法的发展趋势》,《社会心理科学》2006 年第 6 期,第 59-62 页。

③ 乔桂云:《国内外广告心理学研究的新动向》,《应用心理学》1986 年第 3 期,第 44-46 页。

销传播作为广告心理研究中的一个新角度①。

通过对国内外广告和心理学权威期刊发表论文的检索,我们并未发现对中国广告心理学研究成果进行系统学术梳理的研究成果。为此,有必要对中国30年的广告心理学研究成果进行学术史研究,总结其成就,发现其问题,从而准确地把握我国广告心理学研究的历史和现状,以推动我国广告学研究的进一步发展。

三、资料来源

本章的研究资料主要来源于《人大复印报刊资料》中的《心理学》专刊纸质版和电子版。

《人大复印报刊资料》是国内唯一精选两千余种国内报刊上发表的社科文献,再按学科分类照相影印的连续出版刊物。该刊设有一百多个分类专题,单独成册按期发行,故信息量大,内容集中丰富。近年来,《人大复印报刊资料》所转载的文章具有较高学术价值及广泛社会影响已经得到学界公认,因此,《人大复印报刊资料》上转载的文章可作为可靠且重要的统计数据。《心理学》专刊精选心理学基本理论及其分支学科的最新研究成果,关注国内外学术热点和焦点的动态资料。其中收录了大量的广告心理学方面的文章,并有索引作为扩充,从而为本次研究提供了充足的数据来源。而只登载于索引部分、并未全文刊载的文章,可从CNKI中国知网上获得。

四、研究方法

本章主要采用内容分析法,针对《心理学》专刊中的广告心理学文章进行探讨。具体从文章刊载时间、原载刊物、作者、研究内容、研究方法等方面进行编码分析,并对数据呈现的结果进行归纳总结。

《心理学》专刊于1978下半年创刊,经翻阅,总共搜集到文章161篇(1983年以前的杂志大多缺失)。在数据资料收集与编码完成后,对数字型数据采用SPSS16.0软件进行统计,对无法编码的内容性数据则采用人工分析的方法进行统计。

---

① 丁家永:《广告心理研究的新进展》,《心理科学》2000年第5期,第632-633页。

第二节　广告心理研究成果的内容分析

一、我国广告心理学研究概况

1. 广告心理学研究总体状况

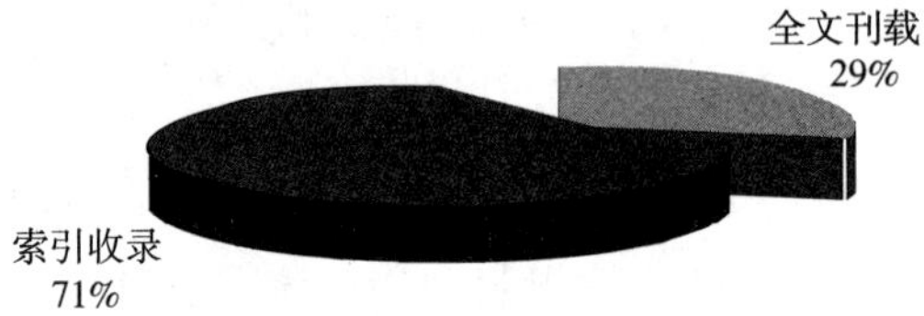

图 8.1　索引文章所占比例

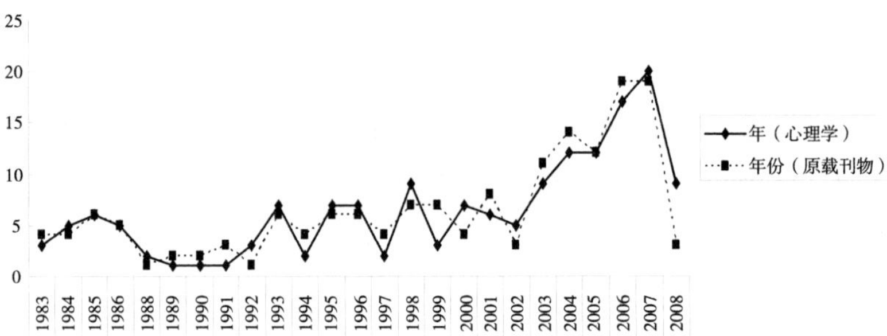

	1983	1984	1985	1986	1988	1989	1990	1991	1992	1993	1994	1995	1996	1997	1998	1999	2000	2001	2002	2003	2004	2005	2006	2007	2008
年（心理学）	3	5	6	5	2	1	1	1	3	7	2	7	7	2	9	3	7	6	5	9	12	12	17	20	9
年份（原载刊物）	4	4	6	5	1	2	2	3	1	6	4	6	6	4	7	7	4	8	3	11	14	12	19	19	3

图 8.2　广告心理学研究的总体状况

通过图 8.1、图 8.2 可以看出:《心理学》专刊所收录的文章大部分都处于索引位置,全文转载的文章占 29%,索引中的占 71%。《心理学》专刊和原载刊物所反映出的文章数量变化趋势基本一致。通过图 8.1、图 8.2 可知大部分文章出自索引,所以下文采用原载刊物的数据进行分析。由于 1983 年以前的心理学杂志大多缺失,因此无法搜集到相关数据。

大陆广告业于 1979 年正式恢复,广告心理学研究成果在波动中呈总体上升趋势。从数量变化来看,可大致分为三个阶段:

(1)起步阶段:1983—1992 年的研究成果数量较少,在此阶段,1985、1986

年刊载的文章略多,1985年收录了6篇文章,1986年为5篇文章。这从某种意义上反映出广告心理学研究此时处在起步阶段。

(2)积累发展阶段:1993—2002年,曲线呈波动状态,没有明显的增长,数量一直保持在个位数。最低点在2002年,只有3篇文章发表;最高点在2001年,有8篇文章。可以将这段时期归纳为广告心理学研究的积累发展阶段。

(3)快速发展阶段:2003—2007年,文章数量大幅增长,并于2007年达到顶峰,这段时期广告心理学研究发展较为迅猛。《人大复印报刊资料》收录的文章均为转载,存在一定的时滞。本研究搜集的资料年份截至2008年,而2008年转载的大部分是2007年以及2008年初的相关文章,因此造成了2008年的文章数量回落,只有继续查阅2009年《心理学》的文章内容,才能正确反映2008年的文章发表情况。

2. 研究者所属单位

在数据整理过程中,统计得出有95篇文章由作者独立完成,38篇由两位作者合作完成,28篇文章由两位以上作者共同撰写。1983年至1995年间,对作者所属单位少有提及,1996年之后对各作者单位的记录才较为完整。以下我们便对提及研究机构的121篇文章进行分析。

有119篇文章的第一作者来自教育科研机构(大学、研究所、实验室),约占98%,其他约2%来自非教育科研机构,所属单位为出版社和公益服务中心。

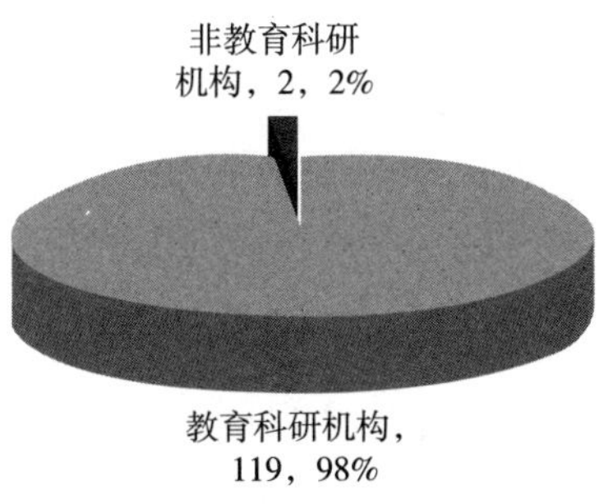

图8.3　第一作者所属单位

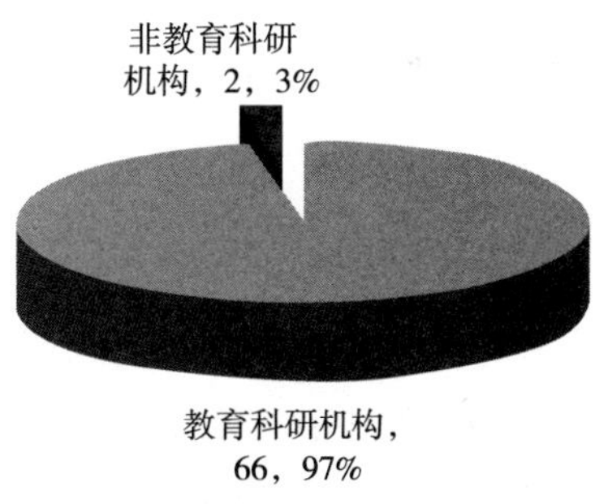

图8.4　第二作者所属单位

由两位作者合作完成的文章为68篇,其中两篇文章的第二作者所属单位不是教育科研机构,占3%,机构是药监局和编辑部;66篇文章的第二作者来自教育科研机构,占97%。

有28篇文章是由3位或3位以上作者共同完成的。第三作者所属单位绝大部分都为教育科研机构。

由此可以得出，教育科研机构一直是广告心理学研究的主力军，其中研究成果最多的是中国科学院心理研究所（共有25篇成果与之有关），其他研究成果较多的机构是厦门大学新闻传播系、南京师范大学心理传播系等。发表文章较多的几位作者分别是：黄合水、马谋超、江波、王詠、丁家永、王怀明。必须注意的是，大部分作者的教育背景并不是心理学。

3. 原载刊物

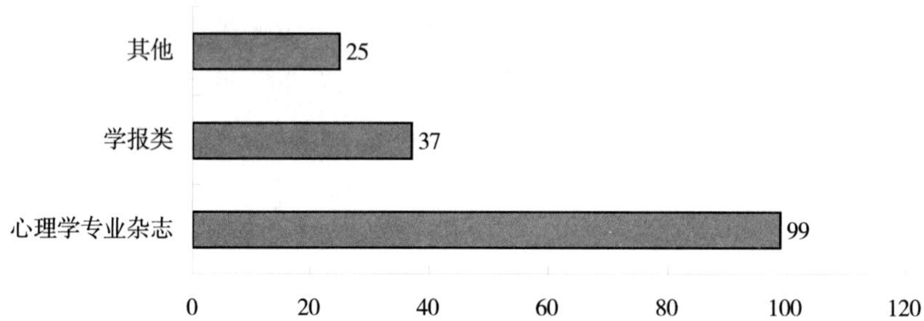

图 8.5　原载刊物情况

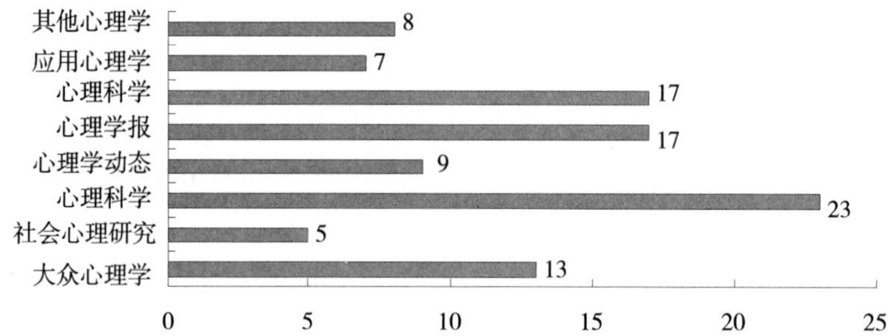

图 8.6　心理学类杂志分布情况

从图8.5、图8.6中可看出，大部分广告心理学文章登载在心理学专业杂志上，数量为99篇，其次是各高校的学报，登载了37篇文章。还有25篇文章发表在其他类型的刊物上，如各地的日报以及一些杂志上，如《科学浪花》《经济问题探索》等。

在心理学类杂志中，《心理科学》是收录文章最多的一本杂志，为23篇。接下来是《心理科学》《心理学报》以及《大众心理学》，列为第二梯队。其他几本杂志所收文章较少，均为个位数。

二、研究内容分析

广告学的研究对象是社会各种信息传播的过程、效果及其发展运动规律，其研究内容主要包括：广告主体、广告信息、广告客体、广告效果、广告研究方法。广告心理学作为广告学的一个分支学科，是在广告学理论框架之下探讨在广告活动中产生的心理现象和心理规律，为广告运作提供理论基础。因此，也可以用这五个部分内容对广告心理学进行分析，从而搭建出较为清晰的框架。此外，一些文献综述和总论式的文章也纳入了分析范围。

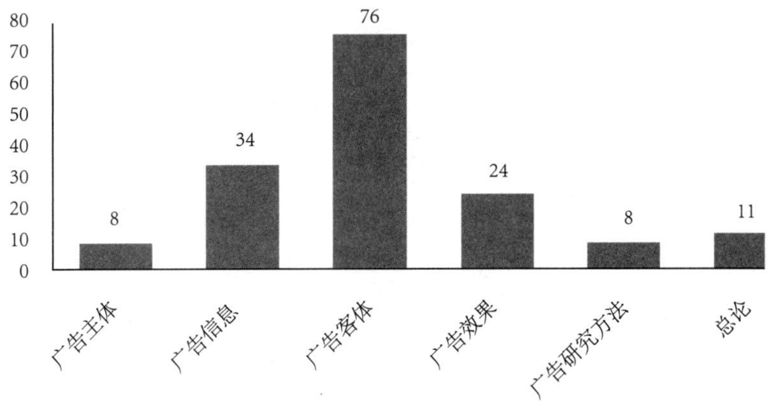

图 8.7　广告心理学研究内容

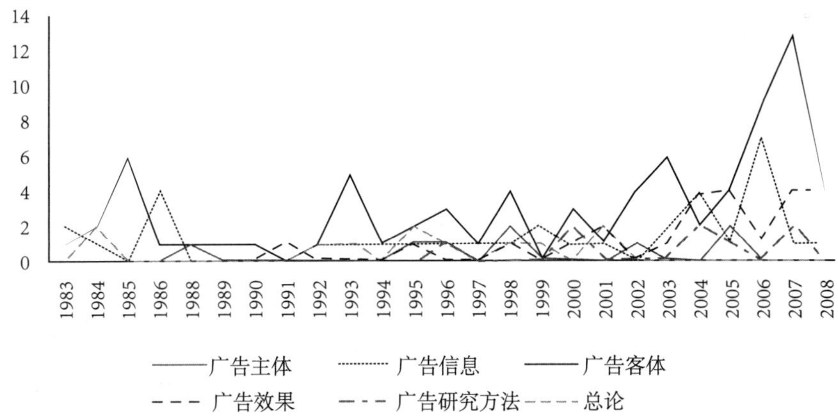

图 8.8　研究内容的变化趋势

由图 8.7 可知，研究广告受众的文章有 76 篇，其次是有关广告信息和广告效果的文章，分别是 34 篇和 24 篇。关于广告主体、广告研究方法和总论式的文章所占比例较少。图 8.8 反映了研究内容的变化趋势,可以看出,广告客体研究一直是学者关注的热点,始终在数量上占有优势。广告信息的曲线波澜不惊,既非热点也非盲点。总论式、研究方法的文章呈零星分布态势,但总论式文章 2001 年之后再未出现。广告效果的探讨经历了长时间的停滞,从 2003 年起才又有所增长。

1. 广告主体

广告主体包括广告主、广告代理公司和广告媒介。一条广告讯息在传达给消费者之前,要经过这三者的互动运作。广告主和代理公司共同策划实施广告活动,而媒介负责发布工作。广告心理学中广告主体的研究内容就围绕这三者展开。在所收录的文章中,有 8 篇是研究广告主体的。

表 8.1 对广告主体研究的细分

广告主(2 篇)	企业识别(CI)研究的评述与思考(1998) 从消费者心理角度研究跨行业品牌延伸(2004)
广告代理公司(5 篇)	认知策略在广告设计中的应用(1995) 广告设计人员的知识结构特点(1996) 广告设计专家的任务理解过程(1997) 广告制作中的几个心理学问题(1988) 广告创意中的侧向思维——心理学原理在广告活动中的应用(2001)
广告媒体(1 篇)	广告传播途径与人们对产品确信度的影响(2005)

关于广告主体的研究不多。一次成功的广告活动的诞生,代理公司的专业能力固然重要,广告主在战略层面树立正确的认识,对两者的合作关系以及企业整体的发展更为重要。而此部分的文章只有 2 篇,内容分别是为企业形象塑造提供建议和对企业成功进行跨行业品牌延伸的因素分析。

对广告代理公司从业人员的研究局限于广告设计者,局限于创意思维。对广告主和代理公司之间的合作也缺乏关注。

不同的媒介有不同的特征,相同主题的广告信息以不同的渠道呈现,所带来的结果也是各异的。受众面对不同的广告传播渠道时,其心理运作机制也是不同的。但媒介方面的研究对此语焉不详,这同时也表明了国内广告心理学研究的一个特点:大多从消费者和广告内容角度去研究广告活动。但在广告主体蓬勃发展的现状下,研究方面的跟进是很有必要的。

2. 广告信息

广告信息直接作用于受众,是对商品和服务的包装和展现,也是广告主与代理公司倾力劳动的成果。一幅广告作品的基本构成要素包括语言、画面和音响三部分,诉求方式也是信息策略的重要组成部分。静态的作品并不是广告信息的全部。如何将各种因素科学组合、巧妙搭配,形成创意,将广告主的商品和服务更好地呈现给受众至关重要。研究内容涉及广告信息的论文有 34 篇,详细分类见表 8.2:

表 8.2　对广告信息研究的细分

<table>
<tr><td rowspan="4">画面因素
(14 篇)</td><td>色彩与图像
(2 篇)</td><td>商品和广告的颜色(1983)
广告和视觉心理研究(1983)</td></tr>
<tr><td>商品包装
(5 篇)</td><td>商品外观设计与消费者心理(1984)
论过度包装的心理动因(2006)
……</td></tr>
<tr><td rowspan="2">广告模特
(7 篇)</td><td>性别差异研究(4 篇):
广告信息加工中的性别差异(2003)
受众对广告中性别角色定型反应的研究(2006)
……</td></tr>
<tr><td>名人效应(3 篇):
名人广告源可信度因子结构(2004)
代言人信息和功能介绍方式对广告认知加工的影响(2007)
……</td></tr>
<tr><td>语言(4 篇)</td><td colspan="2">谐音广告的作用(1986)
从“维她赐保命”所想到的(浅说商品命名的心理效能)(1986)
广告语言与社会心理(1991)
广告翻译的标准及心理变量处理(1993)</td></tr>
<tr><td rowspan="2">多因素组合
(5 篇)</td><td colspan="2">平面广告中图形与文本加工差异的眼动研究(2004)
平面香水广告版面设计的眼动研究(2006)</td></tr>
<tr><td colspan="2">探讨品牌形象、人格、资产的构成(3 篇):
品牌人格研究述评(2004)
……</td></tr>
<tr><td>诉求方式
(7 篇)</td><td colspan="2">理性感性诉求、定位策略:广告诉求方式与消费者心理(1995)
自传体广告优势效应的实验研究(2006)
……</td></tr>
<tr><td>其他(4 篇)</td><td colspan="2">广告与大众文化心理(1997)
公益广告中民族心理特性的应用(1998)
浅析商品陈列的心理效应(2001)
现代广告传统文化心理的反思(2004)</td></tr>
</table>

关于广告色彩与图像、商品包装和语言方面的研究集中在 20 世纪 80 年代至 90 年代初。广告业恢复初期,商品有限,广告单一,研究视野局限,易将广告

的成败归结为单一因素的优劣与否。在语言因素上看不出研究的重点，文章数量较少，只有4篇，探讨的内容包括商品命名、汉字谐音的运用、文案写作、广告翻译。广告语言包括标题、文案、口号和解说词，文献反映了在这方面研究的局限。对广告作品中音响因素的研究未出现。

直至2003年，才陆续有文章对广告作品中的模特形象进行研究，内容也局限于男女演员性别差异的影响以及名人广告的效应。随着广告花样的不断翻新，儿童、老年人、少数民族以及外籍演员在广告作品中已很常见，并有大量专业人士加入表演大军。而广告模特与商品的契合度和表演水平对广告整体效果起到一个什么作用，还有待深入研究。

诉求方式的研究集中在1999年以及2006年，主要是理性与感性诉求、定位策略等。广告诉求方式是多种多样的，包括幽默诉求、恐惧诉求、性诉求等等。信息表现的多样性与研究点的单一性形成了反差。

从2004年起，作品中不同因素之间的协作关系逐渐受到关注，图文搭配、品牌形象、品牌联想、品牌资产的构建成为焦点。在“其他”一栏中的文章主要从社会文化角度出发对广告作品进行解析。

3. 广告客体

广告客体是相对于广告主体而言的，即广告信息作用的对象，它实际上是一个多重角色的综合体。丁俊杰的《现代广告通论》中定义了广告客体的三重角色：“社会的人”是广告客体最为基本的角色，广告客体首先是作为社会生活中的人而存在的；“消费者”是广告客体的核心角色，广告客体是企业进行市场营销的对象，是产品和服务的消费者；“传播的受众”是广告客体的又一角色，广告是一种传播活动，是广告传播的对象，同时也是大众传播的对象。只有把握广告客体三重角色各自的内涵，才能完整地了解广告客体。

因此，对广告客体研究文献的分析将在这三重角色的框架下进行。其中作为“核心角色”的消费者，他们的行为、心理涵盖了很多方面：个体或群体为满足需要与欲望而挑选、购买、使用或处置产品、服务、观念或经验所涉及的过程。迈克尔·所罗门在《消费者行为学》一书中主要从五个角度对消费者进行探索，分别是：市场中的消费者、作为个体的消费者、作为决策者的消费者、消费者与亚文化、消费者与文化。这五大角度下分别还有细分。我们对消费者研究的分析将以此为参考，并依据搜集结果进行一定的调整。探讨广告客体的文章总共搜集到76篇，详细归类见表8.3：

表 8.3　对广告客体的研究细分

<table>
<tr><td rowspan="10">核心角色：消费者
（58 篇）</td><td rowspan="6">作为个体和决策者的消费者
（31 篇）</td><td>知觉因素（3 篇）</td></tr>
<tr><td>动机（3 篇）</td></tr>
<tr><td>学习与记忆（1 篇）</td></tr>
<tr><td>个性与生活方式（6 篇）</td></tr>
<tr><td>个体决策（16 篇）</td></tr>
<tr><td>购买与处置（6 篇）</td></tr>
<tr><td rowspan="3">消费者与亚文化
（12 篇）</td><td>男性消费群（1 篇）
女性消费群体（2 篇）</td></tr>
<tr><td>大学生消费行为研究（5 篇）</td></tr>
<tr><td>儿童、北京中学生、“80 后”群体消费心理、消费行为研究（4 篇）</td></tr>
<tr><td>市场中的消费者
（11 篇）</td><td>揭开消费者的心理之谜（1985）
消费心理对商品销售的微妙作用（1993）
……</td></tr>
<tr><td rowspan="2">延伸角色：传播受众
（18 篇）</td><td colspan="2">广告信息加工的心理机制和模式（5 篇）
网上购物者的特征、动机、态度（4 篇）</td></tr>
<tr><td colspan="2">品牌记忆、品牌形象建构、品牌联想、品牌信息处理、品牌信任结构、品牌忠诚等（9 篇）</td></tr>
</table>

可以看出，对广告客体的研究一直是热点，但我们在文献中并没有找到明确的关于广告基本角色“社会的人”的文章，而作为消费者的“核心角色”却是重中之重。在 1983—1993 年间，有关论文大多集中阐述市场中的消费者，强调消费者研究的必要性，或从大范围、多角度浅谈对消费者心理的认识。随着研究的发展，内容逐渐丰富并深入，涵盖了知觉、动机、个性与生活方式、个体决策、购买与处置以及亚文化消费群等，其中关于个体决策的论文最多。但消费者研究还远不止这些内容，还包括学习与记忆、自我概念、态度、群体影响、组织决策等。在针对亚文化消费群的探讨中，研究方法均为问卷调查法，大多从年龄亚文化角度进行研究，对大学生群体的调研较多，但对老年人消费群体缺乏关注。其他诸如区域亚文化群体、收入与社会阶层的调研也鲜有涉及。

从传播受众角度进行的研究相对来说比较薄弱。广告信息加工心理机制这一部分的研究主要集中于受众对广告讯息的译码过程；品牌方面的研究则主要考察受众对品牌形象因素、品牌信息等的理解过程。这两部分的研究与广告信息研究是紧密相关的。现今，网络媒体在受众的日常生活中已相当普及，网络购物也已大行其道。于是，受众在这个不同于传统媒体、传统购物环境的虚拟世界中会有怎样的态度,网络广告又如何利用自己的特点将效益最大化则成为关注的重点。

4. 广告效果

广告效果是广告对其接受者所产生的影响以及之后由人际传播所产生的综合效应。广告效果可分为广告的心理效果、销售效果和社会效果。其中,心理效果关注广告在人们对产品或者品牌的感知方面所产生的影响,销售效果指用广告引发的销售量来衡量的广告的效果,社会效果主要指广告对社会经济、教育、环境产生的影响。但有关广告效果的研究并不仅限于对广告可能产生的效果的考察,还涉及广告效果的影响因素和广告效果的测量。因此本研究将广告效果细分为"广告效果影响因素"、"广告产生的效果"、"广告效果测量方法"三个类别。其中"广告效果的影响因素"又可以细分为信息相关因素、媒介相关因素、消费者相关因素等几个方面。总共搜集到有关广告效果的文章 24 篇,具体分类情况如下:

表 8.4　对广告效果的研究细分

<table>
<tr><td rowspan="3">广告效果的影响因素
(17 篇)</td><td>信息相关因素(6 篇)</td><td>额外正面信息、来源国的效应、名人效应、品牌延伸、
信息加工视域、说服理论</td></tr>
<tr><td>消费者相关因素(7 篇)</td><td>青少年的广告态度、受众卷入度、金融消费者的心理影响机制、品牌态度改变的影响因素、品牌信息处理的影响因素等</td></tr>
<tr><td>其他
(4 篇)</td><td>商业广告失败的心理因素(总述)
……</td></tr>
<tr><td>广告产生的效果
(5 篇)</td><td colspan="2">心理效果:网络广告的心理效果、阈下广告的作用、品牌延伸效果、优惠策略的影响研究</td></tr>
<tr><td>广告效果测量方法
(2 篇)</td><td colspan="2">电视广告效果预测和评价方法研究
网络广告心理效果测评指标体系研究</td></tr>
</table>

由表 8.4 可知,关于广告效果的影响因素的研究最多,主要从信息相关因素和消费者相关因素进行探讨,而关于媒介相关因素产生的作用则没有发现相关的文章。信息相关因素中不仅包括广告信息,还探索广告环境的影响。

在这些研究中,只有对广告心理效果的测量而没有对销售效果和社会效果的研究。作为商业广告,广告的销售效果和企业的经济效益在方向上是一致的,因此从企业的角度出发,最关心的应该是销售效果,这也是最直观的效果测量。广告效果调查也是广告活动的一个重要环节,具有评估价值和总结经验的作用,但我们却无法在文献中找出相关研究。此外,由于人们难以通过定量方式测量广告的效果,因而不可避免地造成了广告社会效果研究的缺失。

此外,心理学方法和心理学指标在广告效果测量中较为普遍。

5. 总论式

总论式的文章总共有12篇,这类文章主要对广告心理学进行简要介绍,或对研究的必要性进行一定的阐述,或对国内外研究的新进展进行归纳总结。总论式文章多出现于研究早期,2001年之后这类文章再没有出现过。在研究发展初期,为了推动广告心理学的理论进程,有必要强调和介绍学科重要性以及相关常识,并适时进行阶段性的小结和展望。随着研究的深入和成熟,研究取向的逐步多样化,研究方法应用的不断科学化,这类文章逐渐退出了历史舞台。

表8.5 总论式文章

总论式(11篇)	广告心理学研究(1983) 广告心理研究的新发展——"整合营销传播"的广告心理学原理(2001) ……

6. 广告研究方法

探讨广告心理学研究方法的文章共有8篇,全部采用量化研究方法。

表8.6 广告心理学研究方法

广告方法(8篇)	消费心理定量理论研究(1996) 眼动分析法在广告心理学研究中的应用(1999) 心理学研究对广告记忆评价发展的贡献(1999) 广告心理学中的眼动研究和发展趋势(2004) 信息显示板(IDB)实验在消费行为研究中的应用(2004) 消费行为研究中的联合分析法(2005) 消费者研究:存在主义现象学方法论与应用(2006) 点击流:一种研究网上消费者的新范式(2007)

总体来看,虽然在某些角度存在一定空白,但广告心理学的研究内容和研究对象都在日益丰富和多元化。研究起步初期,多为介绍性的论述,如《广告心理学研究》(1983,马谋超),这些文章起到了一定的学科奠基作用。随着研究范围的不断拓展,研究范围逐步从心理学在广告作品、销售行为中的简单运用,扩展到以广告客体为重点的消费行为、传播心理规律、受众的媒介接触、群体消费心理、品牌传播心理、营销策划心理等。整合营销传播理念的引进也为广告心理学的发展提供了新的视野。

在我们的分析中,可以明显地看出,广告心理研究中的基础理论研究和系统性研究还比较薄弱。系统研究上有所表现的是马谋超、王怀明等人对名人广告效应的关注:《名人广告源可信度因子结构》(王怀明、马谋超,2004)、《名人与产品一致性对名人广告效果影响的实验研究》(王怀明、马谋超,2004)、《名人推荐者道德声誉对名人广告效果的影响》(丁夏齐、王怀明、马谋超,2005)等以及《广告设计人员的知识结构特点》(王新超、潘尧天、张侃等,1996)、《广告设计专家的任务理解过程》(时勘、付小兰、王辉、张侃等,1997)。

三、研究方法分析

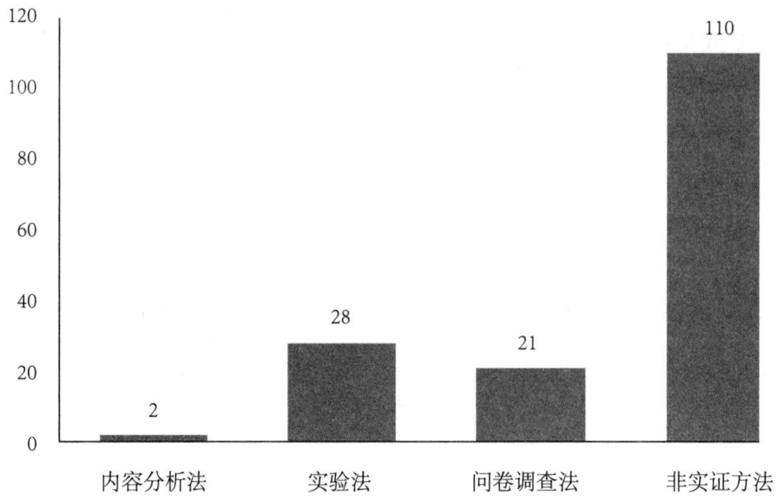

图 8.9　广告心理学研究方法的采用概况

在搜集到的 161 篇文章中,只有 51 篇采用了实证研究方法,为内容分析法、实验法和问卷调查法。2000 年以后,实证研究方法所占的比重才逐渐上升,但在数量上始终不及非实证研究的文章。国外广告心理学的学科研究基础,是建立在普通心理学基础上的,又是以行为主义为标志的科学心理学为方法论的,心理学测量与实验的方法和工具是广告心理学的研究技术。这些研究成果、理论作为舶来品进入中国,而当时国内学界在此方面还较为生疏,能力弱,从而导致了早期的研究只能建立在大量借鉴和学习的基础上。科学的、实证的广告心理学没有得到及时发展,经验描述式的广告心理学文章大量发表。

总体来看,在研究方法上,理论探讨多,实证研究少。非实证性的文章中有

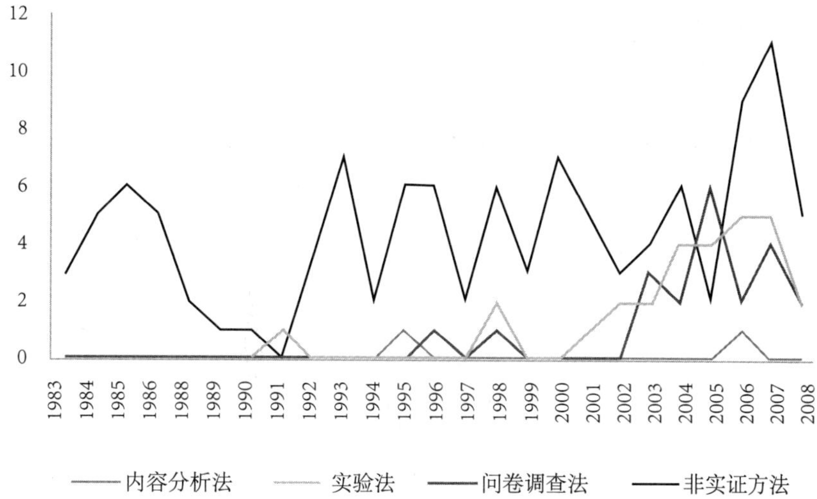

图 8.10　研究方法发展趋势

一部分遵循严谨的理论框架，对相关的概念进行深入阐释，提出此理论对现实研究的影响或意义。但大部分文章并没有采用严格的论文格式，只是作者的主观议论，作者对某个问题进行阐述，引用几个范例为证，或仅限于抄录整理既有文献，并没有数据和相关的调查结论为支撑。

实验法主要运用于广告客体、广告信息与广告效果研究当中，眼动分析法多用于广告心理学研究。近年来，实验研究成果逐渐丰富，技术也逐渐多元化，眼动实验、认知加工、内隐记忆等都在研究领域得到了应用，这在探讨广告研究方法的文章中也有所体现。代表性的研究有：《广告频率和品牌成熟度对信息加工模式的影响》（陈宁，2001）、《平面广告中图形与文本加工差异的眼动研究》（丁锦红、王军、张钦，2004）、《对广告信息加工的性别差异》（林树，2005）等。

调查法最早作为一种社会科学研究方法，通常用来研究群体消费心理与行为或环境与消费心理行为的关系。代表文章有：《北京中学生的消费价值观与消费行为》（石绍华、郑钢、高晶等，2002）、《“80 后”消费行为、消费心理研究综述》（郑希宝，2007）等。

在广告业界，焦点小组讨论、深度访谈、投射法等都在调查领域有所运用，这在消费者心理洞察以及广告效果等方面起到了很好的作用。但现有文献中却没有发现此类研究方法的运用。

四、标志性研究成果分析

为了进一步分析我国广告心理研究的轨迹，我们又在CNKI中国知网上以“广告”、“心理”作为关键词进行搜索，将得到的论文结果与《人大报刊复印资料》的《心理学》专刊中所刊登的广告心理研究文章放在一起，经过筛选，梳理了三十年来我国广告心理研究的标志性成果。

1.广告中性别刻板印象的信息加工方式（王沛、孙连荣，2005）

该项研究通过操纵注意方式、刻板印象的启动方式及被试的刻板化状态，探讨广告中性别刻板印象信息加工的方式和特点。结果表明：(1)广告中性别刻板印象信息的加工是自动化加工和控制性加工共同作用的结果，刻板化启动引起更多的自动化加工，反刻板化启动引起更多的控制性加工；(2)注意方式会影响广告中性别刻板印象信息的控制性加工而不影响其自动化加工，在集中注意时，控制性加工的贡献最大；(3)对于广告中的性别刻板化信息，刻板化程度高的人具有更严格的判断标准。

2.对广告信息加工的性别差别（林树，2005）

研究者运用加工分离程序（PDP），探讨了在不同性别的广告代言人条件下，不同性别的目标受众对其所代言的品牌在控制性加工和自动化加工水平上的差异。结果发现：(1)在男性代言人条件下，男性受众对其所代言品牌的自动化加工水平明显高于女性被试者，两者的控制性加工水平差异不显著；(2)在女性代言人条件下，女性受众对其所代言的品牌的自动化加工水平明显高于男性被试者，两者的控制性加工水平差异不显著。

3.名人广告源可信度因子结构（王怀明、马谋超，2004）

该研究的目的在于探讨名人可信度的因子结构。作者对601名被试者进行了问卷调查，对调查数据进行了探索性因素的分析和验证性因素分析。探索性因素的分析研究结果表明：名人广告源可信度包括4个因素，即专业性、吸引力、品德和名人与商品的一致性。验证性因素的分析结果进一步验证了4因子结构模型的合理性。信度和效度分析结果还表明，名人广告源可信度问卷具有较高的信度和效度。

4.名人推荐者道德声誉对名人广告效果的影响(丁夏齐、王怀明、马谋超,2005)

多数有关名人广告的研究以信息源的可信性模型、吸引力模型、匹配假设和意义迁移模型为理论基础,关注的主要是:名人的可信性、吸引力和名人与产品形象的一致性,且在西方消费者中进行。该研究探索了在中国文化背景下,影响消费者对名人广告评价的因素,发现一个名为"道德声誉"的因子会影响消费者对名人推荐者及所代言广告和所推荐产品的评价。该因子通过"可信赖性"的中介作用对广告态度产生影响。该因子之所以能存在和产生作用,是因为道德规范在中国消费者的社会化过程中得到了认同和内化。

5.自传体广告优势效应的实验研究(郭晓蓉、郭秀艳、魏知超,2005)

自传体广告能够唤起消费者对产品或品牌的某些以往记忆,影响人们对广告信息的加工方式;更为重要的是,它能够改变人们的认知。该研究试图通过两个实验探讨它的内在机制,以及与事实性广告相比,其在感知觉、情绪情感、认知改变等方面的优势。结果发现,自传体广告确实在感知觉、情绪情感、认知改变等方面具有优势效应,具有改变受众认知的趋势;此外,自传体广告还是有特异性,从而证实,只有当广告有效地针对目标群体时,才具有明显的优势效应。

6.平面广告中图形与文本加工差异的眼动研究(丁锦红、王军、张钦,2004)

该研究记录被试者在观看不同文本位置的平面广告时的眼动轨迹,探讨了广告中文本和图形加工的差异性、文本在广告中的不同位置(左上、左下、右下、右上)的加工差异、人们对广告图片及文字的评价与其眼动指标是否具有一致性以及与再认成绩的相关度等。结果表明:(1)瞳孔大小是比较敏感的指标,在观看广告时,文本的位置及评价水平都可以引起瞳孔大小的改变,但不会对注视时间产生影响;(2)人们在文本和图形的加工方式上存在差异,它不仅表现在眼动指标上,同时也表现在再认成绩上。广告中适当的文字有助于广告内容的记忆。

7.平面香水广告版面设计的眼动研究(白学军、张钰、姚海娟、藏传丽,2006)

该研究以 EyeLink11 型眼动仪探讨被试者在观看香水广告时的眼动特征。实验设计为4(香水瓶位置:左上角、右上角、左下角、右下角)×3(背景图案:人物、广告词、风景)×2(兴趣区:香水、背景)。结果发现:(1)当香水瓶位于广告的下半部分时,能够吸引消费者更多的注意;(2)当以人物为背景图案时,被试者对位于广告左下角的香水瓶注意更多;当以广告词为背景图案时,被试者对位于广告的左上角的香水瓶注意更多;相比人物(名人或模特)和广告词,背景图案为风景的香水广告更受被试者喜爱。

8.受众对广告中性别角色定型反应的研究(钟建安、叶耀荣、楼劼,2005)

通过问卷调查,我们探讨了个体性别角色、性别、年龄和受教育程度对广告中性别角色定型反应的影响过程。结果发现:性别、个体性别角色(分为传统性别角色和非传统性别角色)、年龄和受教育程度可以通过女性自主意识间接影响受众对广告中女性角色被冒犯描述的知觉,进而影响受众对企业的评价和购买欲望。研究同时,发现年龄可以直接预测受众的购买欲望。

9.品牌延伸条件下的广告说服——双中介影响模型的拓展(黄劲松、王高、赵平,2006)

该研究以消费者广告态度(后文简称"广告态度")的双中介影响模型(Dual Mediation Model)作为研究的理论基础,采用实验调查和认知编码的方法,探讨消费者在广告前后的品牌态度变化以及品牌认知反应、广告认知反应、广告态度和购买意向之间的关系。结果表明:(1)广告前的品牌态度对广告认知反应、品牌认知反应和广告后的品牌态度有影响;(2)广告认知反应直接影响广告态度,但不直接影响品牌认知反应;(3)广告态度不但直接影响品牌认知反应和广告后的品牌态度,还直接影响购买意向。这说明,在品牌延伸条件下,广告态度的双中介影响模型需要修正。

10.网络广告心理效果模式初探(江波,2001)

该研究依据广告发布信息传播的一般心理效应,结合网络广告独特的心理效果,提出了网络广告的心理效果模式。该模式表示,网络广告对消费者产生心理效果包括认知过程、情感过程、意志过程及交互过程四个部分。网络广告先作用于消费者的感觉器官,经过无意注意或有意注意被感知,进而对登记处进行辨别、理解,产生记忆,发生想象,进行思考评价。伴随着认知过程,消费者会对广告或宣传的商品产生各种情绪、情感体验,同时这种情绪、情感反过来又影响消费者对广告的点击情况,从而对认知过程产生直接的影响。认知过程还受消费者的需要、兴趣等个性心理特征的交互作用,在认知过程、情感过程和交互作用的基础上,消费者可以确立对广告及所宣传商品的态度,然后对是否购买广告产品做出决策,产生购买意图,最后点击鼠标,产生购买行动。

11.网络旗帜广告的记忆效果(王詠、马谋超、雷莉、丁夏齐,2003)

针对网站与企业的网络广告服务关系中出现的两种计价模式之争,即网络公司往往倾向于按照 CPM 模式(每千次印象成本),根据浏览率收费,而广告主却大多倾向于选择 CPC 计价模式(每千次点击成本)计费,根据点击率付费,因为他们认为点击才表明消费者真正看过了该广告并对之产生了兴趣。本研究结果表明,在单纯浏览的情况下,上网者对网络旗帜广告已经有了印象。这说明,即使点击率很低,网络广告也将具有形象宣传和品牌推广的效果。这对解决 CPC 与 CPM 之争提供了实证依据。不过,在上网者未点击网页广告的情形下,这种记忆效果是相当弱的,而且它并不会随着浏览次数的增加而显著改善。实验数据同时表明,点击所能带来的广告记忆效果约为单纯浏览对应效果的 1.4—1.5 倍。

五、我国广告心理研究的特色与局限

1.我国广告心理研究的特色

根据以上统计分析结果,综观新时期三十年的广告心理学研究,总体呈现出以下几点研究特色:

(1)紧密结合广告理论的发展,从行为主义心理观转向整合营销传播的消费观

最初介绍到国内的广告心理学是行为主义取向的,其研究的立足点主要是广告刺激影响下受众的心理和行为反应,以人的心理反应机制为基础,研究受众对广告的感知觉、在广告影响后形成的表象与记忆以及有关的一系列联想等,目的是探索如何通过有效的刺激来提高广告效果。

20 世纪 80 年代至 90 年代中期,广告心理学的研究多围绕着广告设计与广告表现中心理原理的运用来展开。例如,《心理学注意理论在广告中的运用》(陈晓幸,1982)、《色彩与心理》(尹定邦,1983)、《广告设计心理——投其所需》(叶世雄,1983)、《视觉说服的八大元素》(邓理群,1983)、《试论成功广告与中国受众的心理特点》(金立刚,1991)等,广告心理学专著也以普通心理学的内容为框架。

1994 年,美国著名广告理论专家舒尔茨等人合著的《整合营销传播》一书出版,提出了广告理论的全新理念和思路。它不仅带来了广告理论和实践的一

场革命,也成为广告心理学新的研究取向。整合营销传播背景下的广告心理学主张以消费者数据库为基础,以认识消费者的心理图式为广告策划依据,重视广告战略与广告执行之间的紧密联系,同时将消费者行为和观念的变化作为评估广告作用的指标。整合营销传播理论要求重新认识消费者,这改变了以往广告理论主张的"由内而外"的观点,即广告策划从商品出发,向设定的消费者展开诉求,并以"我要的消费者"作为策划理念,这就是多年来所谓的"以消费者为中心"之说。舒尔茨等人基于现代认知心理学的研究成果和广告策划理论,提出了"由外而内"的全新观点,核心就是要在了解消费者心理图式变化的基础上,通过整合营销传播改变消费者头脑中的品牌网络类别,即在消费者的心理上到位。

整合营销传播的新观点很快得到了广告学界的响应,在理论认识上,广告活动被整合到营销传播中,广告心理则被"整合"到消费者行为的研究中。最为明显的变化是,以当时的北京广播学院(现中国传媒大学)广告学系为代表的一些国内高校率先将消费者行为学纳入了广告学课程体系,甚至将原来的广告心理学替换为消费者行为学。这样的课程设置变化意味着广告心理学研究的重要转型。

20世纪90年代中期以后出现的广告心理学研究更注重广告与消费者心理、与商品及品牌营销策略的切合度,试图揭示不同社会和市场背景下的消费者的心理图式。仅就专业广告刊物上刊载的研究论文来说,大量对广告心理现象的探讨都融汇在对广告目标受众的分析考察中。

(2)研究对象不断扩展,研究内容日益丰富

广告心理学在我国经历的从无到有的过程,主要是从科学规范的学术研究角度来说的。改革开放初期的广告心理学多以介绍性的论述为主,较早的专业文章有:《什么叫广告心理学》(杨治良,1981)、《广告心理学的原理及其应用》(戴子贤,1982)、《介绍几种科学的广告调查法》(邓友贤,1985)、《消费者心理学(译文连载)》(杨治良,1984)、《消费心理学漫话(连载)》(唐仁承、邵隆图,1984—1992)等,主要是一批心理学研究者所做的奠基性工作。

广告心理学研究的内容框架也是逐渐扩展的。早期的研究内容主要是普通心理学原理在广告活动中的运用。先前出版的几本广告心理学专著,分为广告策划心理、广告诉求心理、广告表现心理、广告媒体心理等几部分,感知觉、注意、记忆、联想、思维等构成了主要内容。随着广告理论向整合营销传播观念的转型,广告心理学的研究领域也逐步扩展到以消费者行为为核心的传播活动的

心理现象及规律，包括消费者态度、群体及阶层消费心理、品牌传播心理、营销策划心理等，广告心理与消费者行为、消费心理开始结合。

(3)研究方法逐渐走向科学化、多元化

国外广告心理学的学科研究基础建立在普通心理学的基础上，又以行为主义为标志的科学心理学为方法论，以心理学测量与实验的方法和工具为广告心理学的研究技术。这些研究成果被介绍到中国后，最先蓬勃发展起来的不是科学的广告心理学，而是经验描述式的广告心理学原理的应用。在研究方法上，理论探讨多，实证研究少；调查法等社会科学研究方法运用多，实验法等自然科学方法运用少。尤其是广告专业刊物上的研究成果，大多是以理论阐述或案例分析为主的经验描述。

进入新世纪之后，情况有了明显变化。心理学学科对广告现象研究的兴趣增大，广告心理作为应用心理学的组成部分开始兴旺起来，心理学的硕士、博士学历教育中也陆续有了广告或消费心理方向，使得广告心理学的研究增加了心理学的特色，在本土广告心理学的基础理论研究上有了较大突破。这些研究成果运用心理学的前沿方法和技术，如眼动实验、认知加工、内隐记忆等理论和技术都被用来研究广告现象。

活跃在广告实践领域的专业广告公司、专业调查公司也纷纷采用焦点小组访谈和个别深度访谈、投射测验等专业化的调查技术，进行更精细、更科学的消费者心理与行为、广告效果测定等应用研究，形成了大量具有应用价值的研究报告。

(4)研究成果形式多样，专业教材功不可没

由于广告心理学学科交叉综合的特性，近三十年来的研究成果也呈现了多种形式。数量众多的研究论文发表在广告学、新闻传播学、心理学、经济学等专业刊物上，近年还出现了越来越多的硕士、博士学位论文。尤其值得一提的是广告心理学的论著，特点是大多以教材的形式出现，发行较广的就有十几本之多，几乎在所有的广告系列教材和丛书中都有广告心理学方面的代表作。这些教材有些是作者的专著，有些是按典型的教材体例编写的，它们不仅集中反映了广告心理学的研究成果，也承担起了培养广告人才的使命，在广告专业教育中发挥了重要作用，也使广告心理学逐渐成为高校中受学生欢迎的选修课。

(5)基础研究少于应用研究，系统研究少于零散研究

由于国内广告心理学研究的起步较晚，积累的研究成果有限。因此，从严格意义上说，尚未构成系统的、独立的学科体系。回顾近三十年来的发展，可以

明显地看出,我们的基础理论研究是不多的,支撑学科发展繁荣局面的是大量的应用性研究。尤其是广告学科中的广告心理研究,多是案例式的原理应用分析,策略性研究居多。这些研究的应用价值不可否认,但就广告心理学发展的整体来说,仍然缺乏基础理论研究的创新和突破,因而学科的独立性和地位就难以保证。

另一个研究特点是系统研究少、零散研究多。从对文献的检索中不难看出,就某一种现象或某一问题进行研究的多,但在一个问题领域做深入、系列化研究的较少,对名人广告的研究是难得的范例。《名人广告源可信度因子结构》(王怀明、马谋超,2004)、《名人推荐者道德声誉对名人广告效果的影响》(丁夏齐、王怀明、马谋超,2005)等项研究成果,从研究设计到结果呈现,都是按照研究方法的要求逐步深入的,代表了目前国内广告心理学研究的专业水平。

(6)学科交叉性日益增强,多元化的学术视野影响着研究的进展

广告实践是推动广告心理学发展的强大动力,随着广告环境的飞速变化,新媒体广告形式不断出现,消费形态和消费者心理都在改变,对消费者行为洞察的需求更加迫切。这些背景为广告心理学的发展提供了新的契机和挑战。在理论上,传播学受众理论的发展为广告心理学带来了更广阔的视角,使得广告心理学既有的学科表现得交叉性更为明显。

当代广告传播受众理论是围绕着两个维度的假定展开的,一是广告传播受众是主动还是被动;二是对广告传播受众的解释层面是个体还是群体。广告心理学可以借助的理论视野包括:动态心理理论视角、社会语言学视角、社会症状和视觉劝说论视角、后现代主义视角、信息经济学视角、效用和满意理论视角,以及后结构主义视角。

目前,这些理论视角尚未充分体现在广告心理学的研究中,但国内传播学研究中已有所体现,这无疑将为广告心理学带来新的理论解释力度。

综上所述,改革开放以后,中国的广告业迅猛发展,广告理论研究也取得了长足的进步。其中,对广告心理的研究尽管迄今尚未成为真正意义上的心理学的分支,却在广告学理论体系中占有了一席之地,收获了可喜的成就。在理论上,广告心理学理论既吸收了心理学的前沿理论,也从广告理论中汲取了营养;在应用方面,运用广告心理学原理所进行的策略性探讨很好地指导了广告实践,积累了较为丰富的成果。但是,我们也应该正视的现实是,广告心理学的学科发展水平和研究成果还远未满足广告实践的需要,期待有更多的创新。

与此同时,也应看到,我国广告心理研究还存在一定的局限。

2.我国广告心理研究的局限

从研究内容来看,在广告受众研究中,学者主要关注广告客体的核心角色即消费者,对延伸角色即传播受众的探讨略少,缺乏对基本角色的研究。在广告信息研究中,成果分布较为零散。在广告效果研究中,广告效果的影响因素为研究重点,而对广告产生的效果,研究层面的不足与业界对此的关注形成了一定的错位。总体来看,研究内容和对象在不断多元化,但基础理论研究少,应用型研究多;系统研究少,零散研究多。

对研究方法的分析发现,非实证研究占据了大多数。近年来,实证研究方法运用的比重已有所提升,但种类上局限于实验法、调查法以及内容分析法。

〔本章作者:王　丽(宁波大学)　林未乔〕

第九章　广告传播研究中的品牌传播研究

表面上看,广告传播执行的目的是向目标受众告知产品和服务信息,进而作用于消费者的心理,通过说服培养品牌偏好。实质上,广告传播的最终目的是为建设品牌、维护品牌和消费者之间良好、持久的关系。

20世纪80年代以来,品牌理论研究逐渐受到重视。由于学者与业界日益意识到品牌对企业生存发展的意义与作用,品牌理论研究因此而迅速成为广告学术研究的重要领域之一。

第一节　研究背景与研究设计

一、研究背景

西方品牌理论研究发展至今,概括起来,其重心与主导领域依次大致经历了品牌、品牌战略、品牌资产、品牌管理和品牌关系五个重要阶段[①]。通过不断拓展和深化对品牌的理解,品牌研究关注的概念与主题日益丰富,且随着时间的推移和研究的深入,逐步呈现出不同的阶段特征。

我国现代意义上的品牌发展始于20世纪80年代末期[②]。1989年《人民日报》出现了明确的品牌概念:所谓品牌,就是每一种商品的名称、包装、价格、质地、色彩、广告形式等组成的商品个性。随着我国市场经济的不断发展与成熟,市场竞争日趋成熟,“品牌”也日益成为人们关注的热点,品牌研究在90年代逐步发展起来。时至今日,学界与业界已经从理论或实践的角度对品牌相关领域进行了大量的定性或定量研究,从而推动品牌研究在我国发展成为了相对系统

---

① 卢泰宏、吴水龙、朱辉煌、何云:《品牌理论里程碑探析》,《外国经济与管理》2009年1月。

② 仪丽君:《1997-2006中国品牌理论发展实证研究报告》,华中科技大学硕士学位论文,2007年5月。

独立的一门学术分支。

从20世纪90年代至今的近二十多年间,品牌研究在我国到底处于什么样的状态?这是本章研究问题的出发点。本章试图回答以下几个问题:一是品牌学科如何在我国发展成为一门相对独立的学术分支,且在这十余年间呈现出怎样的状态?二是品牌研究主要涉及哪些领域,都取得了哪些学术进展?三是这些研究呈现出怎样的变化趋势,表现出怎样的阶段性特征?通过总结品牌研究在这十余年间的发展状态与阶段特征,结合对其发展产生影响的内外因的分析,反思我国品牌研究的历史脉络与存在的问题,或许能够找出影响品牌理论发展的若干因素,从而为下一阶段的品牌研究与发展提出总结建议与指导方向。

二、研究设计

由于品牌研究尚未发展成为系统独立的学科,这一领域的研究尚不具备独立的研究阵地与平台,且从严格意义上说,品牌研究并不隶属于广告学或者新闻传播学,其与管理学、经济学、心理学等学科的交叉,使其研究涉及的学术领域较广。这一方面的研究文献散见于不同的学科领域中,这一特征为本章的研究增加了一定难度。

由此,本研究以由南京大学研制的CSSCI中文社会科学引文索引为研究对象选取来源,把在CSSCI引文索引中以“品牌”为关键字或主题词的期刊文献作为第一手资料,探索我国品牌研究的发展轨迹。CSSCI中文社会科学引文索引从1998年发展至今,已成为我国人文社会科学评价领域的标志性工程,它遵循文献计量学规律,采取定量与定性评价相结合的方法,从中文人文社会科学学术期刊中精选出学术性强、编辑规范的期刊作为来源期刊。CSSCI的来源期刊或来源文献不仅包括中国(内地、香港、澳门、台湾),也包括欧美等各国出版的中文人文社会科学学术期刊。来源期刊按引文量、影响因素、专家意见等标准评定,这一引文索引数据库的权威性与代表性已逐渐获得学界的认可,已经成为地区、机构、学术、学科、项目及成果评价与评审的重要依据。正是由于索引期刊来源的质量与数量,本研究的选取对象能够代表这十余年来品牌研究的大致状态。

在对CSSCI中文社会科学引文索引进行“品牌”关键字搜索之后,得到

1995—2009 年间的来源文献 3572 篇，被引文献 2725 篇①。由于这些文章大多数并非严格意义上的“研究论文”或“学术论文”，这些文章并不都能满足本研究目标，因而需要对所得结果进行二次筛选。最后，通过对学术规范的要求以及对重复文章的排除，共得出 1523 篇符合要求的期刊文献。本研究建立在对这 1523 篇论文进行内容分析的基础之上，通过对其进行编码和实证分析，考察各个编码变量之间的相关关系，总结品牌研究的历史脉络与发展现状。

第二节 品牌传播研究成果的内容分析

一、品牌论文发表数量分析

表 9.1 品牌论文发表年度频次与比例

年份	频次	比例(%)
1995	3	0.2
1996	6	0.4
1997	6	0.4
1998	19	1.2
1999	45	3.0
2000	64	4.2
2001	64	4.2
2002	60	3.9
2003	110	7.2
2004	125	8.2
2005	172	11.3
2006	201	13.2
2007	225	14.8
2008	209	13.7
2009	214	14.1

① 来源文献检索途径：篇名、作者、作者所在地区机构、刊名、关键词、文献分类号、学科类别、学位类别、基金类别及项目、期刊年代卷期等。被引文献的检索途径：被引文献、作者、篇名、刊名、出版年代、被引文献细节等。文献发表日期截至 2009 年 12 月 31 日。

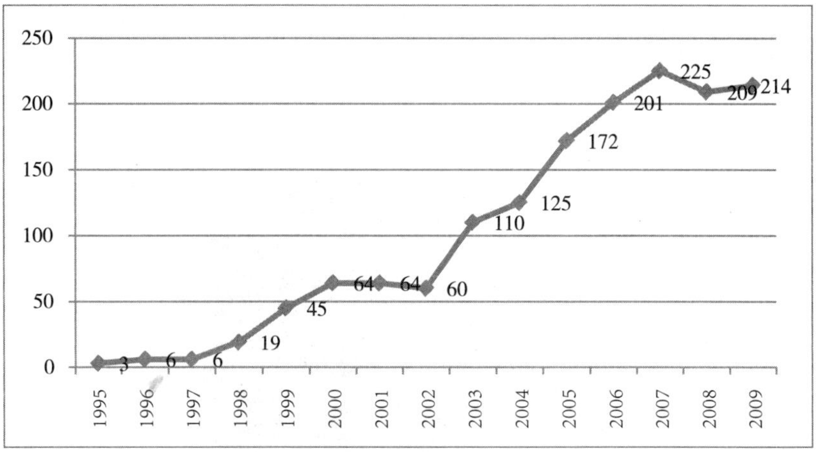

图 9.1 品牌论文发表年度的频次曲线

通过图 9.1 以及表 9.1 可以看出,从 CSSCI 中收录的最早的 1995 年论文之后,品牌研究文献以较为明显的速度保持增长。1995—1999 年间,由于品牌研究论文基数较小,因而增长幅度较为明显,进入 1999 年之后增长速度略有放缓,2002 年之后又出现大幅度增长,2003 年与 2002 年相比最为明显,几乎实现了翻番,这一快速增长速度一直持续至 2007 年才进入一个缓冲阶段。总体来看,品牌越来越受到研究领域的重视,针对这一主题的研究逐步扩大且日渐丰富。

整个发展脉络中出现了两次平缓发展期和一次高速发展期,即 1999—2002 年以及 2007 年至今。经过分析发现,这种现象并非偶然。上世纪 90 年代,我国对品牌的研究主要停留在对西方经典品牌理论的思考与引入阶段,1999 年进入一个"复制瓶颈期",尽管论文数量较前几年已有大幅增长,但由于研究范围较为狭隘,因而没有实现质的突破。新千年之后,随着经济全球化的发展和我国加入 WTO 组织,"品牌热"不断升温,品牌成为市场经济中赢得市场竞争的利器。2002 年之后,学术领域对品牌的关注大幅提高,从侧面反映了经济发展的现实需求。这一高速发展期持续至 2007 年,品牌研究发展到一个相对的高点,发展的进程遵循自然发展的规律,开始减缓。由此我们可以推断,在未来几年,我国品牌研究仍将保持一定的数量,但若没有强有力的刺激或者创新,增长幅度不会太大。

二、期刊来源分析

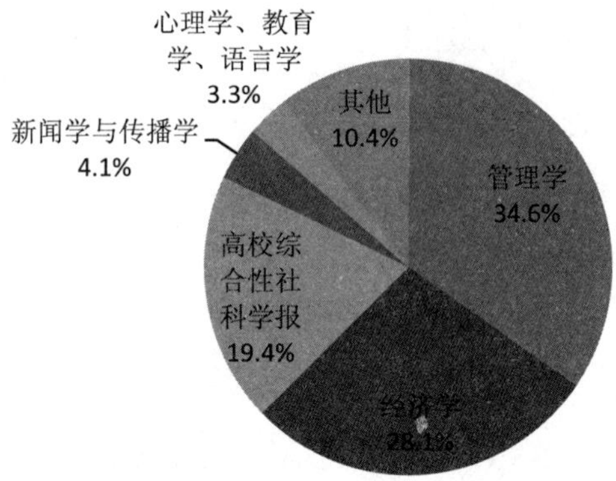

图 9.2　期刊来源所属领域分布

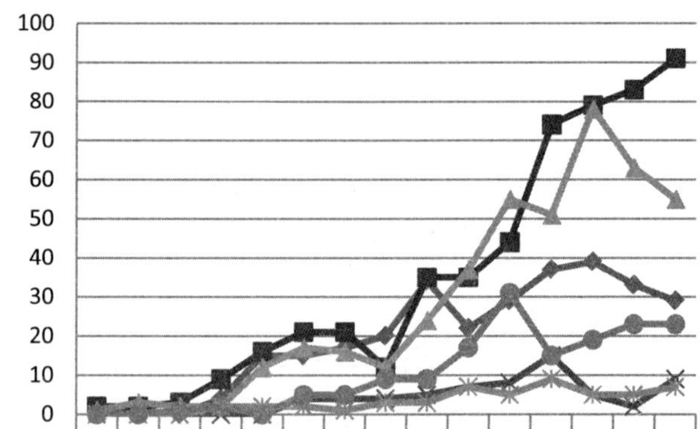

	1995	1996	1997	1998	1999	2000	2001	2002	2003	2004	2005	2006	2007	2008	2009
高校综合性社科学报	0	1	0	4	15	15	17	20	34	22	29	37	39	33	29
管理学	2	2	3	9	16	21	21	12	35	35	44	74	79	83	91
经济学	1	3	2	2	12	17	16	12	24	37	55	51	78	63	55
新闻学与传播学	0	0	0	0	0	4	4	4	5	7	8	15	5	2	9
心理学、教育学、语言学	0	0	0	2	2	2	1	3	3	7	5	9	5	5	7
其他	0	0	1	2	0	5	5	9	9	17	31	15	19	23	23

图 9.3　不同期刊来源发表论文逐年频次分布

目前，学者们在讨论品牌研究时，主要在广告学领域或者营销学领域中进行，然而长期以来，在学术领域中，难以找到专业学术阵地来发表理论性较强的有关品牌的学术论文。而在广告期刊或者营销期刊中，大多数文章缺乏学术规范，属于行业资讯或者观察评论而非学术文章，因此品牌研究论文散见于不同的学术领域中。

在本次研究中，我们按照 CSSCI 引文索引的期刊来源分类进行编码分析，得出数据如图 9.2。品牌研究论文的主要分布领域包括管理学、经济学、高校学报、新闻传播学、心理学、教育学、语言学等多种学科领域，其中，管理学与经济学期刊是品牌研究的主要学术阵地，超过全部比重的 60%；而高校学报也是学界发表品牌研究论文的重要出口。图 9.3 显示的是不同期刊来源中发表的品牌研究论文的逐年频次分布。如图 9.3 所示，2003 年以前，高校学报在品牌研究中扮演着重要角色；2003 年之后，管理学与经济学期刊则成为品牌研究的主战场，尤其是管理学期刊，始终保持着较大幅度的增长。与此同时，值得注意的是，在上述多种学科领域的期刊之外还有 10% 比例的品牌研究在其他领域中出现，可见品牌研究仍属于交叉学科研究，要发展成为一门成熟独立的学科还任重道远。

三、作者来源分析

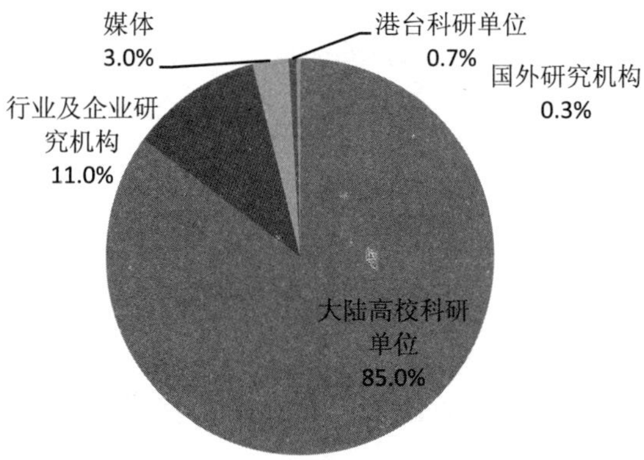

图 9.4　作者来源分布

在对作者来源的编码分析过程中，我们主要将作者来源划分为内地高校科研单位、行业及企业研究机构、港台科研单位、国外研究机构、媒体等五大类。如图 9.4 所示，来自行业及企业研究机构，即来自业界的研究论文占全部比例的 11%，而内地高校科研单位占全部比例的 85%，承担着推动品牌研究进程的重要责任。

四、研究产品品类分析

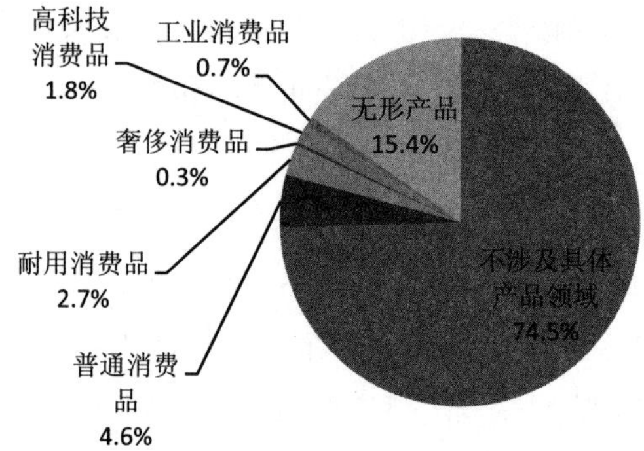

图 9.5　研究产品品类分布

如图 9.5 所示，74.5%的品牌研究论文并不涉及具体产品领域，而在有所针对的 25%左右的品牌研究论文中，关注服务业或其他无形产品的占 15.4%，远远超过关注其他品类的论文数量，跟随其后的普通消费品品牌研究论文仅占全部论文的 4.6%。当然，这部分归因于占 74.5%的大多数论文虽然没谈及具体产品，但其出发点多数建立在对一般消费品或普通消费品的默认关注前提下。

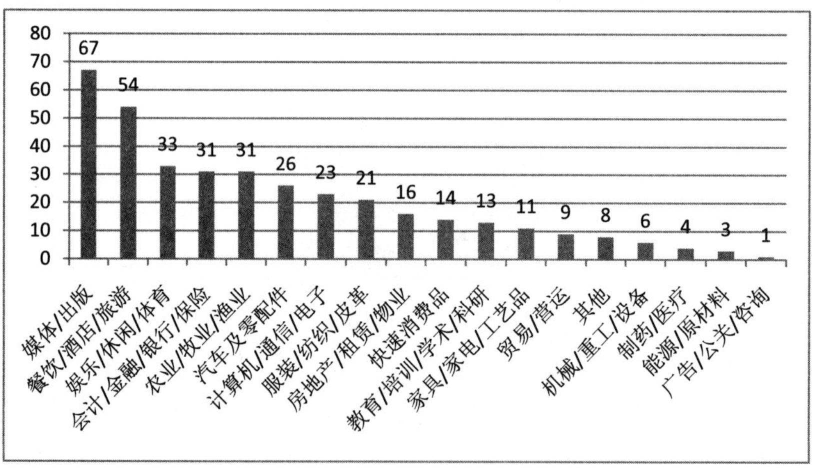

图 9.6　研究行业分布

图 9.6 显示的是涉及具体产品的品牌研究论文所关注的不同行业的数量关系。其中，关注媒体/出版业品牌的文章数量最多，总数达 67 篇，涉及餐饮/酒

店/旅游等服务业品牌的文章数量紧随其后，总数达 54 篇，而涉及机械/重工/制药/医疗/能源/原材料等工业品品牌的文章数量较少，总数只有 13 篇。这其中值得注意的是，对农业/牧业/渔业等行业的品牌研究文章数量也较为客观，达到 31 篇。从图 9.8 不难看出，在历年的品牌研究中，大众消费品品牌研究一直是研究的重点，而工业品品牌的研究相对较少，这也反映了业界对消费品与工业品这两个不同领域的品牌建设的不同关注度。

五、研究主题分析

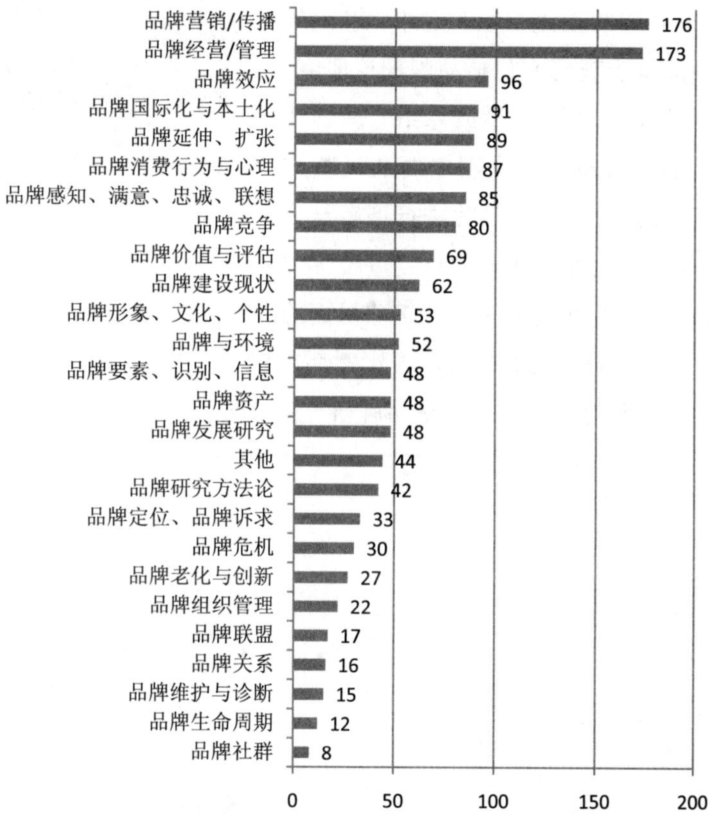

图 9.7　研究主题分布

如图 9.7 所示，品牌研究较为集中的两大主题，一是从宏观角度探讨品牌的营销/传播或者经营/管理，其数量远远多于其他研究主题；二是对品牌效应以及品牌的国际化和本土化的关注。由于我国的品牌研究发展主要依托于对西方经典品牌概念与理论的引入，因而在整个发展过程中，对品牌效应的强调，即对品牌概念的介绍以及对品牌战略意义的分析便显得尤为突出。跨国品牌的在华品牌策略分析以及中国品牌走向国际的策略讨论之所以也成了品牌研究的重点,一个重要原因是中国正逐渐成为世界经济不可或缺的重要组成部分,面对融合与碰撞,品牌在竞争与扩张中的作用显得愈加重要。

图 9.8 显示的是将研究主题进行宏观分类之后得到的分布结果,即将研究主题分为品牌营销与传播、品牌经营与管理、品牌权益与资产、品牌宏观研究四大类:品牌营销与传播侧重品牌的具体战略与策略;品牌经营与管理偏重于品牌的创立、建设、维护、组织等管理层面;品牌宏观研究包括品牌理论研究、行业品牌建设现状等理论性或总结性较强的研究内容;品牌权益与资产则主要从品牌权益、品牌资产理论出发,对品牌进行理解与分析。如图 9.8 所示,品牌研究的重点主要集中于品牌营销与传播,即品牌战略与策略层面的内容,占全部文章的近 40%,其余三大主题所占比重则较为平均,所占比例都在 20%左右。从图 9.9 我们可以进一步看出,品牌营销与传播始终是品牌研究的主要关注领域,且在 2001—2005

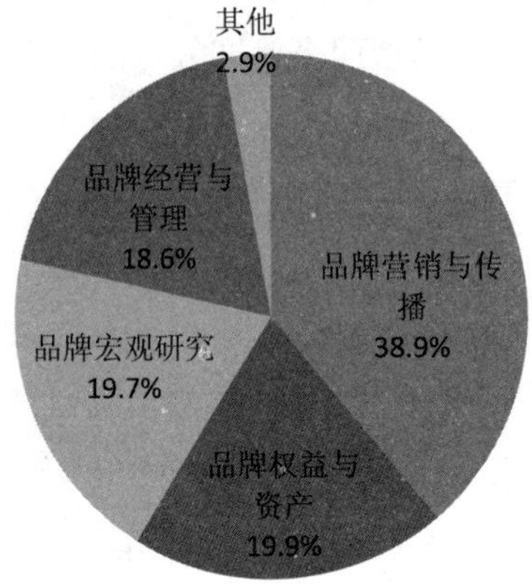

图 9.8　研究主题分布

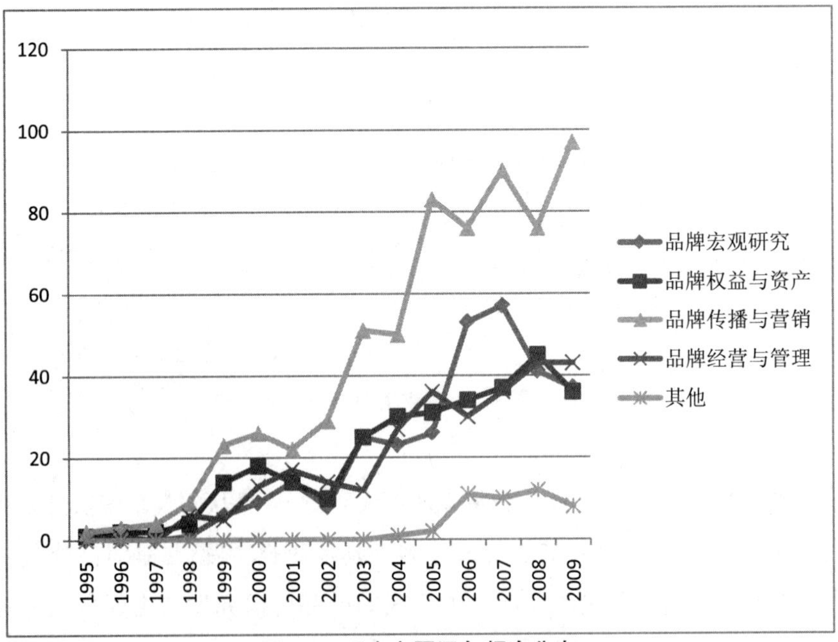

图 9.9　研究主题逐年频次分布

年期间大幅增长，其余三大主题也基本同步发展。值得注意的是，2006—2007年期间，品牌宏观研究论文出现井喷现象。对应于图 9.1：品牌研究论文数量在 2007 年之后进入低速增长期，我们可以大致推断，我国品牌研究在 2007 年左右开始进入一个阶段性总结时期。

六、研究方法分析

表 9.2　具体研究方法对比

研究方法	频次	百分比（%）
调查实证	96	6. 3
实验法	25	1. 6
访谈法	1	0. 1
个案研究法	112	7. 4
内容分析法	47	3. 1
文献分析	948	62. 2
模型分析	140	9. 2
比较与历史研究	108	7. 1
理论阐释	46	3. 0

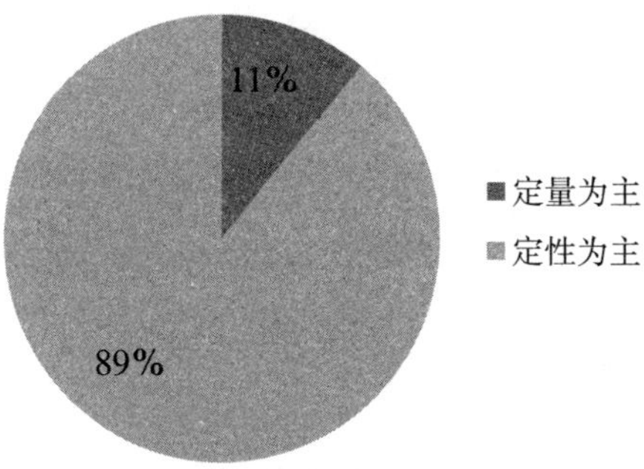

图 9.10　研究方法对比

如表 9.2 所示，文献分析方法是品牌研究论文中用得最多的研究方法，即通过二手资料搜集、整理与分析得出结论、提出观点，这一研究方法占全部研究文章的 62. 2%，而模型的引入与应用、个案研究与分析以及比较研究和历史研究等方法也分别以 9. 2%、7. 4%、7. 1%的比例成为品牌研究中较为常用的方法。综合来看，品牌研究整体以定性方法为主，与定量研究方法相比，占比达到 89%（如图 9.10）。

七、研究属性分析

如图 9.11 所示，与理论研究相比，应用研究占整体研究的 69%，品牌研究主要以应用研究为主，其中又以业界研究机构为甚。如图 9.12 所示，虽然不同背景的作者在品牌研究中都以应用研究为主，但是应用研究与理论研究所占的比重却有所差别。内地高校科研单位的理论研究比重较大，而媒体、行业及企业研究机构的研究则大多数为应用研究。

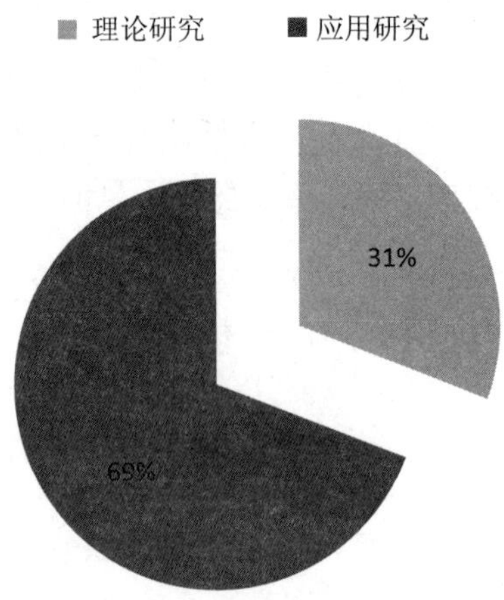

图 9.11　研究属性对比

不同研究属性所使用的研究方法也有较大差别。如图 9.13 所示，在理论研究中，文献分析方法所占的比例较小，模型分析占 21.5%、比较与历史研究占 16%、调查实证占 13%、实验法占 3.6%，均远远高于应用研究；在应用研究的论文中，文献分析方法用得较多，此外，个案研究法也用得较为频繁，占 10.2%。

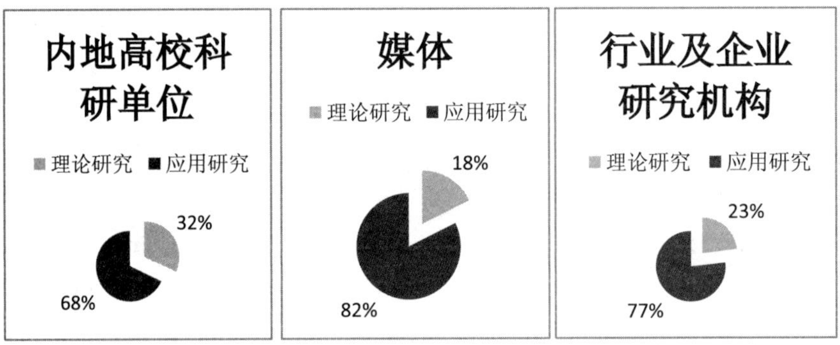

图 9.12　不同背景作者的研究属性对比

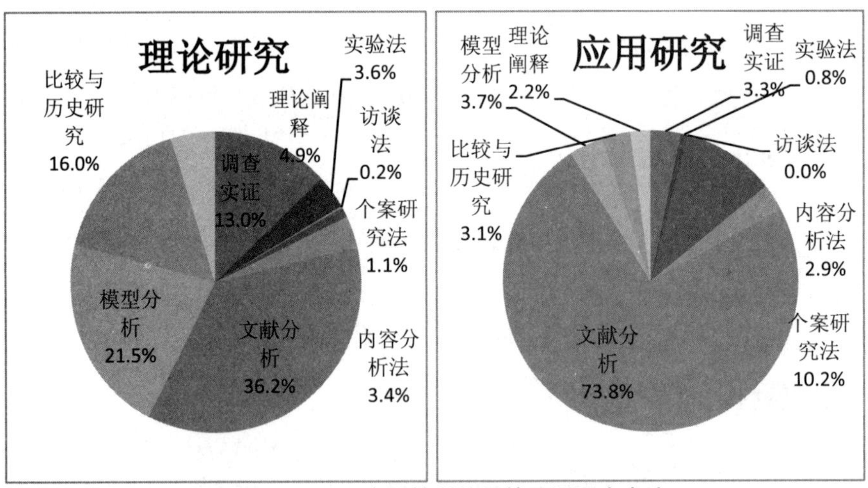

图 9.13　不同研究属性所使用的不同研究方法

八、品牌传播研究的总结与展望

根据品牌研究论文发表数量与关注主题的逐年发展，我们可以大致将1995—2009年的品牌研究发展历程划分为以下四个阶段：

(1) 1995—1999年：起步阶段——品牌概念的引入

(2) 1999—2002年：延伸阶段——品牌概念的延展

(3) 2002—2007年：飞速发展阶段——多种品牌视角的应用

(4) 2007年至今：稳步发展阶段——品牌研究的反思与求新

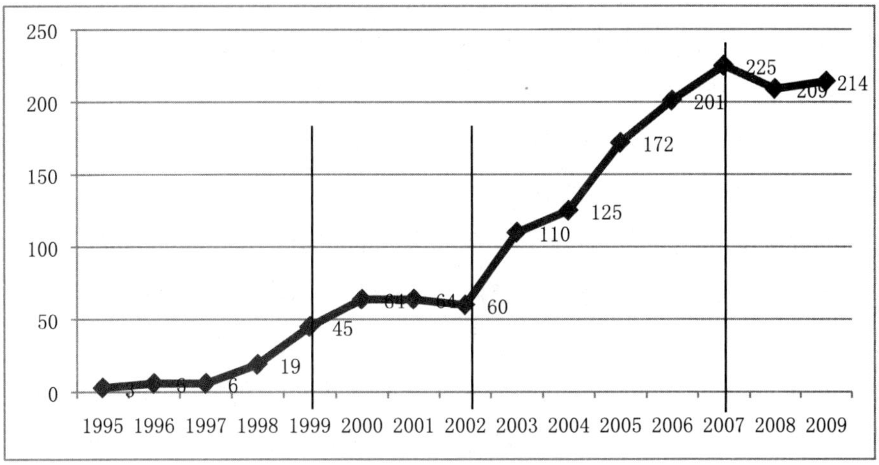

图 9.14　品牌研究发展的四个不同阶段

综合分析1995—2009年的品牌研究论文，我们发现了以下明显特点：

(1) 品牌研究涉及领域十分广泛，在以管理学、经济学期刊以及各大高校学报为阵地的学术交流过程中，几乎所有的行业、领域都参与到了品牌研究中；

(2) 目前对于品牌的研究主要以应用性研究为主，且多从二手资料分析入手，研究方法较为单一，缺少专业性与理论性的实证，整体研究较为粗放；

(3) 品牌研究在“百花齐放”的同时，缺乏系统性和呼应性，因而整体研究仍不成体系，难以突破其面临的研究瓶颈。

〔本章作者：孔清溪〕

第十章　欧美广告传播研究

现代广告的概念始于欧洲和美国。欧洲的广告业发展较早，但从 20 世纪开始，美国的广告业后来居上。时至今日，无论是从人均广告费还是从广告营业总额、广告费用总额占国民生产收入的比例来看，美国均居全球首位。从整体上来说，欧洲的广告业发展水平仍然高于作为发展中国家的中国。广告学术研究与产业的发展息息相关，因而欧美的广告传播学术研究也在全球居于领先地位，至今已经积累了丰富的成果。

2000 年作为新世纪的伊始，距今已经有十余年时间，这期间，广告行业经历了许多重大的变迁，同时也迎来了一波接一波的机遇，从广告创意到广告形式、从广告媒介到广告公司、从广告主到广告受众，都面对不同程度的机遇和挑战。与此同时，学术界关于广告学的探索和研究也在不断推进。因此，美国广告传播研究成果的梳理对于把握未来国际范围内广告传播研究的走向具有重要的指导意义。

第一节　研究设计

本章的研究对象为欧美广告及新闻传播学领域的 4 种代表性期刊 2000—2009 年 10 年间刊发的全部广告学研究的文章。4 种期刊全部为季刊，分别是 *International Journal of Advertising*（IJA，英国），*Journal of Advertising*（JA，美国），*Journal of Advertising Research*（JAR，美国）和 *Journalism and Mass Communication Quarterly*（J&MCQ，美国），前 3 种期刊为广告学术研究代表期刊，其上发表的文章绝大多数为广告研究论文，最后 1 种为新闻传播学代表期刊，广告研究的文章仅占全部文章的一部分。

本章主要采用内容分析法，对收录对象进行编码分析，并进行二次编码（Valid>87%）以确保研究的有效性。

第二节 欧美广告传播研究成果的内容分析

一、数量分析:10 年总体稳定,近年略有上涨

在这 4 种期刊中,我们收录了与广告研究有关的全部文章,包括与广告研究相关的编者按,排除了纯粹回顾性或书籍推荐性的编者按以及书评。从表 10.1 中可见,在收录的 4 种期刊中,按发表广告研究文章数量排序,最多的是 *Journal of Advertising Research*(424 篇),之后依次是 *Journal of Advertising*(315 篇),*International Journal of Advertising*(260 篇)和 *Journalism and Mass Communication Quanterly*(31 篇)。因为 4 种期刊发表文章总数及各自定位有所不同,收录的各期刊文章数量也有所差异,按收录文章所占比例从多到少依次是 *Journal of Advertising Research*(41. 17%),*Journal of Advertising*(30. 58%),*International Journal of Advertising*(25. 24%),*Journalism and Mass Communication Quanterly*(3. 00%)。

表 10.1 4 种期刊发表广告类论文总量

期刊名称	收录范围	发表广告研究文章数量(篇)	占收录文章百分比(%)
IJA	2000-2009	260	25. 24
JA	2000-2009	315	30. 58
JAR	2000-2009	424	41. 17
J&MCQ	2000-2009	31	3. 00
总计		1030	100

如图 10.1 所示,4 种期刊在 10 年间分别发表的广告研究文章从数量上来说变化幅度不大,整体呈现稳定趋势:年均 100 篇左右;2006—2009 年有较明显的上升趋势;2008 年达到顶峰,128 篇;2002—2005 年有略微下降趋势;2003 年达到低谷,83 篇。这种比较稳定的趋势与 4 种期刊每年稳定的文章发表量有关。其中,每年发表广告研究论文最多的是 *Journal of Advertising Research*,在 42 篇左右浮动,最多的是 2000 年和 2008 年(49 篇和 50 篇),最少的是 2004 年(35 篇);*International Journal of Advertising* 和 *Journal of Advertising* 发表的数量相似,前者为 25 篇左右,后者为 30 篇左右。

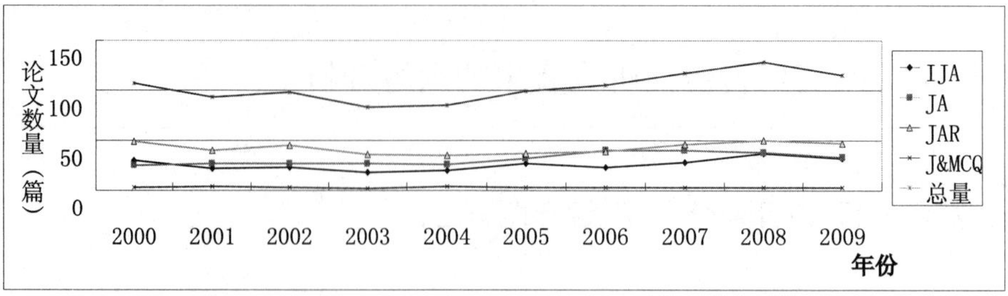

图 10.1　2000-2009 年欧美 4 种广告学及新闻传播学期刊发表广告类论文数量趋势

二、主题分析

在对收录的1030篇广告研究文章进行进一步分析的过程中,我们采用人工编码的方式,对所收录文章的研究主题进行分类。在对文章主题进行分类的时候,为保持分类的有效性、代表性以及与中国研究部分的可对比性,欧美刊物文章主题的分类根据三点原则进行:首先,借鉴前几章中国研究部分的分类思想,先打散再整合,使各条目之间达到最大互斥性和内部统一性,将主题大致分为广告传播者、广告传播信息、广告传播渠道、广告传播接受者、广告传播效果;其次,借鉴营销学、社会学、传播学等相关学科的研究视角,增加广告管理与广告法规、广告伦理与广告批判、广告教育、广告史、广告行业研究、广告公司及从业人员研究六个分类;再次,结合美国广告研究的实际情况,对广告传播效果研究的内涵进行分解,分别从消费者、媒体、广告信息三个不同侧重面来考察广义上的广告传播效果,从市场占有率和品牌资产等经济因素考察狭义的广告传播效果。

欧美是现代营销的发源地,在广告理论与实践方面始终处于领先地位,向外输入广告理念远多于引进外国的广告理念,如在广告研究文章中占有相当比例的整合营销传播就发源在美国。于是我们在欧美研究部分取消了外国研究这一分类。

综上所述,最终分类及其范畴如下:

(1)广告传播研究方法论:主要为方法论研究,包括纯理论性研究、框架构建、对原有模型的跟进研究等;

(2)广告传播主体:主要为广告主研究,包括企业研究、产品市场研究、广告支出研究、广告战略研究、以广告主为主体的整合营销研究等;

(3)广告传播信息:包括广告作品的制作、设计、内容、创意、诉求方式、流程研究等;

(4)广告传播媒体:包括大众媒体、网络、数字新媒体以及其他侧重于传播渠道的研究;

(5)广告传播客体:主要为侧重于消费者认知、态度等方面的消费者研究;

(6)广告传播效果:主要为侧重于经济因素的狭义广告效果研究,包括市场占有率效果、品牌资产形象效果等;

(7)广告管理与广告法规:包括法律管理、政府行政管理、行业协会管理、消费者监督等以及广告监督效果研究。

(8)广告伦理与广告批判:包括对药品广告、烟酒广告、儿童广告等争议性广告的批判与反思以及从跨学科角度对广告进行的批判和对广告行业的反思,从文化角度对广告进行的批判也在此类;

(9)广告教育:主要指高等院校的广告学教育研究、学者研究以及对广告研究成果的研究等;

(10)广告史:主要是对广告史、广告行业史以及广告学术史的研究和梳理,对广告态度等方面的变迁沿革研究也归入此类;

(11)广告行业研究:主要指从宏观角度对广告行业的经营状况、发展趋势进行全局性的总结和反思,包括某一地区的广告行业总论等;

(12)广告公司及从业人员研究:包括以广告公司为主体的研究、广告公司客户关系研究、从业人员研究等。

1. 广告效果研究 10 年间独占鳌头,广告教育研究遭冷遇

根据上述分类,我们将所收录的 1030 篇文章进行分类,广告论文涉及的主题总体情况分布如图 10.2 所示。在 12 个主题中,有 4 个主题受到了显著关注,其中广告传播效果研究出现的频率最高(278 篇),其后依次是广告传播客体研究(206 篇)、广告传播信息研究(151 篇)和广告传播媒体研究(114 篇)。

从图 10.2 中可以看到,出现频率最多的前 4 个主题构成了研究主题的主流。依据前文的界定,消费者研究、信息研究和媒体研究与经济效果研究共同构成了广义和狭义的广告效果,实际的分析也验证了这一分类的合理性。广告传播客体、广告传播信息和广告传播媒体这 3 个分类中的文章多是从消费者、信息和媒体出发,落脚在对广告效果的研究上,其中媒体研究略显特殊,除了不同媒体的传播效果之外,还有少数文章讨论新媒体广告的演变、广告媒介经营

等问题。这 4 类主题共有 749 篇文章,占总数的 72.72%。由于不同期刊有不同的编辑特色,在不同时期也会以相对集中的话题来组织文章,所以不能单纯地基于文章数量而不计时间序列对广告主题进行分析。但是我们仍旧可以看到,在近十年里,从总体上来说,广告效果研究是欧美广告研究的主流。

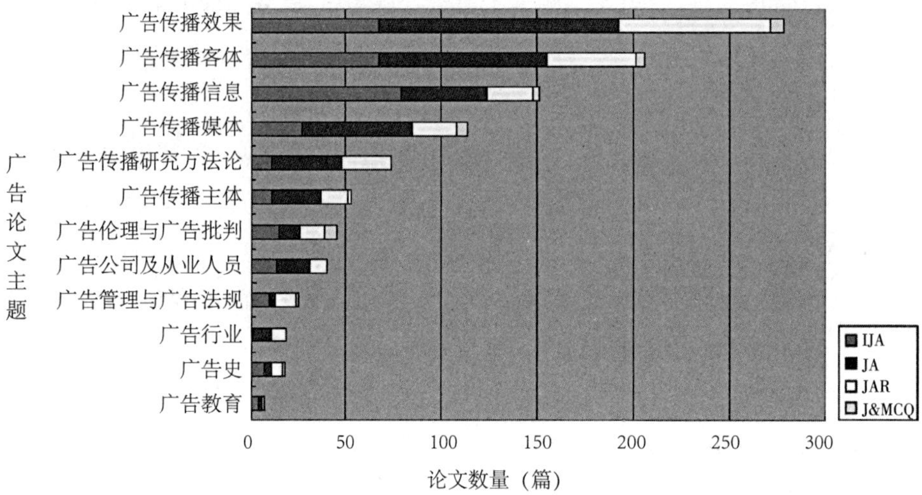

图 10.2　2000-2009 年欧美 4 种广告学及新闻传播学期刊发表广告类论文主题分布

除此之外,其余 8 个主题占 27.28%,其中可以大致分为两个部分。第一部分包括广告传播研究方法论(74 篇)、广告传播主体(53 篇)、广告伦理和广告批判(45 篇)、广告公司及从业人员(40 篇)、广告管理与广告法规(25 篇)。其中涉及广告传播研究方法论的文章最多,其次是广告主和广告公司两个行业主体的研究;同时,关于烟酒广告、儿童广告等批判性研究也较受重视。第二部分的 3 个主题在这 10 年中受到的关注较少,分别为广告行业(19 篇)、广告史(18 篇)和广告教育(7 篇),其中广告教育的关注度最低,在 1030 篇文章中只有 7 篇涉及这个主题。

2.不同期刊的重点均为广告效果,其他主题各有侧重

在将广告研究主题和 4 种期刊进行交互分析时,可以看出 4 种期刊所发表的论文在研究主题上有共性,但更多的是差异性(如表 10.2)。

表 10.2　4 种期刊主题分布比例

刊名 主题	IJA	JA	JAR	J&MCQ
广告传播研究方法论	3. 50%	8. 70%	10. 00%	0. 00%
广告传播主体	3. 50%	6. 10%	5. 40%	6. 50%
广告传播信息	25. 10%	10. 60%	9. 20%	9. 70%
广告传播媒体	8. 60%	13. 70%	8. 80%	19. 40%
广告传播客体	21. 60%	20. 50%	17. 70%	16. 10%
广告传播效果	21. 60%	29. 20%	30. 40%	22. 60%
广告管理与广告法规	3. 20%	0. 70%	4. 20%	3. 20%
广告伦理与广告批判	4. 80%	2. 60%	5. 00%	19. 40%
广告教育	1. 30%	0. 50%	0. 40%	0. 00%
广告史	2. 20%	0. 90%	2. 30%	3. 20%
广告行业	0. 30%	2. 40%	3. 10%	0. 00%
广告公司及从业人员	4. 40%	4. 00%	3. 50%	0. 00%

从共性上来讲,研究广告传播效果的文章在这 4 种期刊中所占的比重都相当大。研究广告传播效果的文章除了在 *International Journal of Advertising* 中占第二位(21. 6%,排第一位的是广告传播信息 25. 1%)之外,在其他 3 种期刊中都占首位(*Journal of Advertising* : 29. 2%, *Journal of Advertising Research* : 30. 4%,*Journalism and Mass Communication Quanterly* : 22. 6%),占文章总数的三分之一左右。此外,同上所述,同属于广义的广告效果的主题还有广告传播客体、广告传播信息和广告传播媒体,这 3 类主题在 4 种期刊中也分别占有较高比例(如表 10.2)这种情况在一定程度上佐证了上文结论,即近十年来欧美广告研究领域的重点在于广告效果,并且这一重点在不同的媒体上都有显著表现。

就差异性来讲,4 种期刊除了在广告效果研究上一致外,也各有侧重和特点,如表 10.2 所示。

International Journal of Advertising 中,占比最大的是广告传播信息研究(25. 1%),其次是广告传播客体研究和广告传播效果研究(各为 21. 6%);广告传播媒体研究(8. 6%)、广告伦理研究与广告批判研究(4. 8%)、广告公司及从业人员研究(4. 4%)也是该期刊比较关注的方面;关注最少的领域是广告教育研究(1. 3%)和广告行业研究(0. 3%)。

Journal of Advertising 中,占比最大的是广告传播效果研究(29. 2%),其次

是广告传播客体研究(20.5%)与广告传播媒体研究(13.7%);广告传播信息研究(10.6%)、广告传播研究方法论研究(8.7%)和广告传播主体研究(6.1%)在该期刊中也占有明显的优势。与 *International Journal of Advertising* 不同,*International Journal of Advertising* 虽然有所侧重,但总体来说研究文章的主题上分布比较平均,相互间的比例差异不是很大,而 *Journal of Advertising* 的上述几个主题占据较大比例,其他主题占据较小的比例。*Journal of Advertising* 中关注较少的领域主要在广告教育(0.5%)、广告管理与广告法规(0.7%)和广告史(0.9%)。

Journal of Advertising Research 关注最多的是广告传播效果(30.4%),其次是广告传播客体(17.7%)和广告传播研究方法(10%);广告传播信息(9.2%)和广告传播媒体(8.8%)也较受关注;关注最少的是广告教育(0.4%),其他几个主题关注度大致相当。

Journalism and Mass Communication Quanterly 中,广告传播效果研究占比最大(22.6%),其次是广告传播媒体研究(19.4%)、广告伦理与批判研究(19.4%)和广告传播客体研究(16.1%);广告传播信息研究(9.7%)和广告传播主体研究(6.5%)受关注较多。在这一期刊中,没有涉及广告传播研究方法论、广告教育、广告行业研究、广告公司及从业人员研究的文章,这与 *Journalism and Mass Communication Quanterly* 中广告研究文章总数较少也有关系。

虽然通过上述分析可以看出 4 种欧美广告及新闻传播学期刊在研究重点上的异同,但这些结论主要是以各期刊的内部纵向对比分析得出的,但因为各个期刊的样本数量存在差异,所以本研究缺少有力的横向对比分析。比如广告伦理与批判的研究在 *International Journal of Advertising* 和 *Journalism and Mass Communication Quanterly* 中的比例分别为 4.8%和 19.4%,这只在一定程度上表明了这个主题分别在这两本期刊中得到关注的程度,却不能武断地说 *Journalism and Mass Communication Quanterly* 在广告学研究中对这个主题的贡献最大。

3. 各时期研究焦点呈现多样化,业界热点有一定体现

我们对这 4 种期刊 10 年间关注的焦点话题进行了整体回顾,发现其呈现以下特点:各时期多焦点并存,有时会组织专题。焦点与前述主题分类不同,对于同一个焦点,如植入广告,既可以从消费者的角度进行研究,也可以从广告信息的组织策划的角度进行研究。

4 种期刊中,*Journal of Advertising Research* 组织专题的频率较高,并且侧重

于研究互联网广告。早在2000年,它就刊登了一些研究电子商务和网络广告的文章,如伯利兹·约瑟夫A.(Bellizzi Joseph A.)的《吸引目标对象到电子商务网站》("Drawing Prospects to E-Commerce Websites"),戈登·C.布鲁纳二世(Gordon C.Bruner II)的《网络广告与广告效应分层》("Web Commercials and Advertising Hierarchy-of-Effects")等。此后,它以互联网为基础的研究一直没有中断,2001年和2003年都刊登过多篇互联网广告领域的文章,2004年有多篇论文讨论网络口碑,2007年则将网络广告、移动广告和口碑营销作为重点,2009年以来数字新媒体成为这本期刊上论文研究的主要方向。除了互联网和新媒体,*Journal of Advertising Research* 也相继组织过多种专题,如2001年的体育赞助,2004年的整合营销传播和广告投资回报率,2005年的媒介营销和品牌资产管理,2006年的广告亲和力,2008年的广告道德与伦理、媒介长尾营销以及中国广告市场研究等。

Journal of Advertising 更多地体现出各时期多焦点的特点。近十年来,它所刊载的论文关注的焦点涉及多个方面,同一期刊中也经常出现多个不同的焦点,但也有一些相对集中的话题。如2002年春刊登了多篇论文讨论政治广告,秋季又有多篇文章关注网络广告,2003年关于消费者研究的文章较多,2005年较为关注互联网和整合营销,2006年关注代言与植入(早在2000年左右就刊登过关于代言的研究论文,但当时仅偶尔一两篇),2008年以广告创意为主题,2009年继续深化2006年的焦点,刊登了多篇研究隐性广告的文章。

International Journal of Advertising 的焦点在各时期都比较分散,整体来说较少出现集中的专题,但是它有一个明显的特点,就是无论是什么焦点,都侧重于从批判的视角进行研究。在近十年刊登的论文中,对儿童、青少年的关注贯穿始终,对涉及食品、烟酒、药品的广告较为侧重。比如,它2004年关注处方药广告的监管,2006年关注儿童与食品广告,2007年关注烟酒广告与青少年,2008年以公益广告为话题,2009年则就妇女儿童进行广告研究。这是这个期刊与其他期刊明显的区别。与此同时,它不仅限于研究批判类问题,也经常在同一期杂志中包含多个焦点。

Journalism and Mass Communication Quanterly 的特殊之处在于,近十年来它对广告的研究多从报纸、杂志和电视出发,或者落脚于这三类媒体。如2002年的"Intertwining Of Campaign News And Advertising: The Content And Electoral Effects Of Newspaper Ad Watches",2004年的"Interlocking Of Newspaper Companies With Financial Institutions And Leading Advertisers",2009年的"The

Relationship Between Editorial And Advertising Content About Tobacco And Alcohol In United States Newspapers：An Exploratory Study"等。这在一定程度上是因为它本身的定位就是研究新闻与大众传播领域。

综上所述，近十年来广告业的一些热点、焦点，如网络广告、代言人、植入广告等在不同时期的不同期刊上都有同步反映。但是，虽然同时期业界的热点对期刊的选题有所影响，这些期刊在选题的覆盖上仍呈现出比较平均和分散的状态。

三、作者分析

1.单一作者与二人合著比例相当，三人合著不到十分之一

我们对所收录的1030篇广告文章的作者合作情况进行了分析，经统计，其中390篇文章出自单一作者之手，占总数的37.9%；两人合著的文章为357篇，占34.7%；三人合著的文章有193篇，占18.7%；三人以上合著的文章为90篇，仅占8.7%。如图10.3所示，可以看到单一作者和两人合著的文章数目接近且占比很大，两者相加约占总数的72%（两人合著的比例远高于国内同类情况的比例，国内为16.7%）。

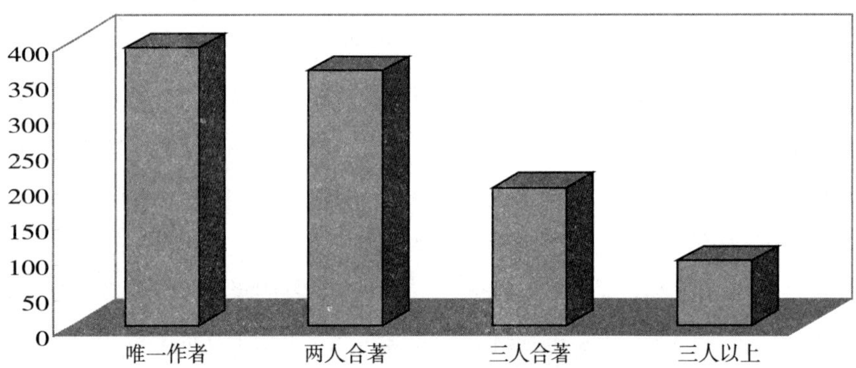

图10.3　广告文章作者合作情况

2.作者合著为*Journal of Advertising*主流，其他期刊独著与合著平分秋色

我们在对作者合著情况和期刊种类的交互分析中发现，不同期刊上作者合著情况有明显差异。

分析发现，*Journal of Advertising*上两人合著的文章最多，有133篇，占*Journal*

of Advertising 广告文章总数的 42.2%；*Journalism and Mass Communication Quanterly* 上仅有的 31 篇广告文章中，两人合著的文章就有 17 篇，占 54.8%。

就 4 种广告期刊的比较而言，*Journal of Advertising* 的合著特点表现得最为明显，两人和两人以上合著的文章占到近 77%，远高出 *Journal of Advertising Research* 和 *International Journal of Advertising*；*Journalism and Mass Communication Quanterly* 上两人和两人以上合著的文章也占到 77%左右，但是由于文章数量偏少，因此不能显著地说明问题。若以论文是否合著为标准来划分，*Journal of Advertising Research* 和 *International Journal of Advertising* 的唯一作者形式和合著形式大体上平分秋色，*Journal of Advertising Research* 中的合著占 56%，*International Journal of Advertisin* 中的合著占 52%。

表 10.3 作者合著情况和期刊种类关系

著作情况	期刊种类				合计
	JA	JAR	IJA	J&MCQ	
唯一作者	75	183	125	7	390
两人合著	133	123	84	17	357
三人合著	90	67	30	6	193
三人以上合著	17	51	21	1	90

3. 美国高校科研单位占半壁江山，美国境外与业界研究机构跻身三甲

在对所收录的 1030 篇文章的作者来源进行分析时，我们将作者来源进行了如下分类：

(1)美国高校科研单位(院、系、所的科研人员、教师、在读学生)

(2)美国境外研究机构

(3)媒体(电视台、电台、报社、期刊社)

(4)行业及企业研究机构

(5)4 种期刊记者编辑人员

(6)广告行政管理部门

本研究所涉及的 1030 篇文章共有 2083 个可查作者，分析结果如图 10.4 所示。美国高校科研单位仍是主要的作者来源，有 1020 人，占总人数的 48.97%；美国境外研究机构的作者有 687 人，占总人数的 32.98%；美国国内外行业及企业研究机构的作者有 336 人，占总人数的 16.13%。以上这 3 类作者占了全部

人数的98.08%,剩下1.92%的作者分别来自媒体(19人)、4种期刊记者编辑人员(12人)和广告行政管理部门(9人)。

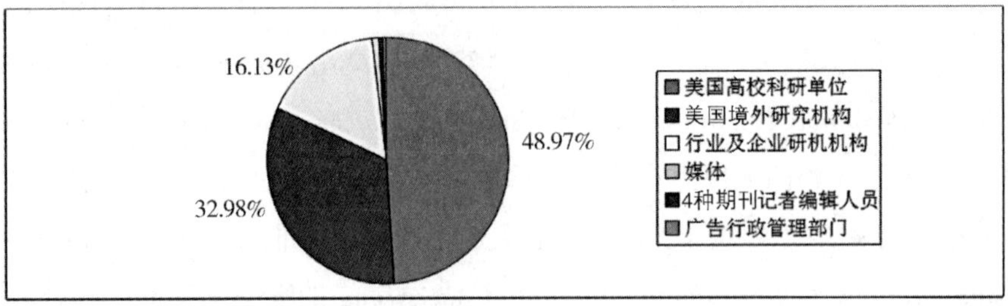

图 10.4　2000-2009 年欧美 4 种广告学及新闻传播学期刊发表广告类论文作者来源

4. 作者来源彰显期刊特色,总体结构合理

作者来源和期刊的交互分析可以考察各个期刊文章来源的分布、种类、数量和作者背景,从而了解期刊采录文章的偏好、路径以及定位等。

如前文的划分,作者来源归为六类:美国高校科研单位(院、系、所的科研人员、教师、在读学生)、美国境外研究机构、媒体(电视台、电台、报社、期刊社)、行业及企业研究机构、4种期刊记者编辑人员、广告行政管理部门。分析结果显示,*Journal of Advertising* 的广告文章主要来自美国高校科研单位,有467篇(次)文章(由于有合著情况,所以文章统计会计重,非实际文章篇数),占 *Journal of Advertising* 所有作者来源的近50%,远高于其他来源;*Journal of Advertising Research* 中来自美国高校科研机构、行业和企业研究机构和美国境外研究机构的作者几乎涵盖了所有文章,分别有339篇(次)、266篇(次)、242篇(次);*International Journal of Advertising* 作者主要来自美国境外研究机构,有257篇(次),占所有来源的一半以上;*Journalism and Mass Communication Quanterly* 的作者来源集中在美国高校研究机构。

表 10.4　作者来源和期刊交互状况

刊名 作者来源	JA	JAR	IJA	J&MCQ
美国高校科研单位	467	339	152	62
美国境外研究机构	186	242	257	2
媒体	4	10	5	0
行业及企业研究机构	25	266	45	0
4种期刊记者编辑人员	0	8	4	0
广告行政管理部门	0	6	3	0

研究表明，*Journal of Advertising* 的作者来源多数为美国高校研究机构，说明 *Journal of Advertising* 主要立足于美国本土，国内作者为其主要的供稿来源。*Journal of Advertising Research* 的作者来源比较平均，分布在高校科研机构、行业和企业研究机构以及美国境外研究机构中，所以 *Journal of Advertising Research* 的研究导向是国内国外并重，企业和学术机构并重，作者来源广泛，各方都相对平衡。*International Journal of Advertising* 的作者主要来自美国境外研究机构，这表现了其国际化的研究视野，侧重于研究国际广告。*Journalism and Mass Communication Quanterly* 则是一本由美国高校作者集中的期刊（该期刊还包含其他领域的大量文章）。

综合来看，这 4 种欧美广告核心期刊的文章来源是多样的，同时，美国高校科研单位、美国境外研究机构、美国国内外行业及企业研究机构这 3 类作者占了全部人数的 98%，美国国内外作者比例相当。就作者来源看，这种作者结构是符合实际情况的，是合理的，高校是广告研究的主力，企业和行业为辅，来自媒体的作者较少。与此同时，广告的国际化带来的广告研究的国际化也使美国国内外相关行业的人员更多地关注广告研究。

5.“5W”研究受青睐，监管、批判、教育、行业类研究薄弱

除了上述不同期刊对研究主题的影响外，我们进一步考察了不同来源的作者对不同主题的关注程度。因为每篇文章作者数量不尽相同，因此表 10.5 中反映出的不同来源作者的关注倾向是一种大致趋势。

表 10.5 主题与作者来源关系

研究主题＼作者来源	美国高校科研单位	美国境外研究机构	媒体	行业及企业研究机构	4 种期刊记者编辑人员	广告行政管理部门
广告传播研究方法论	53	53	1	31	2	0
广告传播主体	53	37	0	25	0	1
广告传播信息	168	116	3	39	0	0
广告传播媒体	101	55	4	49	1	1
广告传播客体	229	127	1	64	0	1
广告传播效果	255	191	8	102	3	6
广告管理与广告法规	25	22	2	3	0	0
广告伦理与广告批判	51	28	0	10	1	0
广告教育	11	0	0	0	1	0
广告史	18	10	0	0	0	0

续表

作者来源 研究主题	美国高校科研单位	美国境外研究机构	媒体	行业及企业研究机构	4种期刊记者编辑人员	广告行政管理部门
广告行业	15	10	0	5	2	0
广告公司及从业人员	41	38	0	8	2	0

对于美国高校科研单位来说，广告传播信息、广告传播媒体、广告传播客体和广告传播效果是其关注最多的领域；在广告传播研究方法论、广告传播主体、广告伦理与广告批判、广告公司及从业人员这4个方面，美国高校科研单位也有一定的关注；相对来讲，广告管理与法规、广告教育、广告史和广告行业研究方面美国高校关注得较少。

美国境外研究机构主要是指美国境外高校的科研单位。在这一作者来源中，外国高校对广告传播媒体的关注度明显低于美国高校，其他3个研究热点在美国境外研究机构中也表现突出；美国境外高校对其他主题的关注度和美国高校基本一致，但是在广告教育研究方面没有相关的作者。

媒体包括美国本土和国外的媒体，这一来源的作者较少，只有19个。其中广告传播效果8个，广告传播媒体4个，广告传播信息3个，广告管理与广告法规2个，广告传播研究方法论和广告传播客体各1个，其他6个方面没有相关的研究文章。

行业及企业研究机构的文章也占较大比例。其中关注广告传播效果和广告传播客体的作者最多，关注广告管理与广告法规、广告伦理与广告批判、广告行业研究、广告公司及从业人员研究的相对较少，广告教育和广告史研究没有相关的作者，其他几个主题的关注度较平均。

4种期刊记者编辑人员多发表编者按一类的文章，其中大多数为本期文章总览，发表广告研究相关文章的本期刊作者有9个，在主题的分布上比较零散。

广告行政管理部门的作者共有9个，其中有6个关注广告传播效果，关注广告传播主体、广告传播媒体和广告传播客体的作者各有1个。

总体来讲，不同来源的作者虽然各有侧重，但整体上都偏重于从拉斯韦尔的“5W”出发来研究广告，即主体（Who）、信息（Says What）、媒体（In Which Channel）、消费者（To Whom）和效果（With What Effect），从跨学科角度和宏观行业角度出发来考察广告的仍旧较少。因此，广告管理与广告法规、广告伦理与广告批判、广告教育、广告史、广告行业研究、广告公司及从业人员这些方面的研究比例较小。

四、研究方法分析

1.实验法绝对主导,调查研究和内容分析应用较多

我们对4种核心期刊所收录的1030篇广告文章的具体研究方法进行了统计分析,首先划分了两大类型:实证研究和非实证研究。实证研究又包括6项具体的研究方法:(1)文献研究;(2)调查研究;(3)实验研究;(4)内容分析;(5)实例研究;(6)两个以上研究方法的混合。

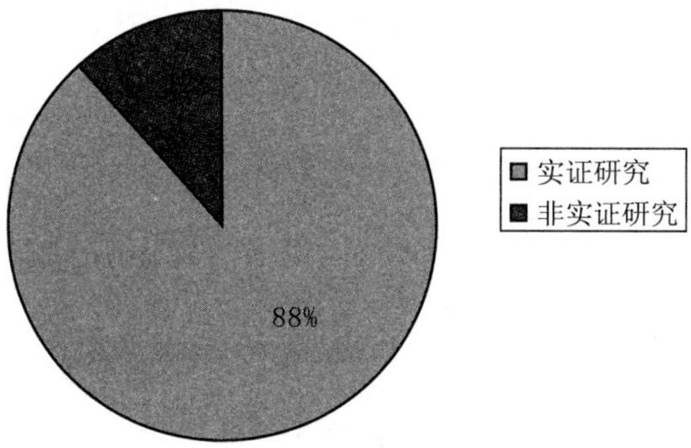

图10.5　实证和非实证研究分布

如图10.5所示,欧美4种广告核心期刊中,实证研究类文章占到总数的88%(911篇),远远超过非实证类文章的12%(119篇)。

我们又进一步分析了911篇实证研究文章所使用的具体研究方法,其中实验研究占主导,文章数量最多,为358篇,占总数的34.8%;其次是调查研究和内容分析法的文章,分别为198篇(19.2%)和178篇(17.3%);文献研究的文章有76篇,占总数的7.4%;实例研究的文章有66篇,占总数的6.4%;文章中明显使用两种(含两种以上)研究方法的文章有34篇,占总数的3.3%。我们认为,最后一种文章的实际数量和比例会比这个统计数字更多,很多文章中都采用了复合型的研究方法,这也体现了广告研究的综合性特征。总之,对广告论文具体研究方法的统计结果,再次证明了美国广告研究偏重实验研究和调查研究的特点和传统。

2.主题影响方法的选择,不同主题的研究方法各有侧重

我们对具体研究方法和主题的交互分析只是探索性的,试图在研究主题和研究方法的应用上探索出一些有意义的规律。因此本章这部分重点分析研究主题与具体研究方法的关系。由于运用实证研究方法的论文占绝大多数,在此重点分析实证研究主题和具体实证研究方法之间的关系。

各种研究主题的论文都使用了实证和非实证研究方法,这里又将实证研究方法细分为6种具体的研究方法进行重点研究。

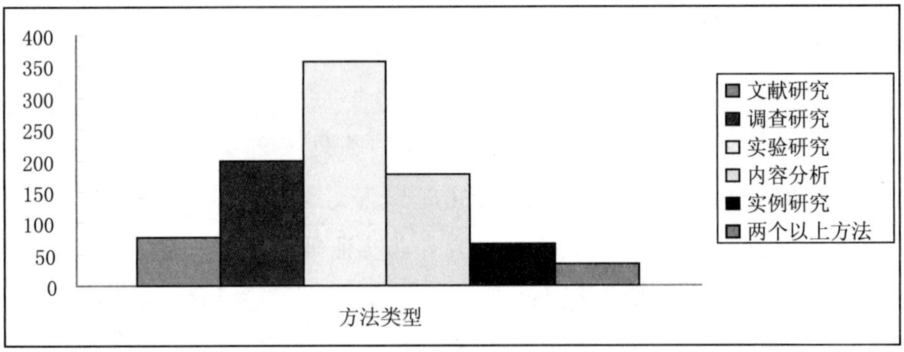

图 10.6　广告论文的具体研究方法

通过交互分析我们发现:广告传播研究方法论和广告行业研究都较为偏重使用非实证研究方法,分别有 25 篇文章和 6 篇文章,占该主题所有文章的 33. 8%和 31. 6%;实证研究方法中用得最多的是文献研究,分别有 16 篇文章和 5 篇文章,占比分别为 21. 6%和 26. 3%。广告主体研究中,使用非实证研究方法的文章有 11 篇,占此类文章总数的 20. 7%,实证研究方法中实验法和内容分析法用得最多,各有 10 篇,二者相加占到总数的 38%。广告传播信息、广告传播媒体、广告传播客体和广告传播效果研究都以实验法应用得最多,广告传播信息和广告传播媒体研究对实验法的采用率更是达到了一半。广告管理与广告法规、广告伦理与广告批判以及广告史的研究更多地使用了内容分析法,前两者对内容分析法的使用率均为 30%左右,广告史研究对内容分析法的使用率更是达到了 50%。广告教育和广告公司及从业人员研究中,调查研究法使用得最多,分别有 3 篇和 23 篇文章,分别占各自文章总数的 42. 9%和 57. 5%。案例研究法一般用得较少,相对来看,广告传播效果和广告管理与广告法规研究中会较多地使用这一方法,使用率均达到 10%左右。

从以上数据分析结果可以看出,尽管非实证研究方法在广告研究中总体而言使用较少,但是其在广告传播方法论、广告行业及广告历史等研究领域中依然发挥着重要的作用。

研究主题对研究方法的选择确实会有一定的影响,但是方法的选择可能还会受到具体研究对象和研究目的等其他因素的影响,所以研究主题与研究方法并非绝对相关的关系。这里,我们只是在收录的 1030 篇广告论文的基础上进行一次探索性研究,希望可以为以后的研究提供一些启示。

五、 研究结论

本次研究以 2000—2009 年欧美广告及新闻传播学领域的 4 种代表性期刊 *Journal of Advertising Research*、*Journal of Advertising*、*International Journal of Advertising* 和 *Journalism and Mass Communication Quanterly* 中与广告研究有关的所有文章(共 1030 篇)为对象,利用内容分析法,从论文的数量、主题、作者和研究方法 4 个方面进行剖析。主要发现如下:

(1)因为期刊文章总数及各自定位不同,所以收录的文章数量也有差异。4 种期刊 10 年间发表的广告研究文章数量变化幅度不大,整体稳定,年均 100 篇左右,这主要与期刊每年发表的文章数量稳定有关。

(2)4 种期刊的广告研究重点关注广告传播效果、广告传播客体、广告传播信息和广告传播媒体 4 个主题。其中广告传播效果研究出现的频率最高,是近十年来欧美广告研究的主流,广告行业研究、广告史和广告教育的关注度较低,广告效果研究文章在 4 种期刊中所占的比重都相当大,其他主题则各有侧重。各时期广告业的焦点话题在不同期刊中都得到了反映,一定程度上体现了业界的热点。

(3)论文作者分析显示单一作者和两人合著的文章数目接近且数量最多。其中 *Journal of Advertising* 的合著特点表现得最为明显,其他期刊独著与合著文章数量基本持平。作者来源主要是美国高校、美国境外研究机构和业界研究机构,反映了广告研究以高校为主、以企业和行业为辅的现实状态和广告研究的国际化趋势。整体来看,各个来源的作者都偏重于从“5W”角度研究广告,而从广告监管、批判、教育及行业类研究等跨学科的角度和宏观角度考察广告的较少。

(4)受欧美广告研究实证主义和注重效果研究传统的影响,本研究所收录的论文中实证研究文章占绝大多数,其中尤以采用实验研究法的文章最多,应用调查研究法和内容分析法的文章也较多;研究主题对研究方法的选择有重要影响,主题不同,则研究方法也会因之而调整。

〔本章作者:文春英　刘鹏哲　史　忆　翟　鹏〕

第十一章　日本广告传播研究

日本于20世纪50年代初开始广播、电视放送，标志着多媒体时代的到来。60年代初为战后经济发展的高度成长期，70年代在世界上确立了“经济大国”的地位。随着经济的迅猛增长，广告业界也出现了巨大的变化。除了广告量大幅增加外，电通广告公司(简称“电通”)和博报堂广告公司(简称“博报堂”)等大型广告公司采用了AE制度等，日本的广告业进行了多方面的改革，在质的方面也发生了很大的变化，并在此过程中形成了与欧美不同的、具有日本特色的广告传播体系。

随着日本广告业的发展，关于广告学的研究也由最初的少数研究者、广告业界实务家的个体小规模的研究发展为大规模的、有组织的、系统的研究活动，其中众多研究成果在理论和实务上具有相当高的学术价值和实用借鉴价值。

第一节　研究背景与研究设计

一、日本广告传播研究的概况

日本对广告学的系统研究始于20世纪60年代以后，其中具有代表性的广告机构有1967年日本经济新闻社设立的日本广告研究和调查专门机构——日经广告研究所和1969年成立的日本广告学会。

日经广告研究所为日本最早成立，也是唯一的广告研究和调查专门机构。该研究所拥有相当数量的专业研究员和兼职研究员，还设有专门的日常事务管理机构，形成了一种长期的、有组织的研究、调查活动体制。自成立至今已有48年的历史，带动了日本广告学研究活动的展开，其研究成果主要表现为出版图书、期刊等，如每年定期出版《广告白皮书》《广告人的综合讲座》《实力企业的广告宣传费》等图书，每月发行广告专业期刊《日经广告研究所报》。

日本广告学会主要是广告研究者以个人立场参加、以交流广告研究信息和推进共同研究为目的的研究交流组织。该学会一年举办一次大型的全国性广告大会和几次各地方的小型广告研究会，每年发行一次广告学会杂志《广告科学》。

在日本广告学研究中，具有代表性的系统研究有电通为纪念吉田秀雄事业财团创立30周年而组织的“日本广告研究的历史”课题研究和日经广告研究所组织的广告研究的系谱研究会所做的“广告研究的系谱”课题。

“日本广告研究的历史”课题以广告书籍为研究对象来梳理日本广告研究的历史，该课题成果体现为1997年由电通出版的图书《日本广告研究的历史》。

“广告研究的系谱”课题是由日本横滨商科大学宫原义友教授提案、日经广告研究所组织的“广告研究的系谱研究会”所做的研究课题。该课题所用的数据库为“日本国立国会图书馆杂志文章索引”、“国立国会图书馆文献信息”、日本出版销售所有的“日本出版销售文献信息”、日经广告研究所发行的《广告研究论文一览》。研究对象为尽可能收集和整理到的日本关于广告研究的4318篇论文，包括了日本广告界的绝大部分相关专业期刊，其中就有日本广告学会出版的《广告科学》、日经广告研究所出版的《日经广告研究所报》、电通出版的《电通广告论志》和《市场营销与广告》、博报堂出版的《广告》、万年社出版的《广告论丛》、吉田秀雄纪念事业财团出版的《吉田秀雄纪念事业财团资助研究集》、日本市场营销协会出版的《市场营销杂志》、日本消费者行为研究学会出版的《消费者行为研究》、日本市场营销科学学会出版的《市场营销科学》、日本社会心理学会出版的《社会心理学研究》、日本广告主协会出版的《月刊JAA》及各大学出版的期刊。该研究会成员由日本各大学广告专业的权威学者和广告研究所的专业研究者组成，其研究范围为20世纪50年代至2000年的广告研究论文，包罗了广告效果、消费者行为、广告产业、广告伦理、广告媒体策划、广告的社会作用、市场与广告、企业广告等领域的广告研究。

二、研究设计

本章主要通过对日本唯一的广告研究和调查专门机构——日经广告研究所广告研究的系谱研究会所做的“广告研究的系谱”课题等日本广告学研究文献进行系统、综合的分析，从不同历史时期、不同研究领域的视点出发，对日本广告学研究的成果进行梳理，分析其特点、成就与不足，并预测其今后的发展趋势,从而为我国广告学研究的科学化、本土化、系统化发展提供一定的理论与实践的依据和参考借鉴。

第二节　日本广告传播研究成果的内容分析

一、不同历史时期日本广告传播成果数量变化

表 11.1　20 世纪不同年代不同研究领域广告论文数量变化　　单位:篇

研究领域	50 年代	60 年代	70 年代	80 年代	90 年代
消费者行动与广告	0	0	2	15	8
广告业	8	4	6	9	34
广告伦理	3	0	2	0	7
媒体策划	1	7	7	11	23
广告的社会作用	3	5	11	3	3
市场与广告	2	6	9	17	47
企业形象、CI、CC、企业广告	0	2	4	13	28
合计	17	24	41	68	150

资料来源:宫原义友:《日本广告研究的系谱》,《日经广告研究所报》2003(2)(3)207 号,第 40 页。

二、不同历史时期日本广告传播研究成果的质化分析

1.20 世纪 50 年代日本广告传播研究成果

20 世纪 50 年代,随着 1950 年朝鲜战争带来的“特需景气”、1955 年开始的“神武景气”、1958 年开始的“岩户景气”,日本的企业活动日趋活跃起来。1955 年,日本从美国导入了“市场”的概念和手法,之后“市场”一词开始在产业间普及。但是,战后初期,日本的经济规模还很小,国民收入及生活水平也很低,购买力不足,企业的生产发展也很缓慢,自然很少进行广告活动。在这样的背景下,广告的相关研究也非常少。

广告研究的系谱研究会的“广告研究的系谱”课题研究,整理出了日本各年代不同研究领域的广告论文数量的变化状况。如表 11.1 所示,20 世纪 50 年代日本广告研究领域涉及广告业、广告伦理、广告的社会作用、市场营销与广告、

广告媒体策划五大方面。其中广告研究的重心为广告产业研究，有 8 篇，占 50 年代整体广告研究的 47%。这些研究大多为分析日本广告业发展现状与不足，进而预测和提示日本广告业今后发展趋势的论文。例如，福田的《作为近代企业的广告业》(1955)详细介绍了美国广告代理业的现状，蛭田的《广告公司近代的态势》(1956)提出了应部分采用 AE 制度的建议，贝瀨也发表了题为《我国广告界现阶段 AE 制度的意义》(1957)的论文。

除此以外，在日本 50 年代的广告研究中，关于广告伦理和广告社会作用的研究也占有一定的比例(各 3 篇，各占总体的 18%)。代表性的论文有柳川的《广告的论理与伦理》(1955)、宇野的《广告的社会使命》(1957)等。

2.20 世纪 60 年代的日本广告传播研究

20 世纪 60 年代，日本开始步入经济高度成长期，制造业迅猛发展，国民收入大幅增加，消费水准也随之迅速提高，其中黑白电视机的普及率超过 90%。1965 年，日本的 GDP 为 50 年代同期的 2.4 倍，广告支出为 3444 亿日元，是 50 年代同期的 5.6 倍①。

在这样的背景下，日本 60 年代的广告研究进展速度虽不及企业，但与 50 年代相比也有一定的增长。60 年代的广告研究领域涉及广告媒体策划、市场营销与广告、广告的社会作用、广告业，以及企业形象、CI、CC、企业广告五大方面。其中广告媒体策划研究、市场营销与广告研究、广告的社会作用研究与 50 年代相比有所增加。电视媒体的普及使广告媒体策划研究受到关注，代表性的论文有白石的以受众媒体接触为研究角度的《媒体组合的广告效果》(1963)，高桥等的《关于最适合的广告费的决定的考察——从美国的 2 篇论文中来讨论》(1963)，池田的《广告策划的新想法》(1967)等。宇野的《市场营销管理立场下的广告体制》(1965)，村田等的《广告的社会价值与公共作用》也受到了研究界的高度评价。如表 11.1“20 世纪不同年代不同研究领域广告论文数量变化”所示，60 年代出现了企业形象、CI、CC、企业广告研究方面的论文，而在 50 年代占主导地位的广告业研究论文则出现了减少的趋势，有 4 篇，仅占整体的 16%。

3.20 世纪 70 年代的日本广告传播研究

20 世纪 70 年代是日本经济突飞猛进、在世界上确立其“第二经济大国”地位的时代。1970 年的“大阪万博”、1972 年的“札幌冬季奥运会”等大型活动的

① 宫原义友：《日本广告研究的系谱-总括与课题》，《日经广告研究所报》2003(2)(3)207 号，第 42 页。

展开,推动了企业积极开展市场营销活动。1975 年,日本的广告支出突破 1 兆日元,达到 12375 亿日元,是 60 年代同期的 5.6 倍。

经济的高速发展使国民在物质生活上得到了满足。但伴随着经济的成长,一些负面影响开始出现,如大气污染、水污染、有害商品,受到了国民的关注。两次石油危机的爆发、生产资源的匮乏、环境问题的产生使人们的价值观发生了变化。优先发展生产力的对错、企业的社会责任成为 20 世纪 70 年代的热门话题。

在这样的社会、经济背景下,70 年代日本广告学的研究不论是在数量上,还是在研究领域上都取得了很大的进展,可以说是广告传播研究领域广泛、多样化的一个时期。如表 11.1"不同年代不同研究领域广告论文数量变化"所示,70 年代开始了关于消费者行为与广告的研究,研究领域涉及广告业、广告伦理、广告的社会作用、市场营销与广告、广告媒体策划、消费者行为与广告以及企业形象、CI、CC、企业广告等众多领域。其中具有代表性的论文有清水的《广告的社会责任》(1971)、久的《70 年的市场创造与市场营销战略市场与广告》(1971)、《市场营销　广告的功能再讨论》等。

4.20 世纪 80 年代的日本广告传播研究

20 世纪 80 年代,日本进入了高度成长期的最后阶段"泡沫经济时期",被称为世界经济大国。随着经济的高速发展,企业的市场营销活动也进入高潮期,用于广告的支出越来越多。1985 年,日本的广告支出总额达 3 兆 5049 亿日元,是 70 年代同期的近三倍[①]。

在这样的背景下,日本 80 年代关于广告的研究在数量和领域上均取得了飞跃的进展,其中以市场营销与广告、消费者行为与广告的研究尤为突出。代表论文有龟井的《市场营销传播的战略意义》(1987)等。除此以外,80 年代还是日本企业多元化发展的时期,企业形象等逐渐受到关注,在广告研究中出现了很多关于企业形象、CI、CC、企业广告的研究论文,其中具有代表性的论文有花上的《提升企业好评的企业形象战略》(1988)、和田与原合著的《企业广告的战略意义》(1988)等。70 年代备受到关注的广告的社会作用研究在 80 年代骤然减少,如表 11.1 所示,只占总体的约 4%;广告伦理方面的研究则更少。

5.20 世纪 90 年代的日本广告传播研究

20 世纪 90 年代,日本泡沫经济崩溃,被称为"失去了的十年"。高度的经

---

① 宫原义友:《日本广告研究的系谱-总括与课题》,《日经广告研究所报》2003(2)(3)207 号,第 43 页。

济发展在带给人们充足物质享受的同时，也开始让人们认识到地球的温暖化、沙漠化等破坏给人类生存带来的危机。加之，互联网技术带来的信息化风潮，日本的经济、社会体系发生了巨大的变革。

在这样的经济变革中，广告研究在“质”和“量”上都取得了很大的进展。如表11.1所示，90年代日本最盛行的广告研究是以整合营销传播为代表的市场营销与广告的研究，占总体的30%以上；其中具有一定影响力的有日高的《关于整合营销传播的系统化的研究》(1995)、岸的《市场营销整合的课题》(1999)等。在整合营销传播理论的研究中，有学者将该理论作为新理论加以介绍，还有一部分业界广告人认为，70年代以后日本各大广告公司已开始实施整体营销传播(Total Marketing Communication)，其基本想法与整合营销传播(Integrated Marketing Communication)理论是一致的。另外，广告产业研究也是日本90年代广告研究的核心课题之一，代表性的论文有江见的《广告是文化产业》(1991)、冈本的《广告的〈知〉与广告业的未来》(1994)、梶山的《组织独特性分析》(1994)等。

90年代，日本广告研究的另一大主流为品牌研究，其中的代表性研究有青木的《新品牌概念管理、开发方法〈HARVEST〉》(1994)，介绍博报堂广告公司开发的体系内容；乳井等的《我国品牌评价、诊断体系的开发动向(上)(中)(下)》(1997—1998)从客观的角度介绍品牌评价体系的开发历史、现状，并预测其今后的发展方向。

网络广告研究论文数量的增多也是90年代日本广告研究的一大特征。这些论文主要探讨互联网作为新媒体发布广告的可能性、广告效果测定方法等。代表性论文有北原的《网络所带来的东西》(1997)，论述网络广告传播的效果；井上的《网络的特性及可能性》(1998)，指出网络广告的互动性、能动性等特征。

三、日本广告学研究的趋势与不足

1.日本广告传播研究的趋势

(1)广告学研究领域的拓展

“二战”以后，随着日本经济的发展和企业活动的繁盛，广告传播研究的领域不断扩大，取得了很大的发展。日本广告研究领域涉及广告业、广告伦理、广告的社会作用、市场营销与广告、广告媒体策划、广告效果、企业广告等众多方面。

今后，随着广告业的不断成熟，广告的研究领域将会不断拓展和不断深入。

(2)广告学研究数量的扩大

日本广告研究成果通常通过大学的学报、研究机关、团体及企业等的机关杂志、一般报刊杂志发表。

广告研究成果的统计来源主要是日经广告研究所发行的《广告白皮书》及《广告研究论文一览》。《广告白皮书》每年统计与广告相关的图书发行、论文及研究报告发表等研究成果;《广告研究论文一览》则以 39 种广告专业杂志及广告相关团体发行的机关杂志为对象,将其分为 12 大类进行统计。众多统计结果显示,日本广告传播的研究在数量上逐年增多。

(3)广告学研究方法的规范

日本的广告传播研究并不是停留在表面的、抽象的、精神方面的研究上,而是更多地注重具体的课题研究,重视其在现实社会中的适用性,近年来广告的实证研究也在逐渐增多。

日本的广告研究方法较为规范,大量采用了实际调查实证研究、事例实证研究等多种科学的研究方法。

(4)积极介绍美国广告界的研究成果,进而本土化

日本的广告研究非常关注美国的广告研究,将美国的广告研究成果尽早地介绍给日本广告界是日本广告研究的一大特点。

日本的广告传播研究可以说是首先从介绍美国的广告研究成果开始,进而在此基础上将日本本土事例进行对照分析研究。例如,在日本广告调查计量模式开发研究中,20 世纪 60 年代为学习、整理美国研究成果的时代,介绍美国的以"计量经济学"为基础的调查模式和研究;70 年代是消化、试行阶段,进行模式的验证和数据的储备,"系统论"是 70 年代的主流;80 年代是日本广告研究分化的时代,开发了广告不同领域的模式,心理、消费者行为等"信息处理研究"对广告研究产生了巨大影响;90 年代是开发整合营销的时代,开发整合化模式,其中"IMC"、"品牌价值"尤为受到关注。

2.日本广告传播研究中的局限

(1)研究课题的流行化

在日本的广告学研究中,某一研究题目集中于某一时期,出现了研究课题的流行化趋势。例如,整合营销传播的研究、电视对儿童的影响、比较广告研究等都集中于某一时期。随着潮流的结束,其研究也几乎终止。广告学的研究课题缺乏持续性。

(2)个别领域研究课题稀少

广告伦理等相关领域的研究课题在日本广告传播整体研究中所占的比例非常小,而且相关研究的学者人数也非常少,因此很难推动更有深度的研究。

〔本章作者:宫丽颖(中央财经大学)〕

第十二章　韩国广告传播研究

韩国广告学的系统化研究是从20世纪80年代开始的。最初几年,广告类学术论文大多出现在传播学、公关研究、舆论学研究等领域的学术期刊上。1988年韩国放送广告公社出版发行了韩国第一本专门的广告学术期刊《广告研究》,其后,韩国广告学会又发行了《广告学研究》。这一时期,韩国广告学术期刊所刊载的文章主要包含两方面内容:一是介绍西方先进的广告学理论,二是邀请国内业界和学界的专家,针对广告学界的特殊热点问题进行讨论。①

20世纪90年代后期,随着韩国广告产业的发展,韩国广告学术期刊的数量也明显增多,其中包括《韩国广告传播学报》《韩国舆论学报》《广告宣传研究》《心理学会刊——消费者心理》②等。与此同时,韩国的广告研究论文在形式和内容上也发生了很多变化,研究者开始更多地关注全球性热点问题,研究方法和分析方法也更加多样化。和80年代普遍存在的单一理论性研究相比,这一时期的实用性研究论文数量有所增加。

进入21世纪,韩国的广告学术研究进入快速成长时期。随着广告产业的快速发展以及媒体环境的巨大变革,韩国广告研究论文较过去的20年无论是数量上还是质量上都有了很大的提高。③

第一节　研究设计

为了更深入地了解近十年来韩国广告学术研究的发展情况,本章选取了目

① 南雄增:《为了广告学发展迈出的第一步》,《广告研究》1988年。

② 《心理学会刊》由韩国心理学会发行,下设若干分刊,包括《心理学会刊——普通》《心理学会刊——临床医学》《心理学会刊——消费者心理》等。本文分析研究对象为《心理学会刊——消费者心理》分刊,创刊于2001年。以下简称《心理学会刊》。(www.koreanpsychology.or.kr)

③ 李硕吉:《广告学研究的过去十年》,《广告学研究》2000年。

前韩国最具权威性的 4 种学术期刊作为研究对象，包括前面提到的《广告研究》[①]《广告学研究》[②]和《广告宣传研究》[③]，以及新近发行并代表韩国最新广告研究成果的《心理学会刊》。我们对这 4 种期刊在 2000—2009 年期间发表的全部论文进行收集和统计，并从数量、内容、作者来源和研究方法等几个方面进行系统的分析，试图对韩国广告学研究的现状进行大体的梳理，分析其特点以及不足，并预测其今后的发展趋势，从而为我国广告学研究的科学化、体系化发展提供一定的参考。

第二节　韩国广告传播研究成果的内容分析

一、成果数量分析

从 4 种学术期刊发行的总量上看，在 2000—2009 年期间，韩国 4 种广告专业学术期刊 10 年共发表论文 1344 篇，基本呈逐年递增的态势。2000 年发表论文数量最少，仅为 93 篇[④]。从目前收集的数据来看，韩国广告学术论文发表的高峰期出现在 2008 年，全年发表论文共计 180 篇，较 2000 年的论文发表数量增长了近一倍。（如图 12.1）

从单一期刊论文发表数量上看，《广告学研究》的数量最多，10 年间共出版 49 期，发表论文 591 篇；其次是《广告研究》，共出版 40 期，发表论文 364 篇；《广告宣传研究》共出版 31 期，发表论文 247 篇；《心理学会刊》的数量相对较少，10 年间出版的 23 期期刊中仅发表论文 142 篇（如表 12.1）。

---

① 《广告研究》由韩国放送广告公社出版发行。它是韩国最早发行的广告学术期刊，主要刊登关于广告和广告产业的现象分析、理论研究、问卷调查等方面的学术论文。（www.kobaco.co.kr）

② 《广告学研究》是由韩国广告学会出版的广告学术期刊。刊载内容主要是广告学相关的研究报告书、概述性文章以及学术论文。（www.koads.or.kr）

③ 《广告宣传研究》由韩国传播学会出版发行。刊载内容主要是有助于判断和说明韩国广告宣传现况的高理论性学术论文。（www.kaspr.or.kr）

④ 从统计结果上看，2009 年 4 种期刊发表论文的总量仅为 90 篇，但由于数据搜集的局限，2009 年 4 种期刊的收录均不够完整，其中《广告学研究》缺少 4 期；《心理学会刊》缺少 1 期；《广告宣传研究》缺少 1 期；《广告研究》缺少 2 期。但是，可以从逻辑上判断 2009 年发表的论文数量一定多于 2000 年发表的 93 篇。

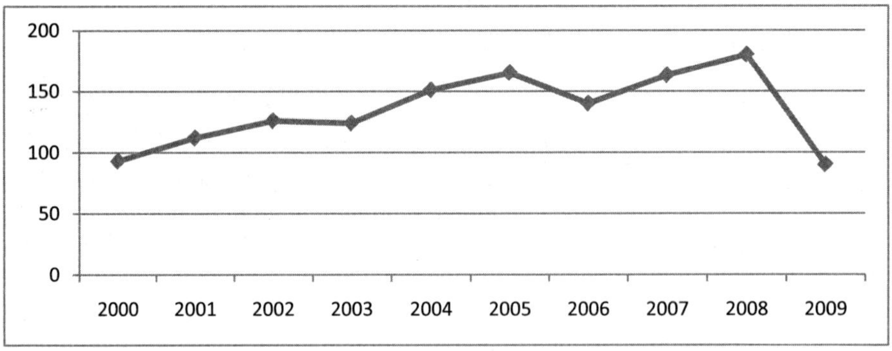

图 12.1　2000—2009 年 4 种学术期刊发表论文总量走势

表 12.1　4 种学术期刊的数据收录概况

刊名	文章总数(篇)	创刊时间(年)	数据收录范围(年)	收录刊数	出版单位	占文章总数百分比(%)
《广告学研究》	591	1990	2000-2009	49	韩国广告学会	43.97
《心理学会刊》	142	2001	2001-2009	23	韩国心理学会	10.57
《广告宣传研究》	247	1999	1998-2009	31	韩国广告宣传学会	18.38
《广告研究》	364	1988	2000-2009	40	KOBACO	27.08
合计	1344					100.00

统计数据显示,10 年间,4 种期刊在发表论文的总量上存在着一定的差异,其中《广告学研究》共发表论文 591 篇,接近总数的一半;而《心理学会刊》发表的数量只有 142 篇,仅占总量的十分之一。通过进一步分析,我们发现产生这种数量差异的原因主要有以下 3 点:

首先,各期刊的单期容量不同(如表 12.2)。

《广告学研究》单期发表论文论数量最多,平均每期发表 11—12 篇;其次是《广告研究》,平均每期发表论文 9—10 篇;《心理学会刊》的单期发表数量最少,仅为 5—6 篇,特别是 2001—2004 年,每期的论文发表数量仅为 4 篇。

表 12.2　4 种学术期刊平均每期发表论文数量

刊名 \ 年份	2000	2001	2002	2003	2004	2005	2006	2007	2008	2009	平均
《广告学研究》	10.25	9.60	12.20	13.00	14.00	13.20	12.60	14.80	11.50	8.50	11.97
《心理学会刊》	未创刊	3.67	4.67	3.67	4.67	5.33	6.33	6.00	8.00	7.50	5.54
《广告宣传研究》	7.50	7.50	5.50	6.00	6.50	8.40	8.00	9.50	10.50	7.33	7.67
《广告研究》	9.25	9.50	10.00	9.00	10.25	10.25	8.00	8.25	11.25	9.50	9.57

其次,创刊时间有所差异。

从创刊时间上看,发表论文数量较多的两种期刊:《广告学研究》和《广告研究》,创刊时间都相对较早,分别是 1990 年和 1988 年。经过十余年的发展,两种期刊在学界已经有了一定的公信力和影响力。而发表论文数量最少的《心理学会刊》创刊于 2001 年,目前还处于初期发展阶段,在业界的认知度和影响力也相对有限。

最后,出版频率不同(如表 12.3)。

在 4 种期刊中,除《广告研究》出版周期较为稳定,一直以季刊的形式出版外,其余 3 种期刊都调整了出版频率。其中,《广告学研究》的出版周期进行了两次调整,2001—2007 年间,期刊在原有季刊的基础上推出了年末特刊。7 年间,年末特刊收录的论文数量从最初的 10 篇剧增到 2007 年的 32 篇。考虑到单期的内容量过大,2008 年《广告学研究》再次调整出版周期,改为双月刊,稳定出版至今。其余的两种学术期刊也不同程度地加快了出版频率,《心理学会刊》于 2004 年由半年刊调整为一年三期;《广告宣传研究》则于 2004 年由半年刊调整为季刊。

表 12.3　4 种学术期刊出版频率变化

<table>
<tr><th>年份
刊名</th><th>2000</th><th>2001</th><th>2002</th><th>2003</th><th>2004</th><th>2005</th><th>2006</th><th>2007</th><th>2008</th><th>2009</th></tr>
<tr><td>《广告学研究》</td><td>季刊</td><td colspan="7">季刊+年末特刊</td><td colspan="2">双月刊①</td></tr>
<tr><td>《心理学会刊》</td><td>无</td><td colspan="3">半年刊</td><td colspan="6">一年三期②</td></tr>
<tr><td>《广告宣传研究》</td><td colspan="4">半年刊</td><td colspan="6">季刊③</td></tr>
<tr><td>《广告研究》</td><td colspan="10">季刊④</td></tr>
</table>

另外,由图 12.2 可见,4 种韩国学术期刊 10 年间的论文发表数量总体上都处于波动上升的状态⑤。其中《广告学研究》的发表数量始终高于其他 3 种,两次明显的数量增长分别出现在 2002 年和 2007 年。

2000—2001 年,《广告学研究》的论文发表数量逐年上升;从 2002 年开始到 2006 年,论文发表数量变化不大,基本平稳;2007 年,全年发表论文 74 篇,是 10

① 《广告学研究》2009 年仅收录两期。

② 《心理学会刊》2009 年仅收录两期。

③ 《广告宣传研究》2005 年出版 5 期,2006 年出版 3 期,2009 年仅收录 3 期。

④ 《广告研究》2009 年仅收录 2 期。

⑤ 2009 年数量部分缺失,笔者多方查找未果,导致 4 种期刊论文发表数量均呈现下滑趋势。

年中发表论文最多的一年;2008 年开始,论文发表数量有所下降。

《广告研究》是 4 种学术期刊当中出版形式最为稳定的一本,自创刊以来,一直以季刊的形式出版至今。因此,从其论文走势变化图上看,总体的波动不大,数量微有增加。其中,2006 年和 2007 年的发表数量较其平均数量略有减少,分别为 33 篇和 34 篇;2008 年,论文的数量开始有所增加,全年发表广告学术论文共计 45 篇。

与其他期刊相比,《广告宣传研究》发表的论文数量波动相对较大。通过分析我们发现,这种大幅度的变化主要源于其出版频率的改变:2000—2003 年,《广告宣传研究》始终以半年刊的形式出版,从其论文数量变化图上看,这一时段的论文发表数量也基本没有太大的变化;2004 年开始,《广告宣传研究》改为季刊,发表论文的数量随之大幅度增加;2005 年,《广告宣传研究》由季刊增加到一年五期,全年发表论文 42 篇,成为该期刊 10 年间发表论文最多的一年;2006 年,出版频率再次调整,由一年五期缩减到一年三期,因此,这一年论文发表数量也较前一年有大幅度的缩减;2007—2009 年期间,《广告宣传研究》基本以稳定的季刊形式出版,这期间所发表的论文数量也重新开始恢复平稳增长的态势。

《心理学会刊》是 4 种期刊中发表论文最少的一种。自 2001 年创刊以来基本处于缓慢增长的状态。2001 年创刊初期,《心理学会刊》全年发表的论文数量只有 11 篇,到 2008 年,该期刊共发表广告学术论文 24 篇,是创刊 8 年来全年发表数量最多的一年。

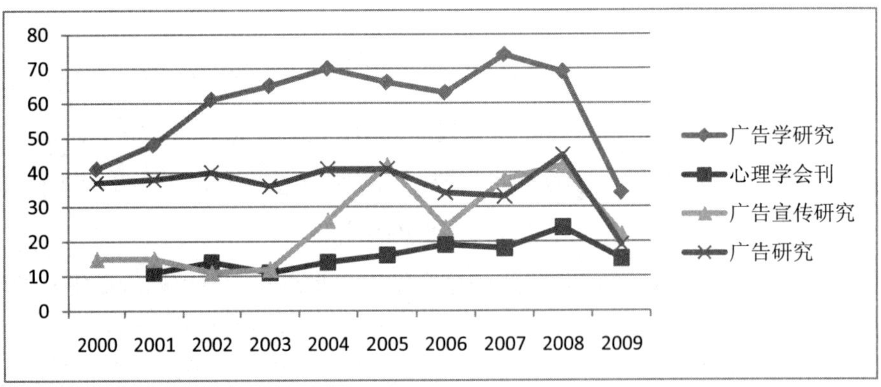

图 12.2　2000—2009 年 4 种学术期刊发表论文数量变化

三、内容分析

为了对4种韩国广告学术期刊10年间发表的论文内容进行更具体、详细的分析，从而进一步了解近十年来韩国广告学术研究在主题、方法和形式上的变化及走向，我们分别对4种学术期刊所收录的1344篇广告学术论文的(1)主题、(2)研究方法、(3)作者数量、(4)作者来源这四个项目的基本信息，通过人工编码的方式进行分类和统计，并进行了以下几项分析。

1.主题分析

我们借鉴韩国汉阳大学广告宣传学教授韩尚夏提出的广告主题的分类标准①，对收录的1344篇广告论文进行编码和分类统计，最终采用多人重复分类的方法，对收录的论文进行主题分类，以求最大限度地减少分类过程中的主观性，尽可能得出统一精确的统计结果。

具体分类标准如下：

◎广告类一般问题：广告的基本理论、广告的种类、广告的功能、广告的范围

◎广告理论：广告特殊理论的介绍

◎广告历史、哲学以及人文：广告历史、广告哲学、广告人物

◎广告教育：大学的广告教育、广告人的培养过程等

◎广告的社会、经济、文化问题：广告的社会性影响、广告的经济性影响、广告的文化性影响、消费者保护和教育、公共政策、广告批判

◎广告法、广告审议、广告道德：广告法、广告审议、广告规制、广告道德、虚假广告、性暗示广告、知识产权等

◎广告产业：广告公司、广告主、媒体、广告制作及创意、广告产业综合性问题、广告团体

◎广告与市场营销：市场营销中广告的地位和重要性、市场营销和广告的关系

◎广告与传播：广告与传播效果的关系、劝服性传播、传播理论和模型在广告中的应用

◎广告与消费者行为：消费者态度和感情、消费者的购买行为和决定因素、

---

① 参见《广告研究20年内容分析》，《广告研究》2008年4号刊。

广告的收容过程(广告讯息的处理过程)、广告受众(儿童、青少年、主妇)、广告参与度、其他消费者行为

◎广告战略:广告计划、广告目标、广告预算、媒体战略、创意战略、推销战略、广告战略模型、整合营销传播

◎广告创意:广告诉求方式、比较广告、绿色广告、信息的表现、幽默广告、广告模型、潜意识广告、广告设计、创意一般理论等

◎广告媒体:广告媒体一般问题、广告传播、印刷广告、户外广告、新媒体广告、特殊广告、媒体选择、媒体排期、网络广告

◎广告调查及市场营销调查:广告调查一般问题、调查方法论、市场细分化调查、媒体调查、创意调查

◎广告效果:广告效果一般理论、广告效果测定方法/内容/时期、事前效果测试、事后效果测定、广告效果模型

◎国际广告:国际广告公司、国际广告一般问题、国际广告讯息、国际广告媒体、广告与文化、国际广告战略

◎PR、SP、Event

◎广告的特殊领域:政府广告、政治广告、公益广告、意见广告、公关、销售促进、事件营销、企业广告等

◎广告活动及活动案例:广告活动、广告活动案例

◎其他

主题分类的统计结果表明,出现频率最高的3类主题是:广告与消费者行为、广告媒体、广告特殊领域,所占比例分别是22%(292篇)、12%(159篇)、11%(153篇)。

其次是广告创意10%(137篇)、广告与公关8%(108篇)、广告营销7%(89篇)、广告效果6%(84篇)、广告产业5%(61篇)。

其余的12类广告主题所占比例基本都在1%—3%左右(如图12.3)。

由于以上主题分析结果主要是对20类主题10年间积累的总量进行统计所得出的结论,我们无法判断高频主题是10年间持续受到关注的主题还是在几年间得到了特殊的关注和集中研究的主题。为了解释这一问题,我们对所占比例最高的广告与消费者行为、广告媒体、广告特殊领域3个主题和比例最低的广告一般问题、广告理论、广告教育3个主题进行了一个简单的对比分析(如图12.4)。通过整理发现,3个低频主题10年间的数量走势相对平稳,而3个高

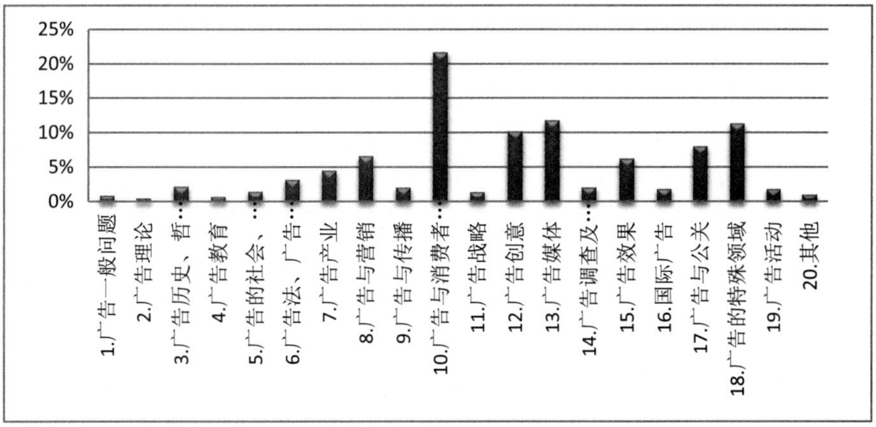

图 12.3 5 种期刊 2000—2009 年论文主题统计

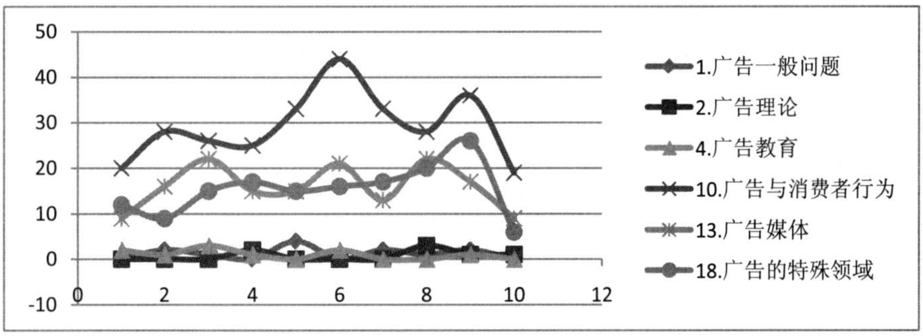

图 12.4 高频主题与低频主题 10 年间关注度对比

频主题的波动幅度普遍较大①。关注度最高的广告与消费行为，2005 年 4 种期刊共发表相关论文 44 篇，占当年发表论文总数的 26.6%；而数量最少的 2007 年只有 28 篇，相差过半，只占总量的 17.1%。广告媒体主题的论文 2002 年和 2007 年均有 22 篇，其中 2002 年所占比例最高，约占 17.4%；而 2006 年只有 9 篇，占当年总数的 9.2%。广告的特殊领域，相关论文的发表高峰值出现在 2008 年，共发表 26 篇，约为当年的 14.4%；最低时期为 2001 年，发表 9 篇，所占比例为 6.6%。从单一主题的变化来看，不同年次的数量差异都很大，但仅从相对数量比例上来看，10 年内高频主题的单年次发表论文数量始终高于低频主题，因此可以判断，几个高频主题是 10 年来韩国广告学术研究中持续关注的问题。

① 2009 年 4 种期刊发表关于广告与消费行为的论文共 19 篇，但由于 2009 数据尚不完整，故此忽略不计。

2.研究方法分析

研究方法的分析分为两部分进行。

从研究种类上,分为实证研究和非实证研究;从研究方法上,分为7类,即文献研究、问卷调查、实验研究、内容分析、案例研究、两种以上方法和其他。

(1)研究种类

我们首先以期刊为单位,对4种学术杂志10年间所发表的论文使用两种研究种类的频率进行了统计(见图12.5)。从统计结果上来看,《广告宣传研究》中,两种研究种类的使用频率相对平均(65:35);使用比例差距较大的是《广告研究》(74:26),其次是《广告学研究》(70:30)。《心理学会刊》的原文数据信息缺失量比较大(约30%)①,在可分析的97篇论文中,研究种类的使用比例相差最为悬殊(91:9)。

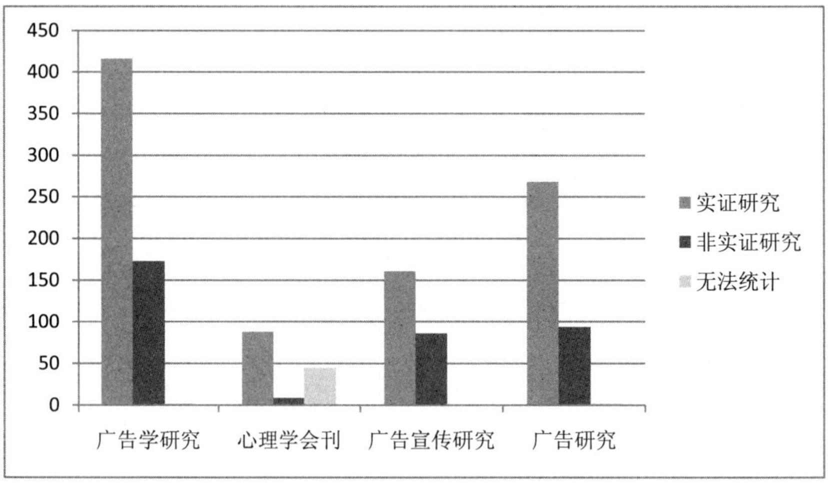

图12.5 2000—2009年4种学术期刊研究种类比例分布

同时,我们以年度为基准点,统计了4种韩国学术期刊每一年度发表的论文中两种研究种类的使用比例(如图12.6)。总体来看,2000年是10年中两种研究种类使用频率相对均衡的一年(67:33);随后的5年间,实证研究所占比重逐渐加大,2005年达到顶峰(79:21);2006年开始,这种差距有所减小,但两者比例相差依旧悬殊。

① 《心理学会刊》2007—2009年发表的论文原文缺失,笔者多方查找均未果。

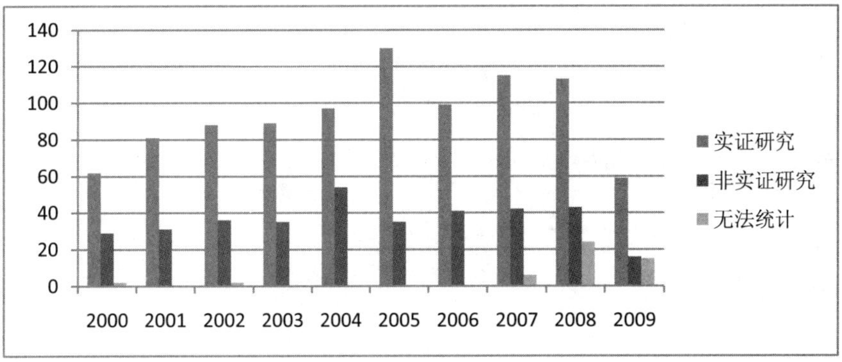

图 12.6　2000—2009 年 4 种学术期刊研究种类比例

(2)研究方法

与前面对于研究种类的分析相同,我们首先以期刊为单位,对 4 种期刊 10 年间发表的所有论文中使用的研究方法进行了统计。

其中《广告学研究》的 7 种研究方法使用比例相差最为悬殊,使用比例较高的是实验研究和问卷调查,数量分别为 195 篇(32.9%)和 184 篇(31.1%);其次是案例研究,共计 74 篇;使用最少的是文献研究方法,仅为 22 篇(3.7%)。

《广告宣传研究》的研究方法重点也比较突出,使用最为普遍的研究方法是问卷调查,使用该方法发表的论文共计 112 篇(45.3%);其次是文献研究和实验研究,分别为 40 篇(16.1%)和 30 篇(12.1%)。

《广告研究》与《广告学研究》的情况基本相似,使用最多的研究方法是问卷调查和实验研究,发表论文数量为 125 篇(34.3%)和 121 篇(33.2%)。

《心理学会刊》有原文信息的 97 篇论文中,研究方法的使用比较平均,使用实验研究和问卷调查的论文分别为 40 篇(41.2%)和 32 篇(32.9%),所占比例较大;使用最少的是文献研究方法,10 年来无相关论文发表。

从时间走向上看,文献研究、内容分析、实例研究和使用两种以上研究方法的论文数量 10 年来发展比较平稳,而问卷调查和实验研究的使用频率较高(如图 12.7)。相对其他的研究方法,问卷调查和实验研究数量变化幅度也比较大,但两者的具体变化趋势有所不同。2000—2005 年,使用实验研究方法的论文逐年上升,随后表现出下降的趋势。相反,使用问卷调查研究方法的论文数量 10 年来始终处于波动上升之中。特别是在 2005 年,全年发表的 165 篇广告学术论文中,选择问卷调查方式的论文达到 65 篇,约占总数的 39%。

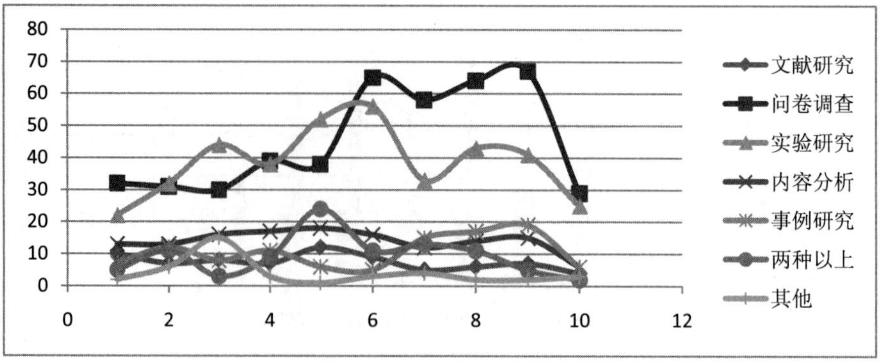

图 12.7　2000—2009 年 7 种研究方法使用情况变化

四、作者分析

(1)作者单位来源研究

在 4 种期刊中,《广告学研究》《广告宣传研究》《广告研究》3 种可查明作者单位,论文共计 1202 篇。至于《心理学会刊》发表的 142 篇论文,由于无法查明作者单位来源,故不计入本项统计分析。

在此基础上,我们对这 1202 篇论文的作者单位来源进行了分类统计。

具体分类情况如下:

◎ 韩国国内高校

◎ 境外研究机构

◎ 媒体

◎ 行业、企业、研究机构

◎ 4 种期刊记者、编辑人员

◎ 广告行政部门

◎ 政府部门

从统计结果来看(如表 12.4),可查明作者单位来源的 1202 篇论文共涉及作者 2057 人。其中,韩国国内高校是作者的主要来源,共 1805 人,占总数的 87.74%;其次是行业、企业、研究机构人员,共计 177 人,占总人数的 8.60%。特别值得注意的是,在韩国的广告学术研究作者中出现了 9 名来自政府部门的作者,这种政府部门人员参与广告学术研究的现象值得关注。

表 12.4　3 种期刊广告论文作者单位来源分析

刊名	韩国国内高校	韩国境外研究机构	媒体	行业、企业、研究机构	4 种期刊记者、编辑人员	广告行政部门	政府部门	合计(人)
《广告学研究》	912	18	0	100	0	4	6	1040
《广告宣传研究》	347	3	1	25	0	8	3	387
《广告研究》	546	19	2	52	11	0	0	630
合计	1805	40	3	177	11	12	9	2057

(2)论文合作情况研究

在 1344 篇论文中,由一人独立发表的论文有 626 篇,约占总数的 46.57%,两人和三人合作的论文分别为 486 篇和 195 篇,合作人数最多的达 6 人,共 2 篇。

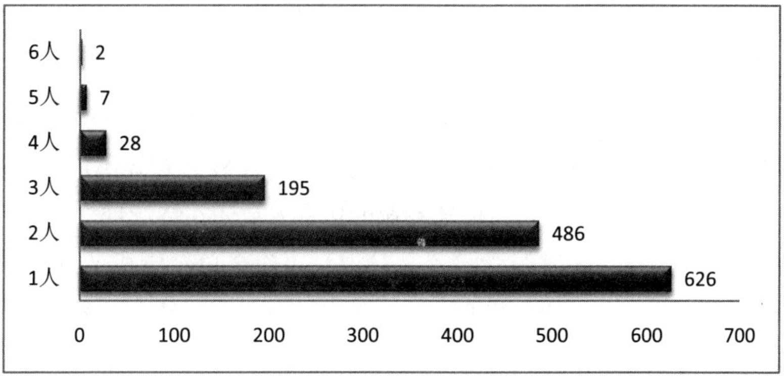

图 12.8　论文合作情况

五、 韩国广告传播研究的趋势与局限

1.韩国广告学术研究的趋势

对于韩国广告学理论研究的历程与现状,已有一些韩国本土学者进行了一些对应性的基础研究。其中比较有影响力的研究主要有《韩国广告发展五十年历程》①(金广淑,2009)、《广告研究十年内容分析》②(韩尚必,1995)、《广告研究二十年内容分析》(韩尚必,1998)、《韩国广告设计研究论文的分析以及战略开发》(郑静业)等。我们认为,在前人研究的基础上,加之数据整理、调查以及

① 参见《广告学研究》。金广淑,韩国高丽大学舆论学教授。

② 参见《广告研究》2008 年冬季刊,第 440-457 页。韩尚必,韩国汉阳大学广告传播学教授。

相关文献研究,可以对韩国广告学术研究的近十年来的变化和发展趋势做如下分析和总结。

(1)研究主题。相对于抽象的理论研究,韩国更重视广告研究的现实意义和实用价值。10年间,韩国广告学术研究当中关注度较高的5个主题分别是:广告与消费者行为、广告媒体、广告特殊领域、广告创意以及广告与公关。以这5个主题为研究对象的学术论文共有846篇,超过发表论文总数的一半。韩国在广告产业规模扩大、学科体系日渐完善的同时,其学术研究的领域也在不断扩大。从研究趋势上来看,韩国广告学界对广告媒体、公关、广告营销等主题的关注度逐年上升。

相反,广告教育、广告理论、国际广告等相关领域始终未受到韩国广告学界的关注,研究课题在整体的韩国广告传播研究中所占比例非常小,进行相关研究学者的人数很少,因此这类主题研究成果较为有限。

(2)作者的来源。广告是一个交叉的学科,随着广告学发展的细化、学科构建的均衡化,越来越多广告以外的专业学者也参与到广告类学术研究当中,比如市场营销专业教授、心理学专业教授等。但是,尽管韩国广告学术研究的作者涵盖了许多其他专业人员,但广告与传播学专业作者的人数还是大大多于其他相关专业,而且近些年广告与传播专业的作者人数还在持续增加。

从合作情况上看,大部分学术论文是由学界作者单独完成的,但后期多人共同参与研究的情况也有所增加,合作的形式也很多样,其中包括学界与业界跨领域共同研究、跨学科共同研究、师生共同研究。另外,政府部门人员参与学术研究的情况也是韩国广告学术研究作者来源的一大特点。值得提出的一点是,近十年间,在韩国的广告学术研究成果当中还没有外国学者或外国学生参与完成的论文。

(3)研究方法。实证研究数量逐年增长。2009年,实证研究的使用率已达到全年发表论文总数的90%以上。在具体的研究方法上,问卷调查和实验研究都是使用频率相对较高的研究方法。不过在信息研究和国际广告研究领域中,内容分析方法的使用数量又明显高于其他方法。

非实证研究方法中,内容研究所占比例最大。事例研究在韩国广告研究领域仍是一个使用率极低的一个方法;另外,使用两种以上方式进行研究的论文数量也较少。

变量分析、频度分析等基础统计方法仍然是使用最多的。但是从研究结果上看,后期使用要因分析、回归分析等高级分析方法的论文数量呈逐年增加的趋势。

2.韩国广告学术研究的局限

(1)一些理论概念不够明确,不同领域的研究者之间对同一概念的阐述和理解存在差异。以“消费者态度的概念和测定方式”这一概念为例,仅在《消费者特性与广告形态对广告效果产生的影响分析》①和《关于消费者的产品属性概念形成的研究》②这两篇论文中,作者对于这一概念的定义都不尽相同。这种现象直接导致了涉及某一主题的研究结果之间存在较大的差异。

(2)韩国广告研究最初的几年是广告理论研究最为兴盛的一段时期,关注西方的广告研究成果,进而本土化。不过近年来,韩国广告传播大多是针对广告的新现象、新问题的研究,关注于广告本体的基础理论的研究几乎停滞。从这一层面上看,韩国在相关理论方面的探索还有所欠缺。

(3)在韩国的广告学研究中,一定时期常常集中研究一些特定的主题。通过调查可以发现,绿色广告研究、广告受众研究、比较广告研究等都出现过这一问题。这种情况不利于学术研究课题的持续发展。

〔本章作者:文春英　吴易霏　金恩静　安妍静〕

---

① 参见《广告研究》,2002 年 02 期。

② 参见《广告学研究》,1995 年 01 期。

第十三章　我国台湾地区广告传播研究

我国台湾地区的广告业从“二战”后发展至今，共经历了五个阶段，即战后萌芽期、广告代理导入期、成长期、竞争期和多元期[①]。在 1985 年广告市场开放后，国际大型广告公司陆续到台湾设立据点，1996 年，国际广告公司的市场份额已超过七成以上。20 世纪 90 年代末期，跨国广告集团对台湾广告产业的影响进入了媒体代理公司阶段。此外，台湾广告在 90 年代的发展也明显受到媒体变革和科技飞跃的影响，传统媒体发生了巨大变革，新兴媒体，如有线电视、网络等的发展更是惊人，截至 2007 年底，台湾网络广告规模估计达到 49.5 亿新台币，较 2006 年成长 33.87%[②]。

行业学术期刊可以反映行业热点和研究现状，也是学术界和业界交流的平台。因此，通过对台湾地区广告学术期刊的分析，我们可以了解台湾地区广告学研究的流变和台湾广告业的发展变迁，丰富内地对台湾的广告学研究，以相互借鉴、学习。

第一节　研究背景与研究设计

一、文献综述

《台湾广告学术研究面貌之初探》是陈文玲于 2002 年发表在《广告学研究》杂志中的一篇文章。这篇文章对我们帮助很大，因为该篇论文的研究体例与本章类似。学者陈文玲试图从谁在做研究、谁负责发表、题目是什么、方法是什么等 4 个方面勾勒台湾广告学科研究的全貌。这篇文章以《广告学研究》《新闻学

---

① 郑自隆：《广告与台湾社会：战后 50 年的变迁》，《广告学研究》1999 年。

② 叶凤琴：《对台湾广告发展史的解读》，《新闻窗》2008 年第 5 期。

研究》、“中华传播学会资料库”、“国科会辅助的专题研究计划”为研究范围，从研究年份、研究者背景、研究主题、研究取向、方法典范、研究方法六个方面为台湾广告学研究勾画一个较完整的轮廓。我们在研究过程中借鉴了文章中对研究者背景、主题、方法的研究方式，最后建议部分提出的“产出分析”也给了我们很大的启发。陈文玲认为，“产出分析”强调把重点放在作者和机构的学术生产力上，看哪些作者和机构对广告学科的贡献最大，产出分析可以带动研究机构之间良性互动的竞争气氛。

左雅琳的硕士论文《新世纪两岸广告研究之对比研究》(2008)运用了内容分析的方法，以台湾和大陆的非学术性广告期刊《动脑》和《现代广告》为研究对象，通过对这两种杂志的文章标题和内容进行分析，全面系统地探讨了两岸广告研究的发展状况和趋势，并对两岸的广告研究现状进行了对比分析。作者还发现台湾和大陆学者对媒体、广告讯息和广告相关学科都较为关注。作者还探讨了产生这种结果的原因与背景，尤其对台湾媒体发展，尤其是网络和电视的背景分析很细致，有助于本章对研究主题中的广告媒体进行深入分析。

在研究方法上，郑欢、包雷晶、李垒垒、张小卫的《善事与利器——2008中国广告学术研究方法批评》为本章提供了较好的参考。《善事与利器——2008中国广告学术研究方法批评》对研究方法进行了详细的分类界定，具体细分为：统计分析(包括一手资料、二手资料)、实验法(包括实验室实验法、自然实验法)、理论演绎、概念辨析(包括定义、文献研究)、案例研究、理论建模和经验研究。

在研究主题分类上，本书第二章的分类方法为本章提供了很好的借鉴。该章将研究主题分为：广告研究方法论、传播主体、传播信息、传播客体、广告媒体、广告调查与效果评估、广告教育、广告管理、广告史、广告文化与评论、广告行业总论、外国广告十二大类。

二、研究问题的提出

由上述分析可见，大陆对台湾广告学研究成果进行梳理的文章不多，虽然有的论文对大陆与台湾的广告学研究进行过对比分析，但其选择的杂志首先并非台湾广告学科专业杂志，因而无法准确地反映台湾广告学科研究的专业性；其次，这些文章仅对广告论文的研究年份和研究主题进行了探讨，而未深入涉及研究方法、统计分析法、研究者背景。本次研究结合上述研究现状，希望在继承前人研究的基础上稍有突破。本研究试图通过对《广告学研究》杂志中论文的研究者背景、研究主题、研究方法、统计分析方法以及特殊研究者的分析来解决以下问题:第一,该杂志中的论文作者主要是来自学界还是业界?具体由哪些学校或企业、什么系所或部门的研究者完成?这些研究者惯于独自研究还是合作撰写?第二,台湾广告学研究从1993年至今的主要研究议题是什么?第三,这些论文的研究方法是重"量"轻"质"吗?部分论文采用的是何种统计分析方法?第四,从杂志创刊至今,贡献较大的学者都有哪些?他们来自哪里?对广告学科的发展有何贡献?

三、研究方法

本章主要采用内容分析法进行文献研究。具体步骤包括:内容抽样、确定研究对象、编码、评判记录、取得量化结果、信度分析、获取结论。由于人力物力所限,本研究仅由一个编码员进行编码,故无法进行信度分析。除此之外,本研究严格按照内容分析的步骤依次进行。

四、研究步骤

(一)研究对象

本研究将1993—2010年间共34期《广告学研究》杂志作为研究范围。《广告学研究》于1993年创刊,历史悠久,且具有完备严谨的审稿制度,是台湾广告学科研究的专业杂志,主要研究广告、公关、媒体、消费行为等主题,也发表在其他主题下与行销推广相关的文章,包括网络传播、社会行销、危机沟通、健康传播、文化创意、政治公关、视觉传达等。

在确定了所研究的杂志后,本研究选取了34期《广告学研究》中与广告学科相关的论文,公共关系、危机沟通类论文均不在本研究范围之内。本章所提及的广告学科相关论文是指研究内容以广告主体、广告客体及广告代理公司为主的文章,包括广告主、广告媒介、广告代理公司、广告讯息、广告策略、广告管理、消费者行为、广告与社会文化、营销、政治广告等。最后共整理出132篇与广告学科相关的广告论文。

(二)建构类目

1. 研究者背景

(1)作者所属的学校/企业、系所/部门

通过对作者所属的学校/企业、系所/部门的分析得出,在《广告学研究》中,大部分论文来自哪些学校和系所;如果作者是业界人士,那么他归属哪些企业及部门。

(2) 作者人数及身份

分析论文作者人数的目的在于了解台湾广告学研究究竟是单打独斗的状况较多还是团队合作的状况较多;作者身份分析有助于我们了解杂志中的论文更多的是来自学界、业界,抑或是两者合写。

2.研究主题

对杂志论文研究主题的分析可以让我们掌握该杂志自创刊至今研究的主要脉络,也能从中一窥 18 年间台湾广告研究重点的分布与流变。研究首先将每一篇文章的主要内容概括为一个细分主题,随后再将其归为该细分主题所属的主题大类。最终,本研究共总结出杂志文章的研究主题 21 个细分类别,随后将其归为 12 个主题大类。这种归纳方式的优势是:细分类别有利于我们细致地了解文章的具体研究内容,而主题大类的分析则可以让我们纵观广告学术研究的几个主要方向,进而形成全局的视角。

3.研究方法

从以往的论文中得知,美国和中国大陆的广告研究中,量化研究是主流。因此本研究也想了解一下台湾的广告研究是否同样呈现这种现象。

本研究所采用的方法分类是在郑欢、包雷晶、李垒垒、张小卫的《善事与利器——2008 年中国广告学术研究方法批评》和本书第二章对广告研究方法的分类基础上,进行了略微的补充和修改,最终得出的本研究对广告学论文的方法分类:

(1)问卷调查法:通过纸质问卷面访、电话访问或电子邮件进行网络调查获知受访者对问卷中问题的意见及其人口特征;

(2)访谈法:包括小组访谈法和深度访谈法;

(3)实验法:包括实验室实验法和自然实验法;

(4)理论演绎法:这是从普遍性的理论知识出发,去认识个别的、特殊的现象的一种逻辑推理方法。演绎法是对现存理论的范围进行延伸和扩展，演绎开始于抽象的学理，并将其应用于具体的案例；

(5)理论建模：用模型进行理论构建。广告学研究经常借助经济模型或其他理论模型进行分析重构；

(6)案例研究法：通过对实际个案的分析验证论点或得出结论；

(7)内容分析法：这是一种对传播内容进行客观、系统和定量描述的研究方法，其实质是对传播内容所含信息量及其变化进行分析，即由表征的有意义的词句推断出准确意义的过程；

(8)二手资料法：查寻并研究与调研项目有关资料的过程，这些资料是经他人收集、整理的；

(9)田野调查：参与当地人的生活，在一个有严格定义的空间和时间范围内，体验人们的日常生活与思想境界，通过记录人的生活的方方面面来展示不同文化如何满足人的普遍的基本需求、展示社会如何构成。

4.统计分析方法

在调查中发现，采用量化研究方法的广告学论文，其统计分析方法的应用也较严谨和专业。因此，本研究将统计分析方法也从每篇文章中提炼出来加以归纳分析。

本研究采用的统计分析方法分类，依据《调查研究中的统计分析法》①一书的阐述，给出了11种《广告学研究》论文中常用的统计分析法的概括性定义：

(1)描述统计法：主要包括数据的频数分析、数据的集中趋势分析、数据离散程度分析、数据的分布以及一些基本的统计图形；

(2)卡方检验：交互分析中采用的检验方法，用于研究两个变量之间是相互独立还是存在某种关联性；

(3)方差分析(ANOVA)：当影响因素取不同水平时，被检验变量是否有显著差异；

(4)多变量方差分析(MANOVA)：两个或两个以上自变量对某一因变量变化是如何反应的；

(5)相关分析：对两个变量间的关联程度的分析；

(6)T检验：用T分布理论来推断差异发生的概率，从而判定两个平均数的差异是否显著；

---

① 柯惠新、沈浩：《调查研究中的统计分析法》，中国传媒大学出版社2005年版。

(7)克朗巴哈 α 信度系数法：指量表所有可能的项目划分方法得到的折半信度系数的平均值，是最常用的信度测量方法；
(8)因子分析：用少数几个因子去描述许多变量之间的关系，变量是显在变量，因子是潜在变量；
(9)多元线性回归：反映一种现象或事物的数量依多种现象或事物的数量的变动而相应变动的规律；
(10)聚类分析：研究如何将样品或变量进行分类的一种方法；
(11)LISREL：建立、估计和检验因果关系模型的一种多变量分析法，模型中可能包含显在变量和隐性变量。

5. 特殊研究者

本研究记录了所搜集到的132篇论文的作者，在编码步骤结束后利用频数考察哪几位作者的成果较丰富，并将这些作者视为特殊研究者，进而把特殊研究者与其所属学校/企业、系所/部门、撰写的论文名称、研究主题、研究方法、统计分析法、写作年份联系起来，归纳总结这些年来特殊研究者为台湾广告学科的哪些领域做出了贡献。

(三)正式编码及资料分析

在确定研究类目之后，本研究正式依照内容分析法，针对34期《广告学研究》中的132篇广告学文章进行内容分析，并将其表格化。再利用Excel表将分析结果以量化形式加以呈现，采用描述统计法来分析该杂志自创刊至今广告学论文的研究流变。

第二节　台湾地区广告传播研究成果的内容分析

一、研究者背景

1.作者所属的学校/企业、系所/部门

在被研究的132篇文章中，有120篇为学术界人士所写，另有12篇为业界人士独自撰写或与学者共同合作而成。表13.1也以此划归为两部分内容：学界所著、业界所著。

在学界所著的120篇论文中,我们仅选出论文总篇数在4篇以上的学校进行详细分析:政治大学、世新大学、铭传大学、文化大学。其中以政治大学的论文篇数最多,共57篇,这其中又有46篇来自广告系。这主要是因为《广告学研究》杂志是政治大学广告系出版的,是该校广告学系研究成果的展示橱窗。政治大学于1987年8月设立广告系,1993年举办了第一届台湾地区广告暨公共关系学术研讨会,以后逐年举办;1997年设立广告学研究所,并开始招收硕士研究生,此举无疑提升了广告学教育的层次。这一系列举措都促使了政治大学广告学研究成果的繁茂。而在表格中未进行详细说明的其他学校,是因为各个学校在杂志上刊登的论文数量过少,且撰写论文的系所分布也较分散,无法逐一分析。

在业界所撰写的12篇文章中,有6篇由政府部门工作人员、广告公司经理或市场部人员、咨询公司独立撰写,研究主题为消费者行为、广告与营销、广告讯息、广告媒体;另外6篇是业界人士与学界人士合作而成,业界人士包括广告主、广告公司、咨询公司、外贸协会,研究主题有广告讯息中的广告创意和政治广告、广告媒体、广告效果。

表13.1 作者所属学校/企业、系所/部门及各自论文篇数 单位:篇

来源	学校/企业/政府	学校/企业论文总篇数	系所/部门	系所/部门论文篇数
学界	政治大学	57	广告系	46
			广告学研究所	2
			新闻系	1
			新闻研究所	4
			心理系	2
			企业管理研究所	1
			广播电视学系	1
	世新大学	10	公共传播系	2
			电视电影系	1
			视听传播系	2
			公共关系暨广告学系	3
			传播研究所	2
	铭传大学	7	广告系	3
			商业设计系	3
			大众传播系	1
	文化大学	5	新闻研究所	1
			新闻系	1
			大众传播系	3
	其他学校	41		

续表

来源	学校/企业/政府	学校/企业论文总篇数	系所/部门	系所/部门论文篇数
业界	业界人士	6	智得沟通公司	1
			台湾广告公司	2
			联旭广告公司	1
			行政院新闻局	1
			尼尔森行销研究顾问公司	1
	业界人士与学界人士合著	6	战国策国际顾问股份有限公司+实践大学	1
			铭传大学+京元电子公司	1
			“中央”大学+中国信托公司	1
			文化大学+台湾本田汽车	1
			东森得易购股份有限公司+铭传大学	1
			外贸协会+政治大学	1

2.作者人数及身份

图 13.1 是作者人数。由图可知，由一位作者独立完成的广告研究论文有 94 篇，占总数的 71%；两位合著的比例明显下降，只有 32%，三位著者的更少，仅为 5%。这个现象正如陈百龄在 2001 年所说的“国内传播学者习于单打独斗的倾向似乎一直未见改变”，也与陈文玲的《台湾广告学术研究面貌之初探》(《广告学研究》第 19 期)研究结果相一致。

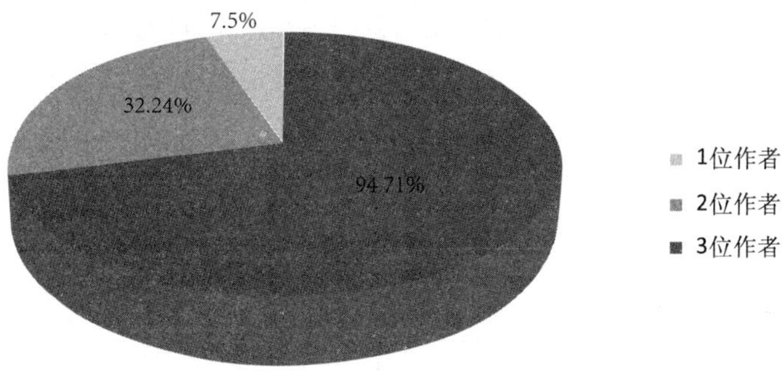

图 13.1 《广告学研究》广告学论文作者人数

从图 13.2 中的作者身份来看，“单一学者”有 73 篇，将近总样本数的 6 成；“学者和学生”合写的论文有 21 篇，占 16%；排名第三位的是“多学者”合写的论文，13 篇，占比 10%。需要说明的是，有 4 位作者在论文中未提及职称，因此无法确定其身份，在统计中按缺失处理。因此，这里的有效论文总篇数计为 128 篇。

上述数据说明：第一，台湾广告研究依然以个人研究为主；第二，学院依旧

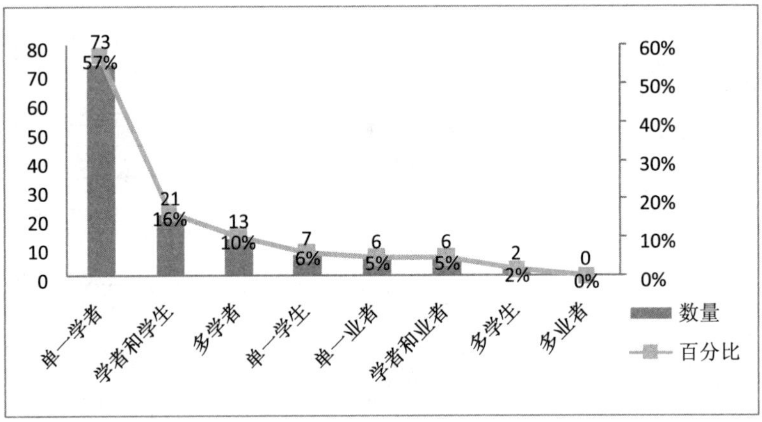

图 13.2 《广告学研究》广告学论文作者身份

是学术杂志论文的主要来源。从《广告学研究》创刊至 2010 年,很少有业界人士跨界到学术类杂志中发表广告学论文。

但与陈文玲在《台湾广告学术研究面貌之初探》研究中的发现"业界论文以观念介绍和个案研讨居多"不同:部分业界人士参与撰写的论文,在研究方法及统计分析方法的运用上比以往更专业;更注重问卷调查和内容分析等量化研究方法的应用。如联旭广告公司执行副经理黄逸甫所研究的《服务品质、价格、品牌形象与品牌个性对顾客满意度之影响——以银行为例》便运用了问卷调查法,并在统计分析的过程中应用了多种统计分析法,如描述统计、卡方检验、ANOVA 分析、因子分析、信度效度分析等。因此,在与过往的研究对比后可以发现,业界对广告学研究的科学性已有了相当大的提升。

二、研究主题

本章将《广告学研究》中 132 篇广告学论文的研究主题分为 12 大类,这 12 类研究主题及其 21 个细分类别分别是:(1)广告讯息(广告创意、广告设计、广告音乐、广告文本、政治广告);(2)广告营销(品牌、客户关系、整合营销传播、营销与广告);(3)广告媒体(网络媒体、电视媒体、平面广告包括报纸和杂志广告、媒体广告总述);(4)消费行为(年轻族群的消费态度行为、整体消费者的消费态度行为);(5)广告效果;(6)广告与社会文化(广告与社会、广告与文化);(7)广告管理(广告从业人员、企业广告部组织架构、广告执照、广告道德自律与法规);(8)国际广告;(9)广告策略;(10)广告教育;(11)广告行业总论;(12)广告历史。

1. 12 大类研究主题的论文数量及其百分比

从图 13.3 可知，在所有研究主题中，研究广告讯息的论文数量最多，共 29 篇文章，占比 22%，远远超出其余研究主题的论文篇数；广告与营销、广告媒体、广告效果、广告与社会文化、消费行为这 5 类主题的论文数量排名分别为第二名至第五名，这几类研究主题所包含的文章数量相差不超过 1 篇，百分比相差范围也不超过 1%。以上 6 类主题中的论文百分比之和为 80%，说明这 6 类研究主题为台湾广告学研究最关切的领域。相比之下，其余 6 类主题的研究关注度较低，论文数量均未超过 10 篇，百分比也未超过 10%。

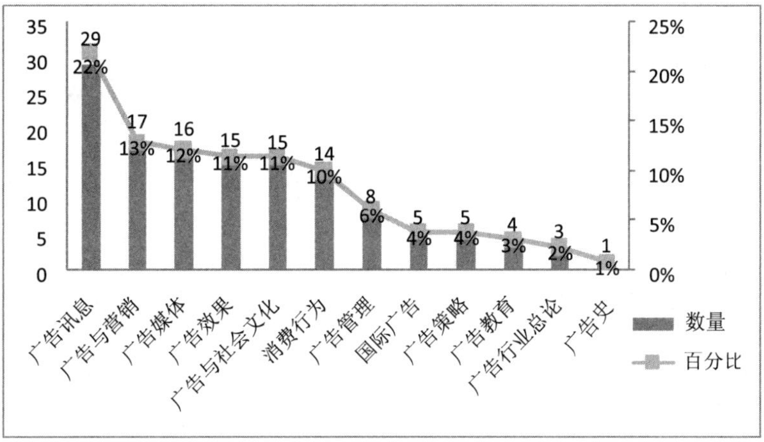

图 13.3　12 大类研究主题的论文数量及其百分比

2. 各细分研究主题论文数量与年份之间的关系

表 13.2 显示了《广告学研究》1993 年创刊至 2010 年各大类和细分类别论文在各年份的数量分布，表中灰格代表某年某主题的论文有几篇，因此可方便查看各主题论文在各年份的分布态势。

对表 13.2 分析发现，在各年份研究分布都较均匀的共有 3 类细分主题和 1 个大类主题，分别是政治广告、整体消费者的消费态度行为、广告与文化和广告效果。其中，对政治广告的研究主要集中在台湾政治竞选之后。对竞选中各媒体，尤其是对新兴网络媒体的应用情形、发展流变和竞选讯息效果进行了分析；对整体消费者，除集中于对消费态度行为的探究外，还对消费者的资讯选择和购买渠道等进行了讨论；对广告与文化的探析则通常表现为针对某种广告进行内容分析，以此探寻广告所反映的社会文化现状；广告效果是广告主最关心但也是最难衡量的因素，因此也是学术界多年来持续探讨的话题。

表 13.2　各细分研究主题论文数量与年份之间的关系

单位:篇

总类别	细分类别＼年份	1993	1994	1995	1996	1997	1998	1999	2000	2001	2002	2003	2004	2005	2006	2007	2008	2009	2010	总计
广告讯息	广告创意	1					1	1	1				1				2			7
	广告设计		1						1				1	1	1					5
	广告音乐		1				1													2
	广告文本							1								1		1		3
	政治广告	1	1	2				2	1	1						1		2	1	12
广告与营销	品牌	1								1	1			1	2			1	1	8
	客户关系									1			1		1	1	1			5
	整合营销传播					1				1	1									3
	营销与广告		1																	1
广告媒体	网络媒体				1		1		1	2									1	6
	电视媒体	1	1			1	1													4
	平面媒体						1	1			1					1	1			5
	媒体广告总述						1													1
消费行为	年轻族群	2		1	2	1														6
	整体消费者	1	1			1		1	1	1			1					1		8
广告效果	广告效果	2	1	2	1		1					2		1	2		2		1	15
广告与社会文化	广告与社会	1							1		1							2		5
	广告与文化		1	1		1			1				1	2	1				2	10
广告管理	广告从业人员			3																3
	广告组织架构				1															1
	广告执照									1										1
	广告自律法规		1								1		1							3
国际广告	国际广告	1	1						2				1							5
广告策略	广告策略			1	1		2	1												5
广告教育	广告教育			1	1					1	1									4
广告总论	广告总论	1	1								1									3
广告史	广告史							1												1
各年份论文数量总计		12	11	11	7	5	9	8	9	9	7	2	7	5	7	4	6	7	6	132

3.对6类主要研究主题的分析

从图13.3的排名可知，广告讯息、广告与营销、广告媒体、广告效果、广告与社会文化、消费行为是《广告学研究》集中研究的六大主题。因此本部分将对其逐一进行解析。

(1)广告讯息

广告讯息的研究主要分为广告创意、设计、音乐、文本和政治广告5个方面。前4个方面与大陆的研究基本一致，而政治广告则是具有台湾特色的研究角度。

●广告创意

共有7篇文章属于这一研究层面，其中以《多洛希亚之旅：广告人vs创造力》(陈文玲，2000)为代表，文章通过深度访谈10位广告创意人员，得出4个影响广告创意的因素：环境、知识、能力、人格特质。在访谈中，受访者表示台湾广告教育与实务脱节，且台湾广告业组织样态更为复杂。

●广告设计

该细分类别中同样有5篇文章与广告设计有关。这些文章分为3种研究方向：通过眼动实验法解构广告设计，介绍广告设计相关知识，介绍视觉形象设计案例，其中有两篇文章均通过视线追踪法解构广告设计。《由眼球追踪法探索电子报版面中图片位置对注意力分布之影响》(唐大仑、庄贤智，2005)观察读者在充分阅读情境下，落在文字与图片上的视线轨迹是否有显著差异，从这些差异的变化关系进行推论，并归纳其对版面编辑者的意义；关于广告设计的文章《平面广告设计新趋势——如何建立电脑化设计制作模式》(赖建都，1994)则探讨传统广告设计和电脑广告设计之间的差异、如何进入电脑印前作业系统以及不同形态的广告公司如何拥有属于自己特色的电脑化；对于视觉形象设计案例的研究以《苑里蔺草编织文化暨视觉形象设计之研究》(赖建都、祝凤冈，2004)为代表，他们通过访谈法和田野调查法，对苗栗县苑里镇的蔺草文化提出了视觉形象设计与行销规划。

●广告音乐

对广告音乐的研究，其一是音乐对产品的影响：《电视广告音乐、广告特性与产品属性之相关研究》(林健煌、黄子嫚，1998)研究了广告音乐和广告诉求、广告形式、广告中角色关系、情感类型及表现方式和广告故事气氛的关系；其二是音乐对消费者的影响：《广告音乐对消费者的影响及其研究方法》(翁景明、赵琪,1994)提出广告音乐可能在一个有限讯息传递系统的认知过程中运作,并发展了认知心理学的研究方法,以弥补广告与消费者研究人员所惯用的标准过程追踪方法的不足。

●广告文本

有两篇文章从如何解读文本和文本对观众的影响两个层面进行了分析:《广告文化理论学派之探讨——三种解读广告文本的取径分析》(胡光夏,1999)探讨了广告文化理论主要学派的论点和研究特色;"How Context-Evoked Affect Influences Responses to Ads for High and Low Involving Products"(张卿卿,2007)则运用实验法探讨了情境引发的情感在处理高/低卷入商品的广告时所产生的影响。

●政治广告

该分类下共有12篇文章,是广告讯息大类中研究数量最多的类别。台湾在举行大选时,各个党派会发布各种政治广告来宣传自己,在媒介运用和广告策略等方面花样翻新。学者们对政治广告的研究主要从两个角度进行:其一是对广告媒体和新奇广告策略的效果进行研究;其二是对过往政治大选广告案例进行总结。

分析政治广告媒体效果的文章以《候选人网站"资讯提供"与"使用可亲近性"之满意度比较——以公元2000年"总统"大选为例》(洪雅慧,2001)为例,该文利用台湾2000年大选之际,使用网上调查法询问网友是否满意网站的表现,并进一步得知谁是大选的赢家。对政治广告策略的效果进行探析《从国父戴扁帽检视广告中政治肖相的幽默与效果》(萧湘文,1999)利用问卷调查此广告的幽默效果如何,验证此广告以孙中山做陈水扁的证言人是否合适,其效果是否随不同候选人的支持者而有所不同。《网路选战在台湾——1998年三合一大选个案研究》(庄伯仲,2000)则是对过去大选案例的总结梳理。该文通过个案分析的方法,探讨网络媒体的优势,梳理自1994年网络媒体首度参与选战以来的发展流变,详细解析1998年大选对网络的应用。

(2)广告与营销

共有17篇文章是有关广告与营销的。广告与营销大类之下有4个细分类别,依次是品牌、客户关系、整合营销传播、营销与广告。这其中又以品牌研究的论文数量最多。

●品牌

在有关品牌研究的8篇论文中,研究者多以两类议题为主:其一,如何塑造品牌形象;其二,品牌代言人或名称对品牌的影响。

首先,针对如何打造品牌形象这一议题,《文化创意产业品牌形象之设计与应用研究——以苗栗窑业为例》(赖建都、连琼芬,2005),阐述了苗栗窑业文化的多元样貌和丰富的窑炉种类以及其深具的发展文化创意产业的潜力,并规划了一系列品牌视觉设计与推广方法。

其次,研究第二类议题的论文有:《广告代言人的性格形象对品牌性格的影响——以 Nokia 新款手机的平面广告为例》(钱玉芬、王可欣,2006),探讨了性格形象不同的广告代言人是否会导致消费者对相同手机品牌形成不同的品牌性格印象;《含数字型品牌名称对品牌与产品认知效果之研究》(曾义明、林俊谋,2001)则主要探讨了含数字型品牌名称与产品特性对产品与品牌态度造成的影响。

●客户关系

针对客户关系的研究文章共有 5 篇,研究内容大都是提升顾客满意度和忠诚度。如《线上游戏关系品质与忠诚度之研究》(张郁敏、吴唯农、康耕辅,2006),通过网络问卷调查接受台湾游戏厂商所提供线上游戏服务的 993 位台湾玩家,从关系行销的观点检测企业形象和服务品质对关系品质和忠诚度的影响。研究结果有助于从业者制定有效的关系行销策略,提升线上游戏和玩家的关系品质和忠诚度。

●整合营销传播

《广告学研究》杂志中有 3 篇文章是直接研究整合营销传播的,《整合行销传播在国内广告代理业的应用情形研究》(刘美琪,2001)通过问卷调查和深度访谈,了解了国内广告代理业对整合行销传播的概念认知与执行应用概况,研究了广告代理商的服务与收费状况、代理商推动 IMC 的动力来源、实施 IMC 对广告主的利益与障碍以及对代理商的利益与改变。

(3)广告媒体

该大类中共有 4 个细分类别,其中 6 篇文章涉及网络媒体,4 篇文章涉及电视媒体,5 篇涉及平面媒体,1 篇涉及媒体总述。

●网络媒体

在这本学术研究杂志中,网络媒体的研究主要集中于商业应用和政治大选上。

在商业应用方面,台湾网路中心在 1996 年 12 月底测得的台湾地区 WWW 站数有 2428 站,其中商业公司(含网络服务公司)占 1150 个,首次超越教育单位的961个;1997年2月初的统计资料显示,有1270家商业公司(含网路服务公司)在网络上设站。由此可见,从1997年开始,商业应用已成为网络的主流。因此学者对于网络媒体商业应用的研究主要集中在广告讯息的设计、广告策略的应用以及消费者的网络接触行为习惯这几个层面上。

其中研究最深入的文章是:《网路广告媒体选择之研究》(陈耀竹、杨志弘、邱琪瑄,2001),论文在模糊环境下建构了一套网络广告媒体选择模式。文中针对1998年台湾地区十大网络广告主、十大传统媒体广告主进行问卷调查,再利用因子分析,抽离出网络广告主选择网站的关键因素,进而建构一个发布网络广告的网站的层级结构,并提出一套模糊多评准决策方法。决策者可以求出适合发布网络广告的网站,供广告主决策时参考。其他相关文章则有《网际网路广告讯息设计之研究》(赖建都,1998)、《台北市大专院校学生网际网路使用与网路广告点阅行为研究》(余淑芬,2001)。

在政治大选中,1994年台北市长选举是电脑化媒介参与选战的首场战役。几大党派候选人的竞选总部先后成立了BBS来助选。这是台湾竞选文宣媒介发展的重要里程碑,意味着竞选文宣已经进入互动传播的新纪元。《竞选文宣新媒介——台湾政治性资讯网络现况研究》(庄伯仲、郑自隆,1996)首先对台湾运用政治性资讯网络(BBS和WWW)作为竞选媒介的起源、发展和现状进行了细致的梳理,之后进一步探讨了当前利用政治性资讯网络进行竞选传播所面临的网络环境、定位、行销、传播对象、内容、资讯更新、系统安全、网络法规等问题,并提出了相应的解决之道。这篇文章不仅对台湾政治广告应用历史的梳理很完备,同时也对作为竞选文宣新媒介的网络提出了诸多实际的问题,为台湾网络媒体的发展理清了思路。

●电视媒体

电视媒体的研究则对其表现形式、新营销方式和有线电视在广告代理业中的应用进行分析。

《电视广告表现形式之比较研究》(赖建都,1993)从国外成功广告的案例中归纳了十种表现形式,并向广告创意者提出建议;《大陆电视购物的特点与前景》(李海容,1997)研究了大陆是否具备电视购物的必要基础设施、消费者的价值观和心理特点是否会促进电视购物的发展及其前景如何,并结合美国电视购物的经验,提出了一个电视购物跨文化研究的基本模式;《广告代理业如何应对新兴广告媒体——以有线电视为例》(刘美琪,1998)则利用深度访谈和二手资料收集的方法,探讨了广告代理业是如何看待有线电视这个新兴媒体的。

●平面媒体

平面媒体的研究多以其表现形式为研究对象。如《平面广告中图像与产品种类的关系对于记忆的影响》(吴岳刚,1999)的研究发现,无论卷入度的高低,平面广告中图文互动时,图像内容除了要与标题有关之外,还要与产品类别有关,这样才能避免误判广告商品的现象;《动物图像在平面广告之内容分析》(余淑吟,2002)解读了动物意涵与广告手法的搭配、呈现的角色与商品的组合等内容,着眼于动物广告的视觉内容及手法,而非广告效果的测定,以期了解动物图像在平面广告中的视觉呈现,为日后对动物广告的创作提供参考。

●媒体总述

只有一篇文章属于此细分类别,《广告媒体研究——问题与展望》(刘美琪,1998)从市场分析的角度出发,综合实务界的广告媒体人员访谈意见,探讨了目前台湾广告媒体研究的问题与未来。

(4)广告效果

学者们对广告效果的研究更多地侧重于何种因素会影响广告效果,有 8 篇文章针对不同的广告表现形式对广告效果的影响;另有 6 篇文章以广告策略对广告效果的影响为研究主题;仅有 1 篇文章从如何衡量广告效果的层面进行理论性研究。

●广告表现形式对广告效果的影响

广告表现形式包括广告音乐、广告讯息、广告模特等。如《节目气氛与音乐关联性对广告效果之影响研究》(林建煌,1993),探讨了节目气氛与广告音乐的相同性对广告效果的影响,并进一步探讨了消费者的广告涉入以及意见领袖程度和广告信念的不同对广告效果是否有影响;《广告模特儿外表吸引力的迷思?——不同男性产品之探讨》(蔡佳静,2006)则针对男性目标市场,探讨了广告模特的外表吸引力是否是一种迷思、不同肤色的男模特是否会影响模特的广告效果以及不同的男性产品广告、模特外表吸引力对广告效果有什么影响等问题。

●广告策略对广告效果的影响

广告策略包括比较性广告、广告出现的位置、品牌熟悉度等。如《广告出现位置、品牌熟悉度、广告撷取线索、广告涉入程度对竞争性广告干扰程度的影响》(赖孟宽、肖玉蓉,2003),文章以竞争广告出现的位置与品牌熟悉度为自变量,以广告卷入、广告撷取线索为因变量,探讨其对竞争性广告干扰度的影响;《比较式手法引起的广告态度之中介效果模式探讨》(黄圣哲,2006)则探讨比较式手法引起负面效果的原因,试图找出受众在面对比较广告时,影响其广告态度的内在处理机制。

●衡量广告效果的方法

《广告效果展现:资讯处理与意义解释二模式之初探》(戚栩迁,2003)运用资讯处理与意义解释两个模式的理论,探讨广告效果展现的过程与本质。

(5)广告与社会文化

该类文章多采用内容分析法进行研究,通过对某类广告中的图片、讯息和诉求等讯息进行编码分类,总结广告所反映的社会文化现状。在15篇广告与社会文化大类的文章中,有10篇是关于广告文化的。

●广告与社会

《1982至1999台湾瘦身广告研究——多面向的研究》(张锦华,2000)通过分析瘦身广告的数量和诉求,从社会脉络、文化、产品制作、媒体批评论述、政府规范的层面探讨瘦身广告在社会中引发的现象及其意义。

●广告与文化

广告文化的研究包括中外文化探讨和大陆及台湾价值观异同对比。

外国文化研究如《啤酒广告中之文化探索:以在台湾销售的亚系、欧系及美系品牌为例》(林承宇、毕威宁,2004),将在台湾销售的13家啤酒厂商依照地理区域分为亚系、欧系与美系,除对它们的平面广告进行内容分析,探索其代表的文化意涵之外,还比较了它们在消费者文化定位、非讯息处理、重要卖点、风格取向、消费形态、消费情境与沟通修辞等七类议题上的异同。

中国本土文化研究如《地域差异、社会阶层对台湾地区民众之外显式消费、绿色消费倾向与送礼文化之形态》(郭贞,1997)则探讨了社会阶层、地理因素等对台湾民众的消费文化、消费倾向以及节庆送礼文化的偏好是否造成差异,调查了台湾省北、中、南地区年龄在20—74岁之间的941位民众。结果发现,无论是民众的消费行为还是节庆送礼行为,都深受社会阶层高低的影响而有差异。

《海峡两岸网络广告中价值观之比较研究》这篇文章则以微观的跨文化观点,比较了两岸网络广告中文化价值观与诉求价值观的差异。研究发现,大陆与台湾网络广告的产品品类差异大,两岸的网络广告也相应地有某些文化价值观与诉求价值观的差异。

(6)消费行为

对消费行为的研究主要是观察整体和年轻消费族群的生活形态、价值观以及引发某种消费行为的诱因和文化因素。

●年轻人消费态度行为

对青年消费行为的研究代表作为《中国大陆都会区青少年消费行为初探》(郭贞,1996),研究以中国大陆都会区青少年为受访对象,试图探讨成长于现代化程度较高、物质较丰富的大陆都会区青少年的消费行为倾向与他人因素、家庭背景因素和媒介接触之间的关系。研究所探讨的消费行为倾向包括:物质主义倾向、社会表达性消费动机、购买前资讯搜集、冲动型购买。结果发现,性别、年龄和某些社会经济背景变量对某些消费行为有直接或间接影响。

●整体消费者消费态度行为

针对整体消费者进行的研究主要以《市场意见领袖特质与个人购物倾向对消费者选择资讯与购买管道之影响——比较网际网路、型录与零售商店》(郭贞、李海荣,1999)为代表,文章从消费倾向、市场意见领袖特质、四个人口变项来研究影响消费者选择资讯管道和购买通路的因素是什么。

三、研究方法

需要说明的是,大部分论文通常使用了不止一种研究方法,编码过程中,凡在文中使用的研究方法都予以统计。因此图表中的论文篇数相加之和必然大于本次研究调查的总体论文数量,百分比由论文篇次除以论文总数得出。各研究方法中的论文数量及百分比分布如图 13.4。

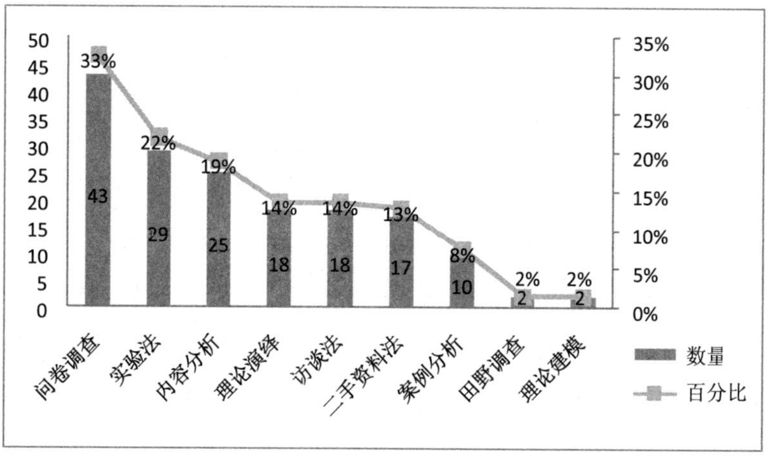

图 13.4　广告学论文研究方法分布

由图 13.4 可知,《广告学研究》杂志中的论文所采用的研究方法主要以问卷调查法、实验法和内容分析法为主,三者的百分比相加之和超过 70%,意味着超出七成的论文以这三种量化分析为主,其中将近半数的论文都运用了问卷调查法;而理论演绎、访谈法、二手资料法和案例分析的应用排名虽然略微靠后,但也均在 10%以上,说明台湾研究学者在注重量化研究的同时,不忘运用模型和理论作为研究基础,也注重应用访谈法、二手资料法和案例分析弥补量化研究的不足;田野调查和理论建模这两种研究方法的应用率非常小,仅为 2%。因此,从上述数字可见,该杂志中的论文研究方法仍主要以量化为主。

具体看来,问卷调查法在《广告学研究》中的应用几率最高,共有 43 篇次的论文使用了这种研究方法,占总数的 33%。台湾广告学者在进行问卷调查时一般会采用三种方式,即面访、电话调查及电子邮件调查。其调查样本量通常在 1000 人左右,个别论文的受访者人数会达到 2000 人。大部分应用问卷调查的文章,其研究主题是消费者行为态度研究,也有部分文章的主题是媒体接触习惯以及政治广告效果评测。如《消费者购物倾向对去选择网际网络、型录与零售商店作为资讯与购买管道的影响——台湾与美国的比较》(郭贞、李海容, 2004),文章通过网络问卷,调查了 1060 位美国网友和 909 位台湾网友,试图探讨美国和台湾的消费者在两个处于不同发展阶段的网络消费市场中的网络购买行为,并检视有哪些以因素可能影响他们对商品资讯获取和商品购买管道的选择。

论文篇次排名第二位的实验法多采用实验室研究法,实验步骤一般首先进行因子设计,之后邀请被访者观看事先设计好的影片或者运用眼动仪测试受访者的视觉流动规律,最后配合问卷调查完成实验。实验法的受访者人数相对较少,通常情况为 300 人以下。运用实验法调研的文章,其主题多为对广告效果的研究。在采用实验法调研的论文中,《音乐对广告效果影响之研究》(许惠珠、翁景明,1994)的实验法实施得比较严谨,论文中的描述较全面。文中介绍了观念架构、变量的操作型定义和衡量、五项研究假设、研究设计、资料收集的详细步骤与方法以及资料分析方法。其中,研究设计包括实验设计(6 个实验组和 1 个控制组)、广告制作(对产品、品牌、音乐、媒体、产品属性、控制组分别定义)和问卷设计。实验之后的问卷调查共收回 261 份有效问卷,数据分析过程中对问卷运用了因子分析、卡方检验、相关分析、变异数分析、集群分析和 t 检验等方法。

内容分析法则多用于对广告讯息、广告与社会文化这类主题的分析。如《香港艾滋防治宣导短片(1987—2001)之内容分析》,文中对香港官方于

1987—2001 年间制作的电视艾滋防治宣导短片进行了内容分析，重点以认知模式为架构，针对宣导短片中包括吸引注意、增进理解、改变态度和加强记忆的讯息元素进行了系统化检视。

在其余的 6 类研究方法中，应用最少的有理论建模法。造成这种现象的原因是《广告学研究》的论文作者多为广告学及其相关学科出身，如新闻学、心理学、商业设计等，而理论建模需要一定的数学及理工科基础。

研究中还发现，在所调查的 132 篇广告学论文中，有 24 篇文章使用了 2 种研究方法，5 篇文章应用了 3 种研究方法。但在这 29 篇采用了多种研究法的文章中，有 6 篇是严格的质化与量化研究方法混合应用的文章。其中以《网路广告媒体选择之研究》（陈耀竹、杨志弘、邱琪瑄，2001）为代表，同时它也是唯一一篇应用了理论建模方法的论文。该文章首先针对 1998 年台湾地区十大网络广告主、十大传统媒体广告主进行问卷调查法，接着采用理论建模法在模糊环境下建构了一套网络广告媒体选择模式，最后以中国信托信用卡中心的网络广告评选网站问题为案例，对文章提出的模式进行了实证应用。

四、统计分析法的运用

通常情况下，只有运用问卷调查、实验法、内容分析法等研究方法的论文，在数据分析时才会运用统计分析法。经统计，有 35 篇论文详细描述了其应用的统计分析法。在计算 11 种统计分析法所包含的论文篇数时我们发现，35 篇论文大多综合使用了 2 种及以上的统计分析法，因此最后统计出的使用各统计分析方法的论文篇次总数大于 35 篇。此外，由于应用统计分析法的论文篇次过少，我们在此不做百分比分析。各统计分析方法的论文篇次数分布如图 13.5。

由图 13.5 可知，在 11 种统计分析方法中，最常用的是方差分析（ANOVA），共有 14 篇次的论文；描述统计法使用的篇次排在第二，共计 8 篇次；因子分析、t 检验、LISREL、相关分析、卡方分析、MANOVA、克朗巴哈 α 的应用也较普遍，相互之间差距不大；多元线性回归和聚类分析是所有论文中应用次数较少的。

举例来看，《比较性广告之比较方式对广告效果之影响》（林建煌、林育聪，1993）运用实验法 2×2×2 的因子设计，配合问卷调查，并利用克朗巴哈 α 信度检验、卡方检验、t 检验、MANOVA 统计方法进行分析；又如《中国大陆都会区青少年消费行为初探》（郭贞，1996）先采用验证性因子分析法筛选适宜的外显指标，各单一指标的因素载荷值必须达到 0.4 以上才能纳入进一步的研究中，之后建构一个

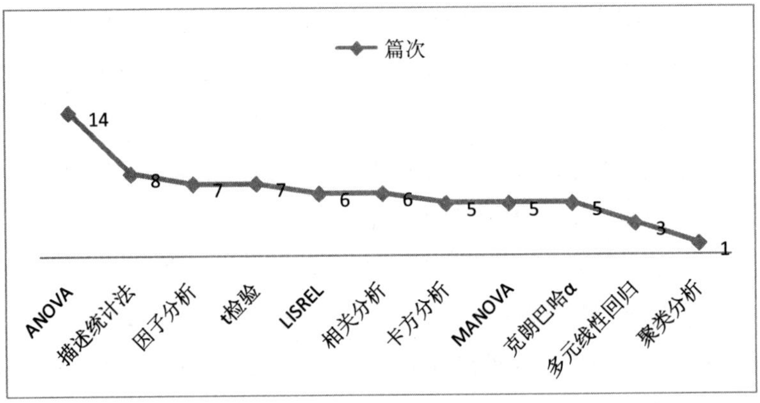

图 13.5　各统计分析法的论文篇次分布

因果结构模式，将 4 个消费行为应变量和多重个解释变项都纳入其中，再用 LISREL 共变量分析法检测此因果模式的适合度，检测各变量之间的因果关系。

五、特殊研究者

个别研究者发表的论文数量较多，且质量较高。在对论文的第一作者（含独立撰写）进行统计时我们发现，共有 7 位作者发表的论文数量在 4 篇及以上。其中 6 位作者均来自政治大学广告系，他们分别是赖建都（共发表 10 篇论文）、郭贞（8 篇）、祝凤岗（5 篇）、刘美琪（5 篇）、张卿卿（4 篇）、郑自隆（4 篇）；还有 1 位作者蔡美瑛（4 篇）是世新大学视听传播系的副教授。由于篇幅所限，我们仅针对赖建都、郭贞、祝凤岗和郑自隆 4 位作者，从研究年份、研究主题和研究方法来总结他们的研究规律。

赖建都的研究以广告设计为主，从其论文发表的年份及其与论文主题的关系来看，2000 年之前，其研究以电视广告、平面广告和网络广告设计的表现形式为主。主要文章有《电视广告表现形式之比较研究》（1993）、《平面广告设计新趋势——如何建立电脑化设计制作模式》（1994）、《网际网路广告讯息设计之研究》（1998）。2000—2004 年间，赖建都对广告设计的研究出现了两个分支：其一，对广告设计教育历史及理念模式进行深挖，如《以口述历史初探台湾五零年代设计教育概况之研究》（2001）、《我国视觉传达设计博士教育之理念与模式——从教育行政组织与效能上探讨》（2002）；其二，将广告设计理论应用到实际的形象设计中去，如《苑里蔺草编织文化暨视觉形象设计之研究》（2004）。2008 年后，赖建都的研究依然从广告设计的角度考察台湾当局宣导“鼓励生育"的宣传效果，同时考察户外广告设立的原则、影响因素及传播效果。

郭贞的研究特点是以我国台湾、大陆及美国青少年或整体消费者行为研究及对比研究为主，研究方法上惯于采用大样本量（受访者通常在1000—2000人）的问卷调查，各篇论文的研究年份从1993年贯穿至2004年。这些研究对于了解台湾本土及大陆消费者的消费动机、态度、行为有很大的帮助。具体文章包括：《中美青少年消费行为之跨文化研究》（1993）、《中国大陆都会区青少年消费行为初探》（1996）、《市场意见领袖特质与个人购物倾向对消费者选择资讯与购买管道之影响——比较网际网路、型录与零售商店》（1999）、《消费者购物倾向对去选择网际网络、型录与零售商店作为资讯与购买管道的影响——台湾与美国的比较》（2004）等。而其2010年1月的一篇文章《海峡两岸都会区户外广告中价值观与广告诉求之比较研究》则将研究范围扩展到了户外广告，试图通过对北京、上海、台北这3个大都会区的1043幅户外广告的内容分析，配合对创意制作人员及学生的深度访谈及焦点小组访谈，深入探讨两岸因政治经济发展差异而产生的文化差异性。

郑自隆先生在1993—1999年间在《广告学研究》杂志上发表了5篇文章。总体看来，其1995年以前的4篇文章以台湾的政治广告研究为主，分析各种竞选广告策略及其效果，研究方法采用了量化研究中的内容分析法和实验法以及质化研究中的小组访谈法；1999年发表的《广告与台湾社会：战后50年的变迁》运用质化研究法，从历史的角度将台湾广告发展分为5个阶段，并提出了"广告是反映社会变迁的镜子，不是导致社会变迁的触媒"的观点。

祝凤岗自《广告学研究》创刊至1998年间共在该杂志上发表了5篇文章，这5篇文章均与广告策略相关，尤其是1994—1998年发表的3篇关于广告感性诉求、理性诉求和对广告策略进行系统探析的文章，前两篇文章意在研究广告感性理性策略的内容和过程，后一篇《广告策略之探研——系统构建观点》则试图建立广告策略系统，说明和澄清广告策略之内涵及策略形成过程。这3篇文章运用的均为理论演绎研究方法。

六、研究结论与建议

1.研究结论

（1）研究者背景

首先，在对132篇广告学论文研究后发现，研究者依旧以学者为主，仅有12

篇文章来自业界或者由业界人士与学界人士合著而成,来自学界的 120 篇论文中,共计 57 篇来自政治大学广告系;其次,论文依旧以独立学者撰写居多,学界人士惯于单打独斗的学术态势与陈文玲过去在《台湾广告学术研究面貌之初探》中的研究结果相比未见显著改善。陈文玲在其论文中的解释依然有效:根据陈世敏的观察,“传播学专任教师的人数和教师的学术背景,是左右台湾传播学发展的主要力量”。

而业界的文章数量虽然较少,但与陈文玲在《台湾广告学术研究面貌之初探》分析中发现的“研究方法多以观念介绍和个案研讨为主”已经大不相同,业界的论文在研究中也多采用严谨的量化分析和数据分析方法。

(2)研究主题

本次研究得知,关注最多的 6 类主题分别是:广告讯息、广告与营销、广告媒体、广告效果、广告与社会文化、消费行为。其中广告效果和广告与社会文化并列第四名。而陈文玲在其论文《台湾广告学术研究面貌之初探》中指出:“台湾本土广告研究最关切的前四个研究主题依次为:广告讯息、广告管理、消费行为、广告媒体。”由于陈文玲与本研究的主题分类标准不同,其“广告管理”类别中包含“广告与营销”,因此,两次研究结果中排名前两位的研究主题相同,不同的是“广告媒体”主题名次提前了,而对“消费行为”主题的关注度则略有降低,让位给了“广告效果和广告与社会文化”。

这是因为 20 世纪 90 年代以后,广告媒体中以网络为首的新媒体发展突飞猛进,进入新世纪之后,互联网的使用人口更是大幅增长。随着宽频网络的日趋普及,以及其他相关服务的出现,互联网的发展潜力无穷。伴随着科技和媒体的发展,学者们开始面对新媒体中广告讯息应该如何表现、策略如何实施、政治广告及商业广告效果如何、消费者在面对新媒体时的消费心理态度行为会发怎样的变化、广告主在新媒体上应该如何营销、传统媒体应该如何应变以提升自己等诸多议题。这说明,杂志中的重点研究主题可以反映台湾广告业界及社会的发展趋势。

(3)研究方法及统计分析法

本研究对于论文研究方法的统计结果,与陈文玲《台湾广告学术研究面貌之初探》的研究发现一致:当前台湾的广告学研究依然将重点放在量化研究上,多为问卷调查、实验法和内容分析法。此外,本研究所调查的 132 篇论文中,同时运用严格的质化和量化研究方法的论文仅有 6 篇。这一结果也是当前广告学术研究共同面临的问题。质化与量化两种方法各有利弊,只有将两类方法有机地结合起来运用，才能从更全面的角度进行分析。

对于统计分析方法的研究是之前相关研究中未曾涉及的。统计分析法多用在量化分析的论文中，台湾学者对量表或假设的信度效度检验、对因果结构模式的检验充分提升了论文研究方法的科学性和专业度。

(4)特殊研究者

有7位作者对《广告学研究》杂志的贡献较大，发表文章的数量均在4篇及以上。其中，赖建都以广告形象设计的研究为主，发表的文章多研究广告形象设计或广告设计教育；郭贞是实证派学者，研究角度主要是消费者行为，研究方法是典型的定量分析，且每篇论文所调查的样本量都很大，研究方法极为严谨，调查结果有较强的说服力；郑自隆在杂志上发表的文章大多涉及政治广告的效果；而祝凤岗则以广告策略研究为主。

2.建议

根据上述结论，本研究提出一些相应的建议，期望能够为台湾及大陆广告未来的研究提供有益的借鉴：

(1)台湾广告学研究内容应该更加多元化。虽然当前的主要研究议题是因为社会以及行业发展的客观环境造成的，但广告学科应该是均衡发展的，一些冷门的研究主题如广告教育、广告历史等应该同样受到学者们的重视，这样才能促进广告学科的健全发展。

(2)结论中已然提及，台湾广告学的研究方法依旧以量化居多，同时运用质化与量化研究方法的论文少之又少。广告学术界应该在提倡研究方法科学性的同时，注重其均衡发展，这样才会使研究主题得到充分而完整的阐释。

(3)在对比前几章对大陆广告杂志得出的研究结果与本次研究结论后发现，相比台湾，大陆的广告学者对消费者行为的研究重视不够，而该议题恰恰是其他议题，如广告讯息、广告与营销、广告媒体研究的基础。因此，该议题理应引起大陆学者们的重视，也应成为未来完善大陆广告学科建构的重点之一。

〔本章作者：初广志　李　杉〕

结语:我国广告传播研究的反思与进路

第一节　我国广告传播研究的反思

一、影响我国广告传播研究的外因分析

在之前的章节里,我们从不同的角度梳理了我国广告传播研究的轨迹。面对这样的历史轨迹,究竟哪些因素影响了30年广告学术发展的历史呢?这要从广告学术发展的内外两个层次寻找原因。

(一)广告学科的鲜明属性——“产学二重性”

寻找影响广告论文发表的原因,首先要从这个学科的特殊性开始。只有了解了这个学科之所以成为一个学科的特殊性,才能确定与其对应的影响因子,即广告学科的双重属性,决定了广告学术论文的发表情况必然会受到双重外因的影响。我们把广告学科的双重属性定义为广告学的“产学二重性”,也就是说,广告学同时具备“学理”属性和“应用”属性,“学理”属性是广告学之所以可以称为学科的根基,而“应用”属性则是广告这个学科区别于其他学科的特点。广告学一方面应该具备“学”字所代表的学术基本框架和原则,一方面又不能脱离广告行业实践对其的影响。因此,广告学科属性决定了广告学术论文的发表必然具备“产学二重性”特征,而影响广告学术论文的双重外因应该是行业外因和学术外因的共同作用。

(二)双重外因作用下的广告学术发展

1.行业外因:广告行业发展是广告学术论文发表的推动力

广告是市场经济的产物,广告学的诞生本身并非基于学科发展的自然规律,而是中国广告行业的蓬勃发展导致了行业实践对理论和人才的需求。因此,广告学科发展也好,广告论文发表也罢,都必然会受到广告行业发展的影响。其实包括广告学在内的一系列应用学科,都无法回避行业发展变化对广告学术研究的影响。经济学是这样,市场营销学也是这样;中国是这样,西方也是这样。广告学研究的实体是广告,而广告不是理论构建中形而上的东西,而是人们日常生活中可见的一种信息传播方式。"广告实践与广告学理论是互动发展的。广告是一种操作性的社会实践,而广告学则是关于这种特殊的社会现象及其运动规律的科学理论体系。"①所以,广告行业的发展变化会不断丰富广告的内涵。因此,脱离了行业因素,广告就缺失了研究对象,就成了无本之木。正如中国传媒大学黄升民教授所言:"中国社会经济的高速发展,广告行业的快速成长,为中国的广告业研究提供了一块绝无仅有的实验田。"

北京大学祝帅在分析广告研究的区域特征时认为,"北京、南京、上海、厦门、广州、杭州、武汉等地依然是中国广告学术研究的重镇",对这种研究分布的解释,他补充了这样的说明:"从某种程度上说,这与其他学科'北京集权'的状况有较大的不同,这一方面体现出中国广告学学科发展的活力和多元性,另一方面也隐含着广告学研究受制于广告实践发展的深层问题。即以上地域多为经济发达、广告繁荣的地区,除北京、武汉外多地处于中国南方,是东南沿海一带,中国内陆地区广告学发展相比较其他学科尤为滞后,东北、西北、西南等地区广告学发展与上述地域无法同日而语。"②这从侧面印证了广告发展与行业发展之间的关系。因此,无论是从地域特点、广告学科的研究对象,还是从中国30年来广告学术研究与行业发展在数据的相关度上看,广告行业对于中国广告学术的发展,尤其是这个学科创建的起步阶段,都是重要的推动力。

2.学术外因:人文学术形势与高校广告教育共同决定广告学术论文发表的发展方向

广告学研究人员大部分是高等院校的教职人员和学生。这就是说,广告学

---

① 陈培爱:《20世纪中国广告学理论的发展》,《厦门大学学报》(哲学社会科学版)1999年第4期。

② 祝帅:《2006年度中国广告学人与广告学》,《广告大观》(理论版)2007年第1期。

的研究人员与其他学科的研究人员同样处于中国人文社会科学发展的大环境之下，无论学科特性如何，这些研究者都不可能脱离这个大背景而存在。这既是中国学者所面临的体制现状，也是未来发展短期内不会轻易改变的事实。因此，学术外因、行业外因虽然同样对广告论文的发表具有影响力，但是行业外因的影响更多地体现在研究内容和关注主题上，而学术外因则更多地表现为对研究人员自身的影响，其研究方法、思维方式、学术规范乃至学术创新的模式都能够在每个研究人员的文章中体现出来。这种共性上的特点乃至弊端都源于我国整个人文社会科学的大环境。

同时我们又看到，广告学科并不是和我国整个人文社会科学的创建同步发生的，相对于其他成熟而悠久的学科来说，广告学还是相当年轻的。只有在 1983 年厦门大学广告系成立之后，我们才能认为中国高校的广告学研究和研究团队开始形成，这明显滞后于其他成熟学科的创立。因此，在我国人文社科的大环境下，广告学术研究同时还受到广告学科自身由产生到发展再到迅速壮大的小环境的影响。因此，我们有必要认为，广告学术产生与发展的动因可以分为人文大环境以及高校广告教育诞生与发展的小环境。这两大因素的影响恰恰可以解释广告学术研究与其他学科研究相比所具备的学术共性和学科特性。

我们认为影响广告论文发表的三个因素：一是中国广告行业的发展情况；二是中国人文社会科学的学术环境（或者学术形势）；三是高等学校广告学专业教育的开展情况。

（三）对广告传播研究轨迹的解释

1.广告行业的发展情况符合“S”形生长曲线

根据历年的广告行业发展统计数据，在 2003 年之后，行业发展已经出现拐点。这种现象很容易理解：没有哪个行业能够永远迅猛增长，广告行业也不例外。近三十年的发展使得这个行业从小变大，从几乎空白到多元化、大范围地挺进。然而，从生长到成熟，其速度必然会经历由飞快到缓慢的过程，行业的原始积累和基本格局已经形成，中国广告行业自身的特性已经慢慢显露。因此，在未来一段时间内，只要中国广告行业不发生大规模的洗牌与产业升级，行业的发展速度就不会出现突然的大幅增长。

2.高校广告教育的规模变化随广告市场人才需求量的变化而变化

自新中国成立到改革开放以前，我国在广告理论研究方面几乎是一片空白。1983年6月,我国第一个广告学专业在厦门大学新闻传播系成立,标志着我国广告专业人才培养和广告理论研究开始走上正规的发展轨道。随后,广告学成了一门热门学科,许多高校相继开设了广告学专业和广告学系,至2013年年底,全国已有近412所高校开设广告学专业。高校广告学专业的开设促进了我国广告理论研究和广告学科建设的快速发展。[①] 厦门大学的陈培爱将广告教育发展分为三个阶段:“第一个阶段,即广告教育的酝酿开拓期,就是1979年改革开放方针政策的推出至1983年中国第一个广告学专业的建立。……第二个阶段是探索发展期,就是从1983年到1992年。……第三个阶段是快速发展期,即1992年至今。……1993年,我国广告公司的数量迅速增加,是1992年的近三倍,中国广告业进入了高速发展期,从而带动了高校争办广告专业的热潮。……这段时期广告教育的快速增长,无疑是社会对广告人才需求的推动的结果,也与国家对广告业的重视有密切关系。”[②]这种规模增长是由于中国广告行业的快速发展导致从业人员紧缺而形成的。1992年的广告专业开办热潮之后,随着1999年前后的高校扩招,全国各高校开办广告专业的热情继续升温,并未随着2003年行业拐点的出现而下降和变缓,这是由于广告学教育20年来的积累已在培养模式、师资队伍和办学经验上保存了一定的实力。因此,教育部扩招开始之后,广告的高校教学规模又上了一个台阶。这也解释了尽管2003年之后广告行业经营额与GDP比值下降,但是广告论文的发表数量依然持平而没有下降的原因:高校广告教育扩招的拉动作用。

3. 行业因素与学术因素作为外部影响力在不同时期主导地位的转换

三十年来,行业因素和学术因素对广告论文发表数量的影响不是一半对一半的关系,也不是一成不变的对应关系,而是在不同时期相互转化主导地位的关系。根据对三十年来两种因素变化走势图的思考,我们认为:

第一,在广告学诞生的初期和成长期(第一阶段和第二阶段[③]),行业因素对其发展的影响占主导力量,决定了广告学术研究在数量上的增多。

---

① 廖秉宜:《中国广告教育三十年的反思与变革》,《新闻界》2014年第2期。

② 陈培爱:《中国广告教育20年的发展与基本经验初探》,《江西财经大学学报》2000年第2期。

③ 三十年来的5种新闻传播学代表性期刊中广告论文发表的数量情况体现了整体波动性上扬的走势。具体来说,又可以将广告论文的发表分为三个阶段,第一个阶段是1979-1989年,这一阶段广告论文发表数量较少,平均每年三篇文章,没有明显的波动趋势。到了90年代,即1990-1999年,广告论文的数量有了明显的提升,总体表现为迅速上升的趋势。进入新世纪之后,广告论文的数量达到了之前二十年的最高值(2000年34篇),随后其数量进入了稳定期,每年保持在30篇左右。三个阶段划分的依据和假设检验的过程参见丁俊杰、初广志、李杉:《我国广告学术成果再研究》,《现代传播》2009年第6期。

在广告学科诞生之初,广告学术队伍尚未形成,广告学研究的对象、方法、定位以及理论来源都处于空白的状态,由早期的学者和业界人士共同开创和探索。因此,在构成学术研究的必要因素(研究者、研究对象、研究方法、基础理论)未确定的情况下,广告学研究的学术属性尚未表现出来,行业发展就成了广告研究的唯一参照。因此,在前两个阶段,行业因素是促使广告研究论文数量增多的主导力量,为当时的研究提供了对象、话题、实践经验,提供了行业对人才深层需求的动力。

第二,在广告学发展的稳定期(第三阶段),学术因素对其走势发挥主导力量,决定了广告学术研究在质量上的提升。

随着广告学科的逐渐成长,学术队伍渐渐壮大,研究方法逐步得到探索,广告学术研究进入了稳定期,因而2000年之后广告论文的数量基本持平并略有浮动。我们认为,我国广告学自2000年后,在第三阶段已经初步完成了一个学科发展所需的奠基工作,全国广告学学科的基本力量与相对格局已经形成,由快速发展转入稳定发展期。学科基本形成以后,专业化的研究队伍以及科学的研究方法使得广告学科不再像初期一样跟随行业的变化而变化,而是开始了学科独立发展的道路并有了一定程度的学术反思。在这个阶段,学术因素起到了更加主导的力量。广告学术论文的发展尽管在数量上没有明显上升的势头,但在质量上却有了提高,尽管提高的幅度仍然很小,仍然无法与数量上的增长相比。

因此,我们认为,广告论文发表第一和第二阶段是受到了行业因素的主要推动,和学术因素的次要推动,形成了从论文数量很少到论文数量猛增的量变过程。而广告论文发表的第三阶段在数量上保持基本稳定是由于行业发展速度放缓,而高校教育规模却相反日趋庞大所共同决定的,其中学术因素占据主导地位,行业因素占次要地位。

第三,在未来一段时间内,广告学术论文的数量不会有较大增长,质量上将有显著提高。

前面已经谈到,由于广告行业增长放缓,高校科研队伍日趋稳定,因而在未来一段时间内,广告学术论文在数量上不会大幅增长,但在质量方面则大有不同。北京大学的陈刚在评价广告学科成熟与否时说道:“学科成熟的一个重要标志,就是对学科研究中所使用的研究方法的自觉。对学术研究方法的意识有这样一个过程:从没有研究方法到学习尝试使用研究方法,这是方法的自觉阶段;从模仿和借鉴研究方法到对研究方法的反思,这是方法的反思阶段;从对研究方法的反思和批判到对研究方法的调整和创造,这是方法的创新阶段。中国广告研究目前基本上处于方法的自觉阶段。"①与陈刚相同,广告学界的张金海、胡晓云、杨海军、许正林、乔均、姚曦、祝帅等学者都已经开始了对学术研究现状的反思,这些学者的思考在各种学术论文、研讨会和论坛上都能见到。由此可见,对广告学科的反思已经受到了整个学界的重视。那么,在这种大规模的反思之后,可以预见的是学术的自觉与创新。另外,广告学科的学历教育从本科发展到硕士研究生、博士研究生,截至 2013 年 8 月,全国已经有了几十个广告方向的硕士学位授予点和十余个博士学位授予点。② 自从 1993 年中国传媒大学开始招收我国第一批硕士研究生,2000 年开始招收我国第一批博士研究生至今,已经有相当数量我国自己培养、受过专业高等教育的广告科班出身的研究生进入高等学府从事科研工作,这说明了更多的新鲜血液已注入广告研究之中,并且,这些研究人员不像早期投入广告教育队伍的学者那样,有一大部分是从其他专业转行过来的,这些年轻科研人员接受的广告专业教育的系统性无疑为促进广告学学术论文质量的提升提供了一定的保障。因此,在学术反思日益强烈、学术力量日益增强的情况下,我们可以预计广告学术论文的质量将会得到大幅度的提高。

二、我国广告传播研究的成就和局限

正如之前学者所说过的,学术史研究是一项艰巨的任务。在本课题的研究中,课题组成员第一次整理了 3800 多种广告专业书籍,从广告著作的数量、题名、写作类型以及资料来源等多个角度,分析了新闻传播类核心期刊(《现代传播》《新闻与传播研究》《国际新闻界》《新闻大学》《中国广播电视学刊》20968 篇)、广告行业核心期刊(《中国广告》《现代广告》《国际广告》《广告大观》《广告导报》24591 篇)、中国人民大学报刊复印资料(《新闻与传播》1182 篇、《心理学》161 篇)等自创刊起的所有与广告传播相关的论文,并从交叉学科的角度进行比较,此外,还从广告媒介、广告心理、广告创意与讯息战略、品牌等角度进行了专项研究。值得一提的是,课题组第一次进行了广告学博士论文的研究,对这一代表广告学术研究前沿的领域进行了探讨。与此同时,课题组成员也梳理了美国、日本、韩国以及我国台湾地区广告研究的轨迹,以此作为他山之石。

综合以上的研究,可以看出,我国广告业恢复三十多年来,广告传播研究取

① 陈刚:《当代中国广告研究方法的三个问题》,《中国广告》2006 年第 7 期。
② 廖秉宜:《中国广告教育三十年的反思与变革》,《新闻界》2014 年第 2 期。

得了显著的进展,积累了丰富的研究成果,对我国广告学理论研究做出了巨大的贡献。在看到这些成就的同时,也不得不承认,与新闻传播领域内发展较早、较成熟的其他学科相比,我国广告学研究在数量和专业水平上都还有进一步提高的必要。

(一)我国广告传播研究的成就

1.广告传播研究成果逐渐丰富

据课题组粗略统计,截至 2013 年 6 月,仅本课题所涵盖的广告传播相关刊物发表的文章就已接近 10 万篇,广告传播相关的书籍达到 5000 种左右。由此可见,广告传播研究已经引起了学者们的普遍关注,其中还涌现出一批有着高度学术热情和专业造诣的核心著者。

2.论文质量逐渐提高

在 30 年左右的时间里,广告传播研究相关论文被中国人民大学报刊复印资料收录的数量越来越多,占全部被收录文章的比例稳步提高,被全文影印的比例已高于平均水平,形成了一定的规模。与此同时,广告传播研究的论文也大量出现在 CSSCI 新闻传播核心期刊中。可以说,我国的广告学研究经历了一个由“术”到“学”,由作为新闻事业的附属品而“寄人篱下”到寻根逐源、逐渐厘清和完善自身学科体系,从而“自立门户”并在新闻传播学领域中真正确立自身学术地位的艰难成长过程。

3.研究领域不断拓展

在我国,广告研究被置于多学科视野之下,研究者来自新闻/传播/广告学、管理学、心理学、语言学、艺术、经济、法律和其他人文社科类学科,他们从不同的视角解读广告活动,关注的焦点也各有不同。

广告传播研究成果可见于经济类、文化类等多个领域的期刊中,和新闻传播领域内各学科的交流尤为密切,学术色彩强烈的各高校学报也是广告学研究的最重要阵地。

4.研究方法逐渐科学

从最早的感想式、案例总结式文章为主,到思辨式,再到量化和质化研究日益得到重视,广告传播研究的方法日益规范。以博士论文为例,除了理论演绎法之外,统计分析、理论建模、内容分析和实验法的使用也占有很大的比例。来自新闻传播学科之外的博士论文,它们为广告学研究提供了新的视角、思路及方法;尤其是国外广告传播研究方面,正在从单纯的介绍式转为跨国比较研究。

(二)我国广告传播研究中的突出问题

1.广告传播研究多数趋于应用型

密切关注业界实践是我国广告传播研究的鲜明特色之一。在我国广告事业发展的各个阶段,面对出现的各种问题,来自广告学界的学者们以自己规范的学术体系,来自业界的人士以自己丰富的经验,通过在期刊上刊发文章的方式积极进行学术上的交流和碰撞,及时对出现的问题进行调整,对我国广告事业的发展进行规范。但这也带来了一个问题,那就是理论研究薄弱。而对广告学基础理论研究的缺失,张金海教授曾指出:"长期以来,广告学研究深陷'学不精'、'术不深'的尴尬之中。"①

2.研究方法还需进一步规范

在广告学专业期刊中,多数文章采用思辨法和个案分析法展开讨论,没有更多地涉及其他研究方法,说明我国对广告传播的研究不够缜密严谨。即使在博士论文中,来自不同学科的博士论文也往往囿于本学科常用的方法,能同时运用多种研究方法且应用层次较精深的博士论文极少,大部分广告学博士论文仍采用理论演绎法,而部分论文虽然运用了统计分析法或内容分析法,但是仍存在科学性、严谨性不足等问题。在文献引用方面,外文文献和专业学术论文所占比例相对较低,部分博士论文甚至没有参考国际权威学术期刊的文献。

3.对基础理论研究领域关注不够

关注的重点放在传播信息、广告媒体这些偏实操性的研究与探讨上,对于广告史、消费者行为、广告心理、广告与社会、广告与文化等方面的研究则相对欠缺。大多数的研究针对的是正在发生的广告现象或已有的案例研究,关注广告本体的基础理论部分的研究数量极少、关注度也极低。这使得整个广告学学科体系的建构有太多实用主义和实证主义的考量,较少自觉的理论导入。虽然广告的确是一门实践性较强的学科,但正因为如此,广告学才更应该重视广告的学理研究,加强广告基础理论,以便更好地指导广告的实践。

综上所述,我国的广告传播研究发展正处于"初期繁荣—沉淀停滞—深度

---

① 张金海、徐卫华:《广告理论研究述评》,《中国媒体发展研究报告》(2009 年 · 广告卷),武汉大学出版社 2010 年版。

化—进一步繁荣发展”的变化中，总体是向前并接近成熟完善的发展趋势。这也反映了我国经济水平不断发展、企业不断成熟、广告地位日趋重要的现状。

第二节　关于推进中国特色广告传播研究的思考

中国的广告产业是在借鉴欧洲、美国、日本等国的发展模式和经验的基础上，结合中国的国情而发展起来的，我国的广告学术研究也经历了相当长的引进、借鉴的历程。时至今日，已经到了我国广告学者必须具备学术自觉、学术自信、学术自立的时候。推进中国特色的广告传播研究，是当代广告学人理应承担的历史使命。

(一)我国独特的广告环境呼唤与之相应的广告传播研究

改革开放三十多年来，我国经济快速发展。2010 年，我国的国内生产总值已经超过日本，成为世界上最大的经济体。广告作为市场营销的主要手段之一，在这一进程中发挥了不可替代的作用。但是，我们也应该看到，广告业在发展的过程中也暴露出一些明显的问题，突出表现在：广告在国民经济中的作用还没有得到充分认识，广告的社会地位不高①；广告产业存在严重的结构性失衡，产业集中度低②；广告公司被边缘化，存在结构性焦虑和转型期焦虑③；广告代理制推行不力，媒介依然居于垄断地位④；广告市场秩序不够规范，恶性竞争

---

① 金定海：《价值理性的偏失》，《现代广告》2005 年第 12 期；徐冰：《做一个有尊严的产业》，《现代广告》2007 年第 7 期；丁俊杰等：《中国广告观——中国广告产业定位于发展趋势之探讨》，《现代传播》2008 年第 4 期；张树庭：《正名之路——中国当代广告业发展研究(1979－2009)》，中国传媒大学博士学位论文。

② 卢山冰：《中国广告产业发展研究》，陕西人民出版社 2005 年版；张金海等：《中国广告产业将走向何方?》，《现代广告》2006 年第 7 期；廖秉宜：《自主与创新：中国广告产业发展研究》，人民出版社 2009 年版；邬盛根等：《我国广告业发展的失衡分析与对策研究》，中国广告教育研究会第七届学术年会论文集等；陈刚：《中国广告产业现状与发展趋势》，《中国媒体发展研究报告(2009 年·广告卷)》，武汉大学出版社 2010 年版；曾兰平：《我国广告产业三大主体制度失衡对我国广告茶叶发展的制约》；《中国媒体发展研究报告(2009 年·广告卷)》，武汉大学出版社 2010 年版；周建波：《21 实际网络环境：中国广告传播机理及其产业化困局》，“国家经济发展战略与中国广告产业创新发展研究——2010 全国广告学术研讨会”论文集。

③ 陈刚：《结构性的焦虑和转型期焦虑的交织——对当代中国广告公司现状的一种解读》，《广告大观》2007 年第 6 期；姚曦：《创新的冲动与激励的缺失——中国广告公司经营管理核心问题分析》，《中国媒体发展研究报告(2009 年·广告卷)》，武汉大学出版社 2010 年版。

④ 黄升民：《打破媒介垄断是实行代理制的关键》，《中国广告》1993 年第 1 期；陈刚等：《对中国广告代理制目前存在问题及其原因的思考》，《广告研究》2006 年第 1 期。

的现象时有发生[①];广告在塑造民族品牌、助推"中国制造"走向世界的过程中没有充分发挥作用[②];虚假广告屡禁不绝,广告监管亟待加强;广告传播的社会责任、引领正面社会价值取向的功能尚未引起足够的重视等[③]。

这些问题出现的背景是,我国的市场环境在世界上是独一无二的,不仅区别于美、日等发达国家,也与其他发展中国家有着明显的不同。作为一个拥有13亿人口的大国,我国的地区之间、城乡之间发展不均衡,市场经济体制尚未完全确立,工业化和现代化尚未完成,西方国家所走过的上百年市场经济的进程在我国被极大地缩短。互联网、手机等数字媒体技术日新月异的发展,导致信息化与工业化、城市化在我国同时展开。恰逢改革也进入了深层次阶段,阶层区隔、贫富差别、利益集团之间的博弈等深层次社会问题日益凸显,人们的价值取向渐趋多元。而与此同时,适应社会主义市场经济体制的伦理道德体系还没有完全建立起来。

营销领域也表现出鲜明的中国特色。"1992 年中国市场更加开放以后,大量海外企业和新的营销理念迅速进入中国,于是使用最简单的营销模式进行简单的市场竞争的中国企业,与具有丰富的营销经验的海外企业在同一个市场共同生存和发展,共时性的特征越来越突出。"[④]在一些地区和行业,只靠大规模的广告投放就可以赢得市场份额和经济效益;而在另一些地区和行业,就必须动用整合营销传播等先进的营销传播手段。正如美国西北大学教授舒尔茨教授所指出的,仅以源于西方的广告学理论已经不能解释我国的营销传播实践了,我国学者必须创立本土的广告学理论。[⑤]

(二)中国特色的广告传播应关注的领域

1.我国独特的广告传播环境

我国广告业所处的政治、经济、文化等环境与发达国家(如美国、日本)有什么不同?这是中国特色广告传播研究的基石。当前,我国的广告传播研究离不

---

① 陈培爱:《中国广告业:在发展中摆脱困境》,《广告大观》综合版 2007 年第 6 期;张树庭:《正名之路——中国当代广告业发展研究(1979-2009)》,中国传媒大学博士学位论文,第 191-192 页。

② 吕尚彬:《中国企业品牌全球化传播的历程、问题与对策》,"国家经济发展战略与中国广告产业创新发展研究——2010 全国广告学术研讨会"论文集。

③ 刘泓:《广告社会学》,武汉大学出版社 2006 年版;程明等:《试论广告与社会文化的关系互动》,《中国媒体发展研究报告(2009 年·广告卷)》,武汉大学出版社 2010 年版。

④ 陈刚、王禹媚:《新兴市场、共时性竞争与整合营销传播——整合营销传播在中国市场的发展状况研究》,《广告大观》(理论版)2009 年第 1 期。

⑤ 作者在美国西北大学麦迪尔新闻学院访学期间,多次与舒尔茨教授就这一问题进行交流。

开“社会主义初级阶段”这个大背景。具体来说,中国的市场环境如何?政府对广告行业的监管方式是否合理、有效?行业协会在广告行业的地位和影响力如何?媒介、广告公司和企业在广告产业中的地位及相互关系如何?如何平衡三者之间的关系?例如,已故著名广告人李传屏先生曾把中国市场的“形”归纳为“移民的城市、流动的市场、旅人的世界”①,他的这一归纳就是建立在广泛调研及深入洞察的基础上的。

2.广告传播与社会的关系

广告所倡导的消费主义观念、权贵意识,是对当下社会价值观的反映还是强化了这种价值观?虚假广告屡禁不绝、行业内的恶性竞争、社会责任的缺失等乱象与整个社会的道德水平滑坡有多大的关系?这些都需要运用社会学的研究方法进行深入的调查和论证,拿出令人信服的成果,而不宜脱离中国的现实环境(处于工业化中期),简单地抓取现实中的一些负面例子,引用西方学者(诸如鲍德里亚或西方马克思主义学者)的观点进行泛泛而谈的批判。此外,如何发挥公益广告对社会价值观的正面引导作用,也是需要关注的主题。

3.广告传播主体研究

一些学者在对我国广告研究成果的梳理中发现,企业虽然是广告活动的主体,但是在广告研究中的分量明显不足。② 在当前的中国市场环境下,企业在品牌建设过程中面临什么样的问题?广告在企业的营销传播中占据何种地位?广告与企业其他营销活动的关系如何?企业的高管和营销传播部门负责人如何看待广告的作用?数字媒体时代,企业营销传播部门的地位是否需要提升、如何提升?企业的组织结构如何变革才能适应数字媒体时代整合营销传播的需要?这些,都应该引起研究者的重视。

---

① 李传屏:《营销论语》,中国市场出版社 2006 年版。

② 姚曦、李名亮:《中国大陆广告学论文研究现状定量分析》,《新闻与传播评论》,武汉大学出版社 2004 年版;李彪:《新闻传播学研究方法的构造——对 1995-2007 年我国四种主要学术期刊的考察》,《国际新闻界》2008 年第 1 期;郑欢、包雷晶、李垒垒、张小卫:《善事与利器——2008 中国广告学术研究方法批评》,《广告大观》(理论版) 2009 年第 2 期;于静:《中国广告学术发展研究——1989-2003 年广告期刊、论文统计分析》,东北师范大学 2004 年硕士论文;杨柳:《我国广告学研究在新闻传播领域中的发展轨迹——基于中国人民大学复印报刊资料〈新闻与传播〉的统计和考察》,《广告大观》(理论版)2010 年 2 月号中旬刊;丁俊杰、初广志、李杉:《新闻传播期刊中广告学术研究成果再研究》,《现代传播》2009 年第 6 期;康瑾:《交叉学科视角下的广告学术研究——2000-2009 年 CSSCI 期刊广告文献分析》,《国际新闻界》2010 年第 9 期;罗婷婷、林未乔:《中国广告研究发展历程——基于 1981~2008 年五本广告权威杂志的文本内容统计》,国家社科基金项目《我国广告传播研究的现状和趋势》分报告,未发表。

4.广告传播客体研究

在对以往广告传播研究成果的梳理中,我们发现,关于消费者研究较为薄弱的问题比较突出,而消费者恰恰是广告活动的终极目标。在国际四大广告学术期刊的研究中,消费者研究和广告效果研究位居前两位。韩国的广告研究中也以消费者研究为最多。中国消费者行为的独特性,是中国特色广告学研究的重中之重。例如,中国消费者的数字媒体(例如手机、互联网)使用行为与其他国家的消费者有什么不同?中国消费者的购买决策、购买及购后行为有什么独特性?不同地区、阶层、年龄、收入、教育程度的消费者行为有无差异?消费者的广告素养如何?

5. 广告传播效果研究

有研究者发现,过去的研究比较重视广告媒介经营,而对媒体传播效果的研究却相对薄弱。① 在中国市场上,传统媒体是否已经过时?不同媒体受众的构成和媒体接触行为如何?不同媒体对于不同受众的传播效果如何?品牌植入的正面或负面效果如何?电视台黄金时段招标广告的短期和长期效果如何?企业如何有效地运用互联网、手机进行广告传播?在受众匿名的状况下,企业如何实施精准传播?这些,也需要学界做出回应。

(三)中国特色广告传播研究应注意的几个问题

1. 中国特色的广告传播研究是中国广告学者所努力的方向

在相当长一段时间内还难以形成一个完整的架构。学者们可以立足中国的国情,选择几个关键问题,群体合作,重点突破,逐步实现融会贯通。事实上,传播学引入中国也未解决本土化的问题。正如一位学者所归纳的,研究问题与理论建构还处于分离和割裂状态,结果必然是缺少有学术质量和理论创新的学术成果;虽然研究内容和主题趋于多样性,但由于缺少多样性的统一,研究过程与理论资源的探索被简略化或单一化,致使多样性不过是研究者站在原地的东张西望;虽然知识构建已经成为研究者的主观追求,但由于未能形成理论探索之间的沟通与互动,导致在研究实践中无法找到恰当的理论生长点,也就无法在新理论与相互关联的概念方面有所建树。② 为此,中国特色的广告传播研究

---

① 杨柳:《我国广告学研究在新闻传播领域中的发展轨迹——基于中国人民大学复印报刊资料〈新闻与传播〉的统计和考察》2010 年 2 月号中旬刊。

② 王怡红:《传播学发展 30 年历史阶段考察》,《新闻与传播研究》2009 年第 5 期。

要循序渐进,而不是急于求成。

2.在正本清源的基础上进行创新

丁俊杰等通过对5种新闻传播期刊中广告论文的研究,发现大多数研究是针对广告现象、案例、调查、新问题的研究,而关注广告本体的基础理论部分相对薄弱。[①] 也有研究者指出,"大部分学者不假思索地把传播学本土化的目标界定为研究中国传播问题,服务于中国传播实践。但很少有人对这个目标中理论本身的缺席表示异议"[②]。为此,对于西方广告学基本原理,要结合中国国情进行试对或试错,而不是简单地加以否定或肯定。我们既不能崇洋媚外,也不能自我膨胀,而要对中国广告学研究的成果进行认真的梳理,在去粗取精的过程中发现真知灼见,在此基础上群策群力、发展完善。

3. 理性对待业界提出的一些概念或模式

例如,电通公司提出的"AISAS"模式是否是一个科学的模式,是否就是对"AIDMA"模式的创新?"欲望"和"记忆"在消费者决策过程中不重要吗?数字媒体时代的消费者都会遵循从"注意"到"兴趣"再到"搜索"的路径吗?会不会在产生需求的基础上直接开始搜索?每个消费者都会在消费后分享自己的体验吗?又如,"全媒体营销"中"全媒体"的内涵是什么?全媒体是否包括所有可以成为广告媒体的接触点?在媒体形式日益增多的今天,能否真正做到全媒体营销?即便可以做到,从投资回报率的角度考虑,企业是否都有必要开展全媒体营销?这些问题都值得深入探讨,不能人云亦云。[③]

4. 重视跟踪研究而非浅尝辄止

规律的总结和理论的形成都源于对同一主题的持续关注和研究。可是,"自20世纪80年代末以来,伴随着广告业的快速发展,广告学的研究始终处于一种风口浪尖式的'赶时髦'状态,大家总是在新观念和新知识的引入阶段蜂拥而至,稍加停顿后,又很快进入到对下一个浪头的追逐中,而难得在一个问题上进行深入的研究"[④]。中国特色的广告传播研究,要力避这种浮躁。

---

① 丁俊杰、初广志、李杉:《新闻传播期刊中广告学术研究成果再研究》,《现代传播》2009年第6期。

② 刘海龙:《从受众研究看"传播学本土化"话语》,《国际新闻界》2008年第7期。

③ 初广志:《关于发展广告学研究的思考》,《广告大观》(理论版)2011年第2期。

④ 星亮、李苗:《重视和加强广告学基础理论的研究》,《中国广告业生存及发展模式研究——2003年全国广告学术研讨会论文集粹》,丁俊杰、董立津主编,中国工商出版社2004年版。

5. 加强研究方法的科学性

近年来,部分广告学者对以往的广告学研究成果进行了梳理,发现一个共同的问题:研究方法的科学性不足,[①]即便是博士论文也不容乐观。“大部分广告学博士论文倾向于运用理论演绎的方法论证其提出的论点,即使应用统计分析法或内容分析法,在问卷设计、研究对象选择、调研或者实验步骤的阐述、对问卷或实验的信度效度评测、对研究结果运用多种统计研究方法进行分析等步骤上仍存在科学性、严谨性不足等问题。”[②]

6. 深入实际,问题导向

中国特色的广告传播研究离不开对中国市场、消费者、广告行业现状的充分把握。脱离实际的理论演绎不可能产生能引领行业走向的成果。鉴于我国市场的广阔性和复杂性,广告传播研究离不开学界与业界的合作,离不开学者(包括相关学科学者)之间的合作,应避免两种倾向:一种是不愿向实践学习;一种是对现实缺乏客观立场。

中国特色的广告传播理论的提出,与我国当前的经济、社会背景密不可分,是时代发展的产物,体现了我国广告研究者的学术自觉和责任担当。它产生于我国独特的市场环境,服务于我国的营销传播实践,承担着促进中国经济发展与社会和谐、助推中国品牌走向世界的使命。

---

① 姚曦、李名亮:《中国大陆广告学论文研究现状定量分析》,《新闻与传播评论》,武汉大学出版社 2004 年版;李彪:《新闻传播学研究方法的构造——对 1995-2007 年我国四种主要学术期刊的考察》,《国际新闻界》2008 年第 1 期;郑欢、包雷晶、李垒垒、张小卫:《善事与利器——2008 中国广告学术研究方法批评》,《广告大观》(理论版) 2009 年第 2 期;于静:《中国广告学术发展研究——1989-2003 年广告期刊、论文统计分析》,东北师范大学 2004 年硕士论文。

② 黄硕、初广志:《我国广告学博士论文研究成果的再研究》,《广告大观》(理论版)2012 年第 2 期。

主要参考文献

专著

丁俊杰、康瑾:《现代广告通论(第 2 版)》,中国传媒大学出版社 2007 年版。

丁俊杰、董立津:《中国广告业生存及发展模式研究——2003 年全国广告学术研讨会论文集粹》,中国工商出版社 2004 年版。

丁俊杰、董立津:《和谐与冲突——广告传播中的社会问题及出路》,中国传媒大学出版社 2006 年版。

刘志明、倪宁:《广告传播学》,中国人民大学出版社 1991 年版。

丁长有:《广告传播学》,中国建筑工业出版社 1997 年版。

萧湘文:《广告传播》,威仕曼文化公司 2005 年版。

陈培爱:《广告传播学》,厦门大学出版社 2009 年版。

陈培爱:《中外广告史:站在当代视角的全面回顾》,中国物价出版社 1997 年版。

陈培爱:《中国元素与广告营销》,厦门大学出版社 2010 年版。

陈培爱:《中国广告理论探索三十年》,厦门大学出版社 2009 年版。

陈培爱:《广告学概论》,高等教育出版社 2004 年版。

陈培爱:《国家经济发展战略与中国广告产业创新发展研究——2010 全国广告学术研讨会论文集》,厦门大学出版社 2011 年版。

张金海、姚曦:《广告学教程》,上海人民出版社 2003 年版。

张金海:《中国媒体发展研究报告(2009 年 · 广告卷)》,武汉大学出版社 2010 年版。

张金海:《20 世纪广告传播理论研究》,武汉大学出版社 2006 年版。

郭庆光:《传播学教程》,中国人民大学出版社 1999 年版。

黄合水:《广告心理学》,高等教育出版社 2007 年版。

黄合水:《品牌建设精要:打造名牌之不二法门》,厦门大学出版社 2004 年版。

许正林、张惠辛:《中国广告学研究 30 年文选(1978 - 2008)》,上海交通大学出版社 2009 年版。

舒咏平:《广告传播学》,武汉大学出版社 2007 年版。

姚曦:《广告概论》,武汉大学出版社 2002 年版。

李名亮:《广告传播学引论》,上海财经大学出版社 2007 年版。

李宝元:《广告学教程》,人民邮电出版社 2002 年版。

黄勇:《中外广告简史》,四川大学出版社 2003 年版。

王长征:《消费者行为学》,武汉大学出版社 2003 年版。

樊志育:《世界广告史话》,中国友谊出版公司 1998 年版。

汪涛:《广告学通论》,北京大学出版社 2004 年版。

范鲁斌:《中国广告 25 年》,中国大百科全书出版社 2004 年版。

何佳讯、卢泰宏:《中国营销 25 年》,华夏出版社 2004 年版。

余小梅:《广告心理学》,浙江大学出版社 2008 年版。

崔银河:《中外广告发展简史》,中国传媒大学出版社 2008 年版。

孙顺华:《中国广告史》,山东大学出版社 2006 年版。

梁启超:《梁启超全集》,北京出版社 1999 年版。

李宗侗:《中国史学史》,中华书局 2010 年版。

金毓黻:《中国史学史》,商务印书馆 2007 年版。

白寿彝:《中国史学史(第 1 册)》,上海人民出版社 1986 年版。

蒋述桌、刘绍瑾、程国赋、魏中林:《二十世纪中国古代文论学术研究史》,北京大学出版社 2005 年版。

梁启超:《中国近三百年学术史》,东方出版社 1996 年年版。

林丽云:《台湾传播研究史——学院内的传播学知识生产》,巨流图书公司 2004 年版。

翁修琪:《台湾传播学的想象》,巨流图书公司 2004 年版。

张树庭:《中国广告教育定位与品牌塑造》,中国传媒大学出版社 2005 年版。

李传屏:《营销论语》,中国市场出版社 2006 年版。

徐卫华:《新广告学》,湖南师范大学出版社 2007 年版。

刘泓:《广告社会学》,武汉大学出版社 2006 年版。

卢山冰:《中国广告产业发展研究》,陕西人民出版社 2005 年版。

廖秉宜:《自主与创新:中国广告产业发展研究》,人民出版社 2009 年版。

国际广告杂志社、北京广播学院广告学院、IAI 国际广告研究所:《中国广告猛进史:1979-2003》,华夏出版社 2004 年版。

初广志:《广告文案写作(第 2 版)》,高等教育出版社 2011 年版。

郑杭生:《新世纪中国社会学:“十五”回顾与“十一五”瞻望》,中国人民大学出版社 2006 年版。

中国广告协会:《中国广告年鉴(1986 年卷)》,1987 年版。

罗文坤,郑英杰:《广告学:策略与创意》,华泰书局 1993 年版。

〔美〕迈克尔·所罗门著卢泰宏译:《消费者行为学》,电子工业出版社 2008 年版。

〔美〕理查德·J.塞梅尼克、克里斯·T.艾伦、托马斯·C.奥吉恩著,程坪、张树庭译:《广告学

(第 2 版)》,机械工业出版社 2002 年版。

〔美〕A.杰罗姆 · 朱勒、邦尼 L.朱奈尼著,郭静菲、黎立译:《广告创意策略》,机械工业出版社 2003 年版。

〔美〕克劳德 · 霍普金斯著,邱凯生译:《我的广告生涯和科学的广告》,新华出版社 1998 年版。

〔美〕大卫 · 奥格威著,刘毅志译:《一个广告人的自白》,中国友谊出版公司 1991 年版。

〔美〕威廉 · 阿伦斯:《当代广告学(第八版)》,人民邮电出版社 2005 年版。

〔美〕Rajeev Batra,John G Myers,David A Aaker 著,赵平、洪靖、潘越译:《广告管理》,清华大学出版社 1999 年版。

〔美〕菲利普、科特勒、加里.阿姆斯特朗著,俞利军译:《市场营销》,华夏出版社 2003 年版。

论文

黄合水、王保红、汪澜、袁冰:《20 年来中国广告界探讨的热门话题》,《现代广告》2003 年(学术特辑)。

张金海等:《中国广告产业将走向何方》,《现代广告》2006 年第 7 期。

李彪:《新闻传播学研究方法的构造——对 1995-2007 年我国四种主要学术期刊的考察》,《国际新闻界》2008 年第 1 期。

丁俊杰、初广志、李杉:《新闻传播期刊中广告学术研究成果再研究》,《现代传播》2009 年第 6 期。

杨柳:《我国广告学研究在新闻传播领域中的发展轨迹——基于中国人民大学复印报刊资料〈新闻与传播〉的统计和考察》,《广告大观》(理论版)2010 年第 2 期。

彭子玄:《从研究主题的变化看西方广告理论研究的发展趋势——对 1998 到 2006 年九年间美国〈广告杂志〉杂志的内容分析》,《广告大观》(理论版)2008 年第 2 期。

郑欢、李垒垒、张小卫:《传播学"5W"领域研究述评——基于传播类博士论文选题的实证研究》,《广告大观》(理论版)2010 年第 2 期。

何佳讯、王智颖:《中国广告学研究 20 年主题分布与阶段演进》,《中国广告》2001 年第 4 期。

姚曦、李名亮:《中国大陆广告学论文研究现状定量分析》,《新闻与传播评论》武汉大学出版社 2004 年版。

陈文玲:《台湾广告学术研究面貌之初探》,《广告学研究》2002 年第 7 期。

胡晓云:《现代日本广告研究的热点话题流变》,《现代广告》2004 年(学刊)。

张金海、周丽玲:《我国广告理论研究现状》,《中国广告》2004 年第 9 期。

黄孟芳:《广告理论百年回眸》,《西北大学学报》(哲学社会科学版)2002 年第 2 期。

叶凤琴、刘泓:《广告学科发展及其研究范式转型》,《福建师范大学学报》(哲学社会科学版 2009 年第 6 期。

许正林:《2007 年广告学研究综述》,《广告大观》(理论版)2008 年第 4 期。
俞振伟:《调查与思考——1985~1988 年上海报纸广告状况》,《中国广告》1989 年第 4 期。
许鸿克:《广播广告十年探索》,《中国广告》1991 年第 3 期。
章光华:《略谈国际广告》,《中国广告》1982 年第 2 期。
梅汝和、陈信康:《广告媒介选择综合谈》,《中国广告》1988 年第 1 期。
高丕烈:《有效广告的媒体研究》,《新闻学》1992 年第 3 期。
叶茂中、顾小君:《广告的几个话题》,《中国广告》1996 年第 1 期。
徐轩:《五大元素,组合有效公交车身广告》,《中国广告》2005 年第 11 期。
尼尔森媒介研究:《中国航空的广告花费与媒体投放倾向分析》,《中国广告》2006 年第 11 期。
舒咏平:《小众传播时代广告战略的选择》,《现代传播》2002 年第 1 期。
祝建华、左贞:《广告与上海新闻媒介》,《新闻大学》1986 年第 11 期。
唐忠朴:《试论我国广告业发展的合理趋向》,《中国广告》1987 年第 2 期。
陈桂兰、章平:《从广告份额的变化探析电视媒体的经营之道》,《新闻大学》1999 年第 3 期。
徐春华:《报业跨区域扩张将成为趋势》,《国际广告》2003 年第 7 期。
刑建毅:《论改革开放以来中国广电业的十大转型》,《现代传播》2006 年第 3 期。
丁俊杰、黄河:《观察与思考:中国广告观——中国广告产业定位与发展趋势之探讨》,《现代传播》2007 年第 4 期。
陈斯华:《以 PC 为终端的 IPTV 产业价值链分析》,《现代传播》2006 年第 2 期。
闵大洪:《报业集团初露端倪》,《现代广告》1994 年第 3 期。
黄升民:《危机与希望——'99 媒介与广告市场述评》,《现代传播》1999 年第 4 期。
俞振伟:《电视广告:繁荣与危机——从社会传播和大众文化的角度看电视广告》,《新闻大学》1990 年春。
田兆元:《关于纸老虎的神话——论传媒的巫术特性》,《现代传播》1995 年第 4 期。
黄升民、赵子忠:《2003:电视媒介的变动与突破》,《国际广告》2003 年第 6 期。
肖邦华:《户外广告的美学特征》,《国际广告副刊——中国户外广告》2005 年第 4 期。
顾亮:《大陆学术期刊中广告研究概览——以〈现代传播〉为例》,《科技传播》2009 年第 10 期。
王国全:《广告的研究与广告学的定位》,《中国广告》1999 年第 1 期。
郑欢、包雷晶、李垒垒、张小卫:《善事与利器——2008 年中国广告学术研究方法批评》,《广告大观》(理论版)2009 年第 2 期。
王沛、孙连荣:《广告中刻板印象的信息加工方式》,《心理学报》2005 年第 6 期。
林树:《对广告信息加工的性别差别》,《心理学报》2005 年第 5 期。
王怀明、马谋超:《名人广告源可信度因子结构》,《心理学报》2002 年第 3 期。
丁夏齐、王怀明、马谋超:《名人推荐者道德声誉对名人广告效果的影响》,《心理学报》2005 年第 3 期。
郭晓蓉、郭秀艳、魏知超:《自传体广告优势效应的实验研究》,《应用心理学》2005 年第 3 期。
丁锦红、王军、张钦:《平面广告中图形与文本加工差异的眼动研究》,《心理学探新》2004 年第 4 期。
钟建安、叶耀荣、楼劼:《受众对广告中性别角色的定型反应的研究》,《应用心理学》2005 年第 4 期。
白学军、张钰、姚海娟、藏传丽:《平面香水广告版面设计的眼动研究》,《心理与行为研究》2006 年第 3 期。
黄劲松、王高、赵平:《品牌延伸条件下的广告说服——双中介影响模型的拓展》,《心理学报》2006 年第 6 期。
江波:《网络广告心理效果模式初探》,《心理学动态》2001 年第 3 期。
王咏、马谋超、雷莉、丁夏齐:《网络旗帜广告的记忆效果》,《心理学报》2003 年第 6 期。
文艳霞、孙丰国:《从众心理理论下提高广告创意效果的路径》,《中国广告》2009 年第 3 期。
殷俊:《论广告设计色彩应用心理》,《合肥工业大学学报》(社科版)2009 年第 3 期。
王丽:《广告传播的睡眠者效应》,《当代传播》2005 年第 1 期。
景秀辉、庄晓敏:《对互动广告中的性别身份建构的统计分析》,《江苏大学学报》(社科版)2009 年第 3 期。
郭艳:《从基于心理模型的语用推理看广告中的双关》,《湖南科技学院学报》2009 年第 7 期。
卢泰宏、吴水龙、朱辉煌、何云:《品牌理论里程碑探析》,《外国经济与管理》2009 年第 1 期。
宋旭琴、向鑫:《品牌理论研究综述》,《商业时代》2006 年第 33 期。
张锐、张燚:《品牌学理论演化与发展》,《重庆文理学院学报》(社会科学版)2007 年第 9 期。
张燚、张锐:《国内外品牌本性理论研究综述》,《北京工商大学学报》(社会科学版)2004 年第 1 期。
韩福荣、王仕卿:《品牌理论研究——品牌理论发展评述》,《质量管理》2006 年第 9 期。
胡欢欢:《品牌定位与品牌建设——十年来中外品牌研究综述》,《今日南国》2008 年第 4 期。
马蕊:《中国广告研究三十年——2008 年全国广告学术研讨会观点综述》,《中国广告》2009 年第 1 期。
喻国明:《中国传媒业的发展模式与规则再造》,《北京社会科学》2003 年第 1 期。
郑自隆:《广告与台湾社会:战后 50 年的变迁》,《广告学研究》1999 年。
叶凤琴:《对台湾广告发展史的解读》,《新闻窗》2008 年第 5 期。
李学勤、江林昌:《世纪之交与中国学术史研究》,《烟台大学学报》1999 年第 4 期。
宋学勤:《视点创新与学术进路———梁启超学术史研究的方法论意蕴》,《淮阴师范学院学报》(哲学社科版)2011 年第 4 期。
黄懿慧:《90 年代台湾公共关系研究之探讨——版图发展、变化与趋势》,《新闻学研》第 67 期,第 51-86 页。

胡晓云:《现代日本广告研究的热点话题流变》,《现代广告》2004 年(学刊)。

陈辉兴:《中国公益广告研究述评:1991-2006》,《广告大观》(理论版)2007 年第 6 期。

裴沙沙:《国外公共广告研究概述》,《广告大观》(理论版)2008 年第 2 期。

陈刚、王禹媚:《新兴市场、共时性竞争与整合营销传播——整合营销传播在中国市场的发展状况研究》,《广告大观》(理论版)2009 年第 1 期。

康瑾:《交叉学科视角下的广告学术研究——2000-2009 年 CSSCI 期刊广告文献分析》,《国际新闻界》2010 年第 9 期。

胡晓云:《现代中国广告学理论研究历程及现状》,《现代广告学刊》2005 年第 11 期。

王怡红:《传播学发展 30 年历史阶段考察》,《新闻与传播研究》2009 年第 5 期。

刘海龙:《从受众研究看"传播学本土化"话语》,《国际新闻界》2008 年第 7 期。

陈培爱:《20 世纪中国广告学理论的发展》,《厦门大学学报》(哲学社会科学版)1999 年第 4 期。

祝帅:《2006 年度中国广告学人与广告学》,《广告大观》(理论版)2007 年第 1 期。

中国传媒发展指数课题组:《宏观经济与广告市场:影响及规律的实证分析》,《国际新闻界》2008 年第 1 期。

许正林:《2006 年广告专业教育和广告学术研究报告》,《中国广告》2007 年第 2 期。

杨海军:《论广告学学科建设与研究生培养》,《新闻界》2005 年第 3 期。

陈培爱:《中国广告教育 20 年的发展与基本经验初探》,《江西财经大学学报》2000 年第 2 期。

陈刚:《当代中国广告研究方法的三个问题》,《中国广告》2006 年第 7 期。

夏文蓉:《发展传播学视野中的媒介理论变迁》,《扬州大学学报》(人文社会科学版)2007 年第 3 期。

徐晖明:《我国发展传播学研究状况》,《当代传播》2003 年第 2 期。

金定海:《价值理性的偏失》,《现代广告》2005 年第 12 期。

徐冰:《做一个有尊严的产业》,《现代广告》2007 年第 7 期。

丁俊杰等:《中国广告观——中国广告产业定位于发展趋势之探讨》,《现代传播》2008 年第 4 期。

陈刚:《结构性的焦虑和转型期焦虑的交织——对当代中国广告公司现状的一种解读》,《广告大观》(综合版)2007 年第 6 期。

黄升民:《打破媒介垄断是实行代理制的关键》,《中国广告》1993 年第 1 期。

陈刚等:《对中国广告代理制目前存在问题及其原因的思考》,《广告大观》(理论版)2006 年第 1 期。

陈培爱:《中国广告业:在发展中摆脱困境》,《广告大观》(综合版)2007 年第 6 期。

王菲:《中国广告媒介研究的学术语境变迁——基于 1981 至 2008 年五本代表性期刊相关文章的实证分析》,《国际新闻界》2009 年第 5 期。

宫丽颖:《日本的广告学研究初探》,《中央财经大学学报》2008 年增刊。

李子:《2011 年中国广告学术研究概览——基于 8 种专业期刊中广告学术论文刊发情况的分析》,《湛江师范学院学报》2013 年第 1 期。

廖秉宜:《中国广告教育三十年的反思与变革》,《新闻界》2014 年第 2 期。

黄硕、初广志:《我国广告学研究成果的再研究——对 71 篇博士论文的分析》,《广告大观》(理论版)2012 年第 1 期。

初广志:《关于发展广告学研究的思考》,《广告大观》(理论版)2011 年第 2 期。

张树庭:《正名之路——中国当代广告业发展研究(1979-2009)》,中国传媒大学博士论文 2010 年。

李丽丽:《国际上广告研究 30 多年来的发展状况及趋势研究》,厦门大学硕士论文 2006 年。

谭宇菲:《从广告专业期刊看改革开放以来中国广告观念之流变——以〈中国广告〉为例》,西北大学硕士论文 2007 年。

于静:《中国广告学术发展研究——1989-2003 年广告期刊论文统计分析》,东北师范大学硕士论文 2004 年。

顾玉珍:《解读电视广告中的女人》,台湾政治大学新闻研究所硕士论文 1991 年。

古雅琳:《新世纪两岸广告研究之对比研究》,厦门大学传播学硕士论文 2008 年。

疋田聪:《广告研究的现状与展望》,《日经广告研究所报》1995(10)(11)第 163 号。

〔日〕日经广告研究所:《广告研究论文一览(1967-1996)》,日经广告研究所 1997 年。

疋田聪:《日本广告效果研究的系谱-总论、研究方法与概要》,《日经广告研究所报》2000(4)(5)第 190 号。

石崎徹:《日本广告效果研究的系谱-销售额/市场占有率》,《日经广告研究所报》2000(6)(7)第 191 号。

〔日〕宫原义友:《从研究论文来看广告效果研究的动向》,《日经广告研究所报》2001(2)(3)第 195 号

土山诚一郎:《日本广告效果研究的系谱-企业形象和企业价值》,《日经广告研究所报》2000(6)(7)第 191 号。

疋田聪:《日本广告效果研究的系谱-计量模式开发等》,《日经广告研究所报》2000(6)(7)第 191 号。

〔日〕亀井昭宏:《由〈日经广告研究所报〉来看广告研究的昨天、今天、明天》,《日经广告研究所报》2001(12)2002(1)第 200 号。

宫原义友:《日本广告研究的系谱-"广告研究系谱研究会"的研究成果》,《日经广告研究所报》2001(12)2002(1)第 200 号。

石崎徹:《日本广告效果研究的系谱-消费者行动与广告研究》,《日经广告研究所报》2001(12)2002(1)第 200 号。

〔日〕栗原信征:《日本广告业研究》,《日经广告研究所报》2002(2)(3)第 201 号。

疋田聡:《日本广告研究的系谱-关于广告伦理研究》,《日经广告研究所报》2002(4)(5)第202号

〔日〕宫原义友:《日本广告研究的系谱-广告的社会作用》,《日经广告研究所报》2002(8)(9)第204号。

〔日〕土山诚一郎:《日本广告研究的系谱-市场和广告》,《日经广告研究所报》2002(10)(11)第205号。

〔日〕嶋村和惠:《日本广告研究的系谱-企业形象、CI、CC、企业广告的研究》,《日经广告研究所报》2002(12)2003(1)第207号。

〔日〕宫原义友:《日本广告研究的系谱-总括与课题》,《日经广告研究所报》2003(2)(3)第207号。

김광수, 광고연구 50년의 흐름

한상필, <광고연구> 20년 내용분석——창간호부터 80호까지<광고연구>의내용분석과연구, <광고연구>, 2008-04

김광수, 한국 광고 연구의 흐름에 대한 고찰,<한국언론학보>,2001-특별호

이상훈, 최일도, 국제광고 전략의 적용과 시행방법의 적합성에 대한연구: 한,중,미, 현지인 광고 실무자의 관점을 중심으로,<광고학연구>, 2004-05

이문규, 박지경, 소비자 특성과 광고 제시형태가 양면적 광고 효과에 미치는영향, <광고학연구>, 2002-01

유창조, 자연주의적 연구방법의 체계와 사례,<광고연구>, 1997-03

현용진,경쟁광고가 소비자의 제품속성신념에 미치는영향, <광고학연구>, 1995-01

이현우, 환경광고에 대한 내용분석 및 주요 쟁점에 관한 연구,<한국언론학보>, 1999-03

오영택, 한국광고연구의 동향분석——1970년 –1985년 중심으로,연세대학교 신문방송학과 석사학위논문

한국방송광고공사, 한국방송광고공사의 공익사업효과 평가를 위한 개량적 측정모델 연구, 한국방송광고공사 연구보고서

권영순, 이수범, 우리나라 PR논문의 연구 경향에 대한분석:2001 년——2005년을 중심으로,<한국광고홍보학보>, 2007-02

Helgeson James G, E Alan Kluge, John Mager, Cheri Taylor. Trends in consumer behavior literature: A content analysis. *Journal of Advertising*, 1984,10(4):pp.449-454

Laura Yale, Marry C Gilly. Trends in advertising research: A look at the content of marketing-oriented journals from 1976-1985.*Journal of Advertising*, 1998, 17(1):pp.12-22

James A Muncy. The journal of advertising: A twenty year appraisal. *Journal of Advertising*, 1991,

20 (4):pp.1-12

James A Muncy, Jacqueline K Eastman. The journal of advertising: Twenty-five years and beyond. *Journal of Advertising*, 1998, 27 (4):pp.1-8

John B. Ford and Altaf Merchant. A ten-years retrospective of advertising research productivity, 1997-2006. *Journal of Advertising* ,vol.37, No.3(Fall 2008),pp. 69-94.

Henthorne, Tony L., Michael S. LaTour, and Tina Loraas (1998), "Publication Productivity in the Three Leading U.S. Advertising Journals: 1989 Through 1996," *Journal of Advertising*, 27 (Summer),pp.53 - 63.

Yale, Laura and Mary C. Gilly (1988). "Trends in Advertising Research: A Look at the Content of Marketing- Oriented Journals from 1976 to 1985", *Journal of Advertising*, 17 (1),pp.12-22.

Soley, Lawrence, and Leonard Reid (1983), "Advertising Article Productivity of the U.S. Academic Community," *Journalism Quarterly*, 60 (3),pp.464 - 469, 542.

Soley, Lawrence, and Leonard Reid (1988), "Advertising Article Productivity Updated," *Journalism Quarterly*, 65 (1),pp.157 - 164.

Yorgo Pasadeos, Joe Phelps and Bong-Hyun Kim(1998), "Disciplinary Impact of Advertising Scholars: Temporal Comparisons of Influential Authors, Works and Research Networks," *Journal of Advertising*,27(4)Winter,pp.53-70.

期刊

《现代广告》杂志,1997—2002 年。

《新闻与传播研究》,1994—2012 年。

《现代传播》,1979—2012 年。

《新闻大学》,1981—2012 年。

《国际新闻界》,1979—2012 年。

《中国广播电视学刊》,1987—2012 年。

《国际广告》,1985—2012 年。

《中国广告》,1981—2012 年。

《现代广告》,1994—2012 年。

《广告导报》杂志,1996—2012 年。

《广告大观》杂志,1999—2012 年。

《中国人民大学复印报刊资料》(新闻与传播),1984—2012 年。

《中国人民大学复印报刊资料》(市场营销学),1997—2012 年。

《中国人民大学复印报刊资料》(心理学),1977—2012 年。

台湾《广告学研究》,1993—2012 年。

韩国《广告研究》,1988—2012 年。
韩国《广告学研究》,1990—2012 年。
韩国《广告宣传研究》,2000—2012 年。
韩国《心理学会刊》,2001—2012 年。
日本《日经广告研究所报》,1995—2012 年。
Journal of Advertising. 2000-2012.
Journal of Advertising Research. 2000-2012.
International Journal of Advertising. 2000-2012.
Journalism and Mass Communication Quarterly. 2000-2012.

网络资源

CNKI 中国学术期刊(包库)
万方学位论文(网上包库)
人大复印报刊资料(网上包库)
EBSCO(包含大众传播暨应用外语全文数据库)

图书在版编目(CIP)数据

中国广告传播研究轨迹/丁俊杰,初广志主编.—北京:中国传媒大学出版社,2015.6
ISBN 978-7-5657-1299-9

Ⅰ.①中… Ⅱ.①丁… ②初… Ⅲ.①广告学—传播学—研究—中国
Ⅳ.①F713.80

中国版本图书馆 CIP 数据核字（2015）第 035488 号

中国广告传播研究轨迹

主　　编	丁俊杰　初广志
策　　划	欣　雯
责任编辑	欣　雯
责任印制	阳金洲
封面设计	大鹏设计
出 版 人	王巧林
出版发行	中国传媒大学出版社
社　　址	北京市朝阳区定福庄东街 1 号　邮编:100024
电　　话	86－10－65450528　65450532　传真:65779405
网　　址	http://www.cucp.com.cn
经　　销	全国新华书店
印　　刷	北京中科印刷有限公司
开　　本	787mm×1092mm　1/16
印　　张	14.75
版　　次	2015 年 6 月第 1 版　　2015 年 6 月第 1 次印刷
书　　号	ISBN 978-7-5657-1299-9/F・1299　　**定　　价**　56.00 元